세상의 속도를
따라잡고 싶다면

Do it!

정직하게 코딩하며 배우는

딥러닝 입문

어차피 어려운 딥러닝! **개념, 수식, 코딩** 순서대로 정면 돌파!
대표 문제 4가지! 내 손으로 직접, 내 눈으로 직접! 확인하며 배운다!

설치 없이
**바로 실습
가능한 책!**

박해선 지음

이지스 퍼블리싱

세상의 속도를 따라잡고 싶다면 **Do it!**
변화의 속도를 즐기게 될 것입니다.

Do it!
정직하게 코딩하며 배우는 **딥러닝 입문**

초판 1쇄 인쇄 • 2019년 09월 17일
초판 6쇄 발행 • 2023년 01월 30일

지은이 • 박해선
펴낸이 • 이지연
펴낸곳 • 이지스퍼블리싱(주)
출판사 등록번호 • 제313-2010-123호
주소 • 서울특별시 마포구 잔다리로 109 이지스빌딩 4층(우편번호 04003)
대표전화 • 02-325-1722 | **팩스** • 02-326-1723
홈페이지 • www.easyspub.co.kr | **페이스북** • www.facebook.com/easyspub
Do it! 스터디룸 카페 • cafe.naver.com/doitstudyroom | **인스타그램** • instagram.com/easyspub_it

총괄 • 최윤미 | **기획 및 편집** • 박현규 | **IT 2팀** • 박현규, 신지윤, 한승우 | **베타테스트** • 이요셉, 신주형, 이석곤, 정원석, 박현규
교정교열 • 김연숙 | **표지 및 본문 디자인** • 트인글터 | **삽화** • 정지혜 | **전산편집** • 아이에스 | **인쇄** • 보광문화사
마케팅 • 박정현, 한송이, 이나리 | **독자지원** • 박애림, 오경신 | **영업 및 교재 문의** • 이주동, 김요한(support@easyspub.co.kr)

ISBN 979-11-6303-109-3 13000
가격 19,800원

카르페디엠, 현재에 충실해라,
너의 삶을 비범하게 만들어라.

Carpe diem, seize the day boys,
make your lives extraordinary.

'죽은 시인의 사회' 중에서

오직 딥러닝에만 집중한다!
딥러닝 대표 문제 4가지를 내 손으로 해결한다

딥러닝 대표 문제 4가지를 공부하며 알차게 입문합니다

딥러닝은 아주 빠르게 발전하고 있습니다. 자동차, 스피커, 스마트폰, 영상 등 딥러닝이 적용되는 분야
도 점점 많아지고 있지요. 그러다 보니 딥러닝은 이전보다 공부해야 할 양이 무척 많아졌습니다. 이런 상
황에서 중심을 잃지 않고 딥러닝을 제대로 공부하려면 어떻게 해야 할까요? 딥러닝 대표 문제 4가지를
공부하면 됩니다. 대부분의 딥러닝 문제들이 이런 문제의 개념을 확장하여 사용하고 있기 때문이죠. 이
책은 수치 예측, 이진 분류, 다중 분류, 텍스트 분류 문제를 해결하는 모델을 파이썬으로 만들며 딥러닝
에 입문합니다.

개념, 수식, 코드 순서로 정확하고 빠르게 공부합니다

제가 생각하는 가장 좋은 딥러닝 학습 방법은 개념을 공부하고, 수식을 살펴보고, 코드를 작성해 보는 것
입니다. 단순하지만 가장 정직한 방법이지요. 이렇게 공부해야 실무에서 딥러닝 기술을 실수 없이 올바
르게 사용할 수 있습니다. 이 책은 그런 의도에서 만들어졌습니다.

먼저 딥러닝의 기초 개념을 그림과 수식으로 충분히 설명함으로써 '앞으로 무엇을 코드로 작성할지' 목
표를 분명하게 세울 수 있습니다. 그런 다음 배운 내용을 파이썬으로 구현하고 실행 결과를 확인하며 딥
러닝 알고리즘의 작동 원리를 체감할 수 있습니다. 마지막에는 실전에서 배운 내용을 활용할 수 있도록
텐서플로와 케라스로 같은 내용을 한 번 더 구현합니다. 이 과정을 마치고 나면 딥러닝의 기초와 함께 실
무 활용까지 익힐 수 있을 것입니다.

실습 준비하느라 하느라 힘 빼지 마세요~

초보자가 딥러닝을 공부할 때 가장 많이 이야기하는 어려움이 실습 환경 준비입니다. 컴퓨터 준비부터
소프트웨어 설치, 파이썬 패키지 설치 등… 많은 사람이 준비 과정에서 기운을 뺍니다. 그래서 이 책은
구글에서 제공하는 코랩으로 실습을 진행합니다. 코랩은 구글에서 제공하는 주피터 노트북으로, 딥러
닝 학습에 필요한 패키지가 모두 설치되어 있는 훌륭한 파이썬 편집기입니다. 게다가 코랩에서 작성한
모든 실습 코드는 구글의 클라우드 컴퓨터에서 실행되고 구글 드라이브에 자동으로 저장됩니다. 여러분
이 실습 준비를 위해 해야 하는 것은 웹 브라우저 설치 외에는 아무 것도 없습니다. 이 책의 02장을 통해
실습에 필요한 코랩의 사용 방법을 익히고 아무 걱정 없이 가장 빠르게 딥러닝 공부를 시작해 보세요.

이 책이 세상에 나올 수 있도록 도와주신 모든 분들께 감사드립니다

책을 쓰는 일이 쉽지 않다는 건 알고 있었지만 생각보다 훨씬 더 힘들고 오래 걸렸습니다. 훌륭한 책과 블로그, 강의를 통해 지식을 나누어준 모든 분들께 감사드립니다. 제 힘만으로는 한 발짝도 나아갈 수 없었을 것입니다. 책을 만드는 데는 특별한 기술이 필요합니다. 좋은 책을 만들기 위해 지원을 아끼지 않은 이지연 대표님과 이지스퍼블리싱 출판사에 감사드립니다. 사실 이 책에는 숨은 저자가 한 명 더 있습니다. 박현규님은 훌륭한 편집자일 뿐만 아니라 학습자로서 많은 의견을 제시하고 내용을 개선해 주었습니다. 독자 여러분께 내용이 잘 전달된다면 박현규님 덕분입니다.

그리고 이 책이 나오기 전에 미리 책의 내용을 읽어 보고 의견과 덕담을 보내주신 모두의 연구소 정원석님에게도 감사드립니다. 큰 도움을 받았습니다. 귀중한 시간을 내어 베타 리더에 참여해 주신 이요셉님, 신주형님, 이석곤님께도 깊이 감사드립니다. ML GDE 활동을 하면 할수록 부족함을 많이 느낍니다. 우물 안에서 저를 꺼내준 Google Developer Relations 팀에게 감사드립니다. 또 믿을 수 없는 능력을 일상처럼 발휘하는 ML GDE Korea 멤버들을 존경합니다. 20년이 넘도록 즐거운 일도 나쁜 일도 함께 해주신 니트머스 김용재 대표님께 깊이 감사드립니다. 오늘도 건강하게 마주하고 있는 사랑하는 아내 주연이와 아들 진우에게도 늘 고맙다는 말을 전하고 싶습니다. 마지막으로 이 책을 선택해 주신 독자 여러분께 진심으로 감사드립니다.

이 책을 읽는 시간이 결코 아깝지 않기를 바랍니다. 이 책의 오탈자는 저의 텐서플로우 블로그(http://bit.ly/do-it-dl)에 등록해 놓겠습니다. 또 이 책에 관한 이야기라면 무엇이든 환영합니다. 블로그나 이메일로 연락해 주세요.

박해선 드림 (haesunrpark@gmail.com)

이 책을 미리 읽어 본 베타 테스터의 소감!

이 책은 출간 전에 딥러닝을 배우려는 베타 테스터를 모집하여 본문 내용을 개선했습니다.
미리 독자로 경험하여 더 많은 독자를 위해 의견을 남겨 주신 베타 테스터 세 분께 감사드립니다.

너무 쉽지도, 어렵지도 않은, 간이 딱 맞는 입문서

딥러닝 초급자에게 강추하고 싶은 내용으로 꽉 채워진 책입니다. 내용이 너무 좋고 술술 읽혀서 책을 읽는 동안 지루한 줄 몰랐습니다. 딥러닝에 대한 수식을 가능한 한 줄이고 본문 설명과 코드로 풀어주는 데 집중한 책. 그러면서도 내용을 이해하는 데 꼭 필요한 수식은 피해가지 않은 점이 좋았습니다. 한 마디로 너무 쉽지도, 너무 어렵지도, 너무 깊지도 않은 딱 적절한 딥러닝 초급서라고 생각합니다. 원리, 수식, 코드의 균형감이 돋보였습니다.

• 이요셉(teezke@hanmail.net, 지나가던 IT인)

물고기를 잡아주는 것이 아닌, 물고기를 잡는 방법을 알려주는 입문서

다른 사람의 도움 없이도 딥러닝의 내부 구조를 하나하나 공부하기에 너무나도 좋은 책입니다. 실무 활용을 위한 케라스 실습으로 학습을 마무리한 점도 좋았습니다. 다양한 예시로 실습을 진행하여 '내가 배운 딥러닝의 개념이 어디에 사용되는지' 상상하기도 쉬웠습니다. 특히 단순 분류에서 다층 구조로 넘어가는 부분은 전통적인 구성이지만 이 책이 특히 잘 해설했다고 생각했습니다. 책을 읽은 다음에 '이런 공부를 더 해야 딥러닝을 더 깊게 알 수 있겠구나!'라는 생각이 들 정도로 기초를 잘 다져주는 책입니다. 대학교 졸업 후 딥러닝을 업무에 적용하거나 프로젝트를 진행하기 전에 다시 한 번 읽게 될 것 같습니다.

• 신주형(shinjoohyung25@gmail.com, 카네기멜론 대학 컴퓨터공학과 대학생)

초보자를 세심하게 배려한 딥러닝 입문서

'역시 입문서는 Do it!'이라는 말이 무색하지 않게 전문 지식 없이도 술술 읽을 수 있었습니다. 01장은 인공지능, 머신러닝, 딥러닝의 개념을 쉽게 설명하고, 02장에서는 실습을 위한 도구를 준비하여 딥러닝 학습을 편하게 시작합니다. 다른 IT 분야도 마찬가지이지만 처음 공부할 때 느끼는 '용어의 어색함'은 초보자가 많이 고생하는 지점입니다. 이 책은 그 지점을 잘 알고 있었습니다. 딥러닝의 어려운 용어나 개념 설명을 적으며 복습할 수 있는 '기억 카드'를 각 장 마지막에 배치하여 초보자를 배려한 점이 좋았습니다.

• 이석곤(leesk55@gmail.com, 엔컴㈜ 프로젝트 팀)

인공지능을 짧은 시간 안에 효과적으로 배우고 싶다면 이 책으로!

미국에서 딥러닝 공부를 처음 시작할 때만 해도 딥러닝은 일부 연구실에서만 관심 갖던 분야였습니다. 그런데 요즘 딥러닝은 '모든 사람이 필수로 알아야 하는 지식'이 된 것 같습니다.

하지만 익숙함과는 별개로 딥러닝과 머신러닝의 학습 장벽은 아주 높습니다. 현실의 여러 문제를 해결하기 위해서는 아주 많은 이론을 공부해야 하기 때문이죠. 게다가 그 이론들은 수식으로 구성되어 있어 수학 지식도 필요합니다. 여기서 끝이 아닙니다. 현실의 문제를 해결하려면 결국 코드를 작성할 줄 알아야 합니다. 이런 점들이 머신러닝과 딥러닝의 학습 장벽을 높이는 것이죠. 공부해야 할 분량도 많고, 수학 지식에 코드까지 이해할 수 있어야 하니 이 분야에 발을 들이길 두려워하는 사람들이 많습니다.

이 책은 머신러닝과 딥러닝 초보자가 느끼는 학습 장벽의 어려움을 잘 알고 만든 책입니다. 머신러닝과 딥러닝을 이해하기 위해 꼭 필요한 이론만 담았습니다. 최소한의 수식과 친절한 설명으로 본문을 구성했으며, 어려운 개념을 설명할 때는 그림을 최대한 활용합니다. 국내 저자가 쓴 책이라 그런지 번역서에서 느껴지는 어색함도 없었습니다. 초보자가 봐도 손색이 없을 듯합니다. 자세한 주석과 함께 파이썬으로 배운 내용을 구현해 보고 실무로 나아갈 사람을 위해 케라스로 딥러닝 모델을 구현하는 방법도 알아봅니다. 코랩을 이용하여 고가의 컴퓨터 없이 실습할 수 있도록 배려한 점도 좋았습니다.

'인공지능을 처음 시작하는 사람들이 짧은 시간에 효과적으로 공부하려면 어떻게 책을 만들어야 할까?'라는 고민을 충분히 하고 만든 책이라는 생각이 들었습니다. 인공지능을 공부하고 싶지만 어려운 수식과 영어로 된 강의로 고민하고 있는 독자라면 이 책을 강력하게 추천합니다!

• 정원석(강화학습 연구원, 모두의연구소)

무한한 딥러닝, 저 너머로!

안녕하세요? 무한한 딥러닝의 세계를 여행하게 될 독자 여러분 반갑습니다. 저는 이 책을 담당한 편집자입니다. 모든 출판사의 편집자는 담당한 책의 첫 번째 독자 역할을 한다는 것을 알고 계시나요? 아마 저는 이 책을 펼친 독자 여러분과 가장 비슷한 상황에 있는 사람일 것입니다. 딥러닝은 하나도 모르는데, 중·고등학교 시절 배운 1차 함수나 미분은 약간 기억나고, 파이썬 문법도 조금 알고…

이 책은 바로 그런 사람들을 위해 만들어졌습니다. 하지만 딥러닝을 쉽게 설명하기 위한 지나친 축약이나 비유의 사용은 피했습니다. 현업에서 딥러닝을 오해하여 사용할 수도 있기 때문이죠. 이 책의 본문은 딥러닝이 필요한 문제 상황을 제시하고 해결 방법과 원리를 있는 그대로 보여줍니다. 게다가 코랩을 통해 바로 실습을 진행할 수 있습니다. 복잡한 프로그램 설치 과정 없이 바로 공부에 집중할 수 있죠. 학습자를 배려한 작지만 큰 장점이라고 생각합니다. 저도 이 책으로 딥러닝이라는 작은 언덕을 잘 넘어왔습니다. 저처럼 여러분도 그렇게 될 것이며 그렇게 되길 바랍니다. 여러분의 공부를 응원합니다.

• 박현규(이 책의 담당 편집자)

천천히 공부하는
16주
완성

책 한 권으로 한 학기 수업을 듣는 효과를 누려보세요! 진도표에 계획한 날짜와 완료한 날짜를 기록하여 계획에 맞게 공부했는지 확인해 보세요.

주	장	상세 내용	계획한 날짜	완료 날짜
1주차	01장	01-1 인공지능을 소개합니다 01-2 머신러닝을 소개합니다 01-3 딥러닝을 소개합니다	(/)	(/)
2주차	02장	02-1 구글 코랩을 소개합니다 02-2 딥러닝을 위한 도구들을 알아봅니다	(/)	(/)
3주차	03장	03-1 선형 회귀에 대해 알아보고 데이터를 준비합니다 03-2 경사 하강법으로 학습하는 방법을 알아봅니다	(/)	(/)
4주차		03-3 손실 함수와 경사 하강법의 관계를 알아봅니다 03-4 선형 회귀를 위한 뉴런을 만듭니다		
5주차	04장	04-1 초기 인공지능 알고리즘과 로지스틱 회귀를 알아봅니다 04-2 시그모이드 함수로 확률을 만듭니다 04-3 로지스틱 손실 함수를 경사 하강법에 적용합니다	(/)	(/)
6주차		04-4 분류용 데이터 세트를 준비합니다 04-5 로지스틱 회귀를 위한 뉴런을 만듭니다	(/)	(/)
7주차		04-6 로지스틱 회귀 뉴런으로 단일층 신경망을 만듭니다 04-7 사이킷런으로 로지스틱 회귀를 수행합니다	(/)	(/)
8주차	05장	05-1 검증 세트를 나누고 전처리 과정을 배웁니다 05-2 과대적합과 과소적합을 알아봅니다 05-3 규제 방법을 배우고 단일층 신경망에 적용합니다 05-4 교차 검증을 알아보고 사이킷런으로 수행해 봅니다	(/)	(/)
9주차		중간 점검	배운 내용을 점검해 보세요	
10주차	06장	06-1 신경망 알고리즘을 벡터화하여 한 번에 전체 샘플을 사용합니다 06-2 2개의 층을 가진 신경망을 구현합니다 06-3 미니 배치를 사용하여 모델을 훈련합니다	(/)	(/)
11주차	07장	07-1 여러 개의 이미지를 분류하는 다층 신경망을 만듭니다. 07-2 텐서플로와 케라스를 사용하여 신경망을 만듭니다	(/)	(/)
12주차	08장	08-1 합성곱 연산에 대해 알아봅니다 08-2 풀링 연산에 대해 알아봅니다 08-3 합성곱 신경망의 구조를 알아봅니다	(/)	(/)
13주차	08장	08-4 합성곱 신경망을 만들고 훈련합니다 08-5 케라스로 합성곱 신경망을 만듭니다	(/)	(/)
14주차	09장	09-1 순차 데이터와 순환 신경망을 배웁니다 09-2 순환 신경망을 만들고 텍스트를 분류합니다	(/)	(/)
15주차	09장	09-3 텐서플로로 순환 신경망을 만듭니다 09-4 LSTM 순환 신경망을 만들고 텍스트를 분류합니다	(/)	(/)
16주차		마지막 점검	배운 내용을 점검해 보세요	

이 책은 독학으로도 2주 만에 딥러닝을 이해할 수 있도록 설계되었습니다. 진도표에 여러분이 공부할 날짜를 기록하며 계획을 세워 보세요. 특히 중요한 장은 한 번 더 복습할 수 있도록 진도표를 구성했습니다.

속성으로 공부하는
14일
완성

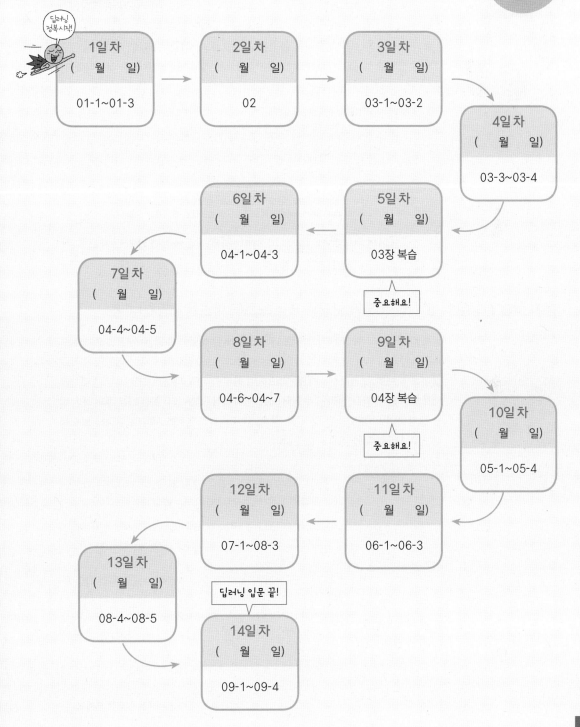

궁금한 내용은 질문하거나 검색해 보세요

궁금한 내용은 이지스퍼블리싱 공식 홈페이지의 [질문답변] 게시판에 질문하거나(회원가입 필수) 인터넷에 검색해 보세요. 이 책의 실습 환경인 코랩은 실행 오류가 발생하면 오류 메시지를 출력합니다. 오류 메시지를 그대로 복사하여 인터넷에 검색해 보세요. 대부분의 문제는 검색으로 쉽게 해결할 수 있을 것입니다.

```
[1]    1  import numpy as np
       2  w = np.array([2, 1, 5, 3])
       3  x = np.array([2 8, 3, 7, 1, 2, 0, 4, 5])
       4
       5  w_r = np.flip(w)
       6  print(w_r)
```

```
      File "<ipython-input-1-97637a76db08>", line 3
        x = np.array([2 8, 3, 7, 1, 2, 0, 4, 5])
                        ^
      SyntaxError: invalid syntax
```
오류 메시지를 검색해 보세요!

혹시 실습 진행이 어렵나요? 코드가 담긴 주피터 노트북 파일을 제공합니다

실습을 진행하다 보면 내가 입력한 프로그램이 잘 실행되지 않을 수도 있습니다(프로그래밍을 공부할 때 흔하게 일어나는 일입니다). 그럴 때는 이지스퍼블리싱 자료실과 깃허브로 제공하는 파일을 참고하며 공부하세요. 다운로드한 파일의 압축을 해제하면 장 단위로 정리된 주피터 노트북 파일이 있습니다. 로컬에서 주피터 서버를 실행하여 이 파일들을 열어 볼 수 있습니다. 브라우저를 사용해 주피터 노트북 뷰어에서 바로 확인할 수도 있습니다.

주피터 노트북 파일 다운로드	• 이지스퍼블리싱 공식 홈페이지(easyspub.co.kr)에 회원 가입하여 [자료실]에서 'Do it! 딥러닝'을 검색해 보세요. • 깃허브(https://github.com/rickiepark/do-it-dl)에 접속하여 [Clone or download]를 누른 다음 [Download ZIP]을 누르세요.

주피터 노트북 뷰어 접속	• https://nbviewer.jupyter.org/github/rickiepark/do-it-dl에 접속하면 실습 파일을 다운로드하지 않고도 살펴볼 수 있습니다.

책을 통해 스스로 발전하는 지적인 독자를 만나보세요 ─ Do it! 스터디룸 카페

같은 고민을 하는 친구들과 함께 공부해 보세요. 내가 잘 이해한 내용은 남을 도와주고 내가 잘 이해하지 못한 내용은 도움을 받아가며 공부하면 복습 효과도 누릴수 있을 것입니다. 서로서로 코드와 개념 리뷰를 하며 훌륭한 개발자로 성장해 보세요(회원가입 및 등업 필수).

https://cafe.naver.com/doitstudyroom

스터디 노트도 쓰고 책 선물도 받고! ─ Do it! 공부단 상시 모집 중

혼자 공부하면 계획을 세워도 잘 지켜지지 않죠? Do it! 스터디룸에서 운영하는 공부단에 지원해 보세요! 공부단에서는 자기 목표를 공유하고 매일 공부한 내용을 스터디 노트로 작성합니다. 꾸준히 공부하기 훨씬 수월하겠죠? 스터디 노트를 쓰며 책을 완독하면 원하는 책 1권을 선물로 드립니다! 자세한 공부단 지원 및 진행 방법은 아래 설명을 참고해 주세요.

☺ 'Do it! 스터디룸 카페 회원 가입 필수, 회원 등급 두잇 독자(게시글 1, 댓글 10, 출석 2회)부터 이용 가능

1. Do it! 스터디룸 카페에 방문하면 '■커뮤니티■' 메뉴에 'Do it! 공부단 지원 & 책 선물 받기' 게시판이 있습니다. 게시판에 입장하여 [글쓰기]를 누른 다음 공부단 지원 글 양식에 맞춰 공부단에 지원해 주세요. 자세한 방법은 아래 링크를 참고하세요.

https://cafe.naver.com/doitstudyroom/

■ 커뮤니티 ■

└ 🗐 스터디룸 공지
└ 🗐 가입 인사 ⓝ
└ ☑ 출석 게시판 ⓝ
└ 🗐 자유 게시판
└ 🗐 세미나/공모전
└ 🗐 진로&고민 상담
└ ☑ 스터디 그룹 모집

🗐 Do it! 커리큘럼
└ 🗐 **Do it! 공부단 지원 & 책 선물 받기** ⓝ

2. 스터디 노트는 '■공부하자!■' 메뉴의 게시판을 이용해 주세요. 이때 스터디 노트의 말머리를 반드시 [공부단]으로 설정해야 합니다. 꼭 기억하세요!

■ 공부하자! ■

└ 🗐 스터디 노트 - 이벤트 ⓝ

└ 🗐 베스트 자료

└ 🗐 안드로이드
└ 🗐 코틀린 프로그래밍
└ 🗐 딥러닝 입문
└ 🗐 스위프트+아이폰
└ 🗐 점프 투 파이썬

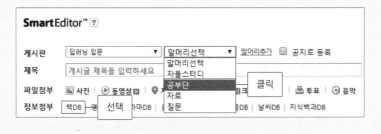

01

딥러닝을 소개합니다

최근 몇 년 사이에 인공지능이라는 용어는 어디서든 들을 수 있는 익숙한 단어가 되었습니다. 그런데 요즘은 인공지능을 말하며 머신러닝과 딥러닝을 함께 이야기합니다. 머신러닝과 딥러닝은 도대체 무엇이고 인공지능과는 어떤 관계가 있는 걸까요? 이 장에서는 인공지능, 딥러닝, 머신러닝의 개념과 함께 이 책을 공부하기 위한 여러 배경 지식을 설명합니다. 편안한 마음으로 첫 발을 내딛어보겠습니다.

01-1 인공지능을 소개합니다

인공지능(Artificial Intelligence)은 '사람의 지능을 만들기 위한 시스템이나 프로그램'을 말합니다. 예를 들어 알파고는 '사람처럼 바둑을 둘 수 있게 만들어진 프로그램'이고 음성 비서는 '사람이 음성으로 질문한 것에 대한 답을 할 수 있도록 만들어진 프로그램'입니다. 최근에는 인공지능 기술이 더 발전하여 실제 사람이 말하는 것처럼 보이는 가짜 영상도 만들 수 있게 되었습니다. 그러다 보니 인공지능을 '사람을 완벽하게 대체할 수도 있는 기술'이라고 오해하기도 합니다. 정말 그럴까요?

정말로 사람 같은 인공지능은 강 인공지능이라 부릅니다

사실 인공지능은 강 인공지능(strong AI)과 약 인공지능(weak AI)으로 나눌 수 있습니다. 강 인공지능은 '사람과 구분이 안 될 정도로 강한 성능을 가진 인공지능'을 말합니다. 여기서 '사람과 구분이 안 될 정도로 강한 성능'이란 영화에 등장하는 인공지능을 떠올리면 쉽게 상상할 수 있습니다. '아이언맨'의 자비스, '그녀'의 사만다, '업그레이드'의 스템과 같은 인공지능들은 영화 속에서 주인공에게 농담을 하기도 하고 감정을 표현하기도 합니다. 그러면 현실에서도 이런 강 인공지능을 쉽게 만들 수 있을까요?

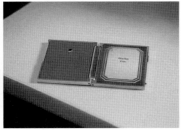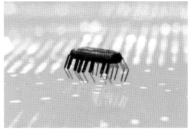

영화 아이언맨, 그녀(Her), 업그레이드 속에 나온 인공지능들

강 인공지능을 소개하며 영화를 예시로 들었으니 '강 인공지능은 만들기 어려운 것'이라고 짐작할 것입니다. 그렇습니다. 현재는 강 인공지능을 만들 수 있는 방법에 대해 아는 사람이 아무도 없습니다. 심지어 강 인공지능이 나올 만한 시기도 예측하기 어렵습니다. 그래서 많은 인공지능 과학자들은 강 인공지능에 대해 섣불리 예측하거나 이야기하는 것을 꺼립니다. 지금까지 발전을 거듭하고 있는 인공지능 기술은 모두 약 인공지능입니다.

특정 영역에서 작업을 수행하는 인공지능을 약 인공지능이라 합니다

약 인공지능은 특정 영역에서 작업을 수행하는 인공지능을 말합니다. 운전 보조, 질문 답변, 검색과 같은 일들을 수행하죠. 약 인공지능은 주변에서 쉽게 찾아볼 수 있습니다. 테슬라(Tesla)의 자율 주행 자동차나 애플의 아이폰에 포함된 음성 비서 시리(Siri), 구글의 인공지능 스피커 구글 홈(Google Home) 등이 그 예입니다.

테슬라의 자율주행 자동차, 애플의 음성 비서 시리, 구글의 인공지능 스피커 구글 홈

약 인공지능은 특정 영역에서 아주 뛰어난 성능을 발휘하고 있으며 우리의 생활을 보조하는 기술로 많이 사용되고 있습니다. 이렇게 예를 들고 보니 약 인공지능의 성능이 그렇게 약한 것 같지는 않네요. 그러면 이 책의 주제인 머신러닝, 딥러닝은 어디에 포함될까요? 두 기술은 모두 약 인공지능에 포함됩니다.

머신러닝과 딥러닝 그리고 인공지능의 관계

앞에서도 잠깐 언급했듯이 머신러닝과 딥러닝은 약 인공지능에 포함되는 기술이고, 딥러닝은 머신러닝에 포함되는 기술입니다. 그래서 인공지능, 머신러닝, 딥러닝의 관계를 다음과 같이 표현합니다.

◎ 강 인공지능은 실제로 만들기 어려운 기술이므로 약 인공지능을 인공지능이라 부릅니다.

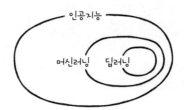

머신러닝은 알고리즘의 종류에 따라 더 세부적으로 나눌 수 있습니다. 그중에 인공신경망 알고리즘을 사용하여 만든 것이 딥러닝입니다. 또한 인공신경망의 기본 구성 요소는 다른 머신러닝 알고리즘이 발전된 것입니다. 딥러닝을 잘 이해하기 위해 먼저 머신러닝을 알아야 하는 이유가 여기에 있습니다. 머신러닝에 대해서는 다음 절에서 소개하겠습니다.

01-2 머신러닝을 소개합니다

머신러닝(Machine Learning)을 한글로 풀어 쓰면 '기계 학습'입니다. 기계가 학습한다는 의미는 정확히 무엇일까요? 앞으로 여러분은 딥러닝이라는 목표 지점을 향해 가다 보면 학습이나 규칙, 훈련, 모델과 같은 용어들을 자주 만나게 될 것입니다. 여기서는 머신러닝의 개념과 함께 이 책을 공부하기 전에 꼭 알아야 하는 개념과 용어를 설명하겠습니다.

머신러닝은 스스로 규칙을 수정합니다

먼저 알아야 할 개념은 '학습'입니다. 머신러닝과 딥러닝에서 말하는 학습은 데이터의 규칙을 컴퓨터 스스로 찾아내는 것을 말합니다. 만약 여러분이 이전부터 프로그램을 만들던 프로그래머라면 이 문장에서 많이 당황했을 것입니다. 전통적인 프로그램은 사람이 정한 규칙대로 동작하기 때문이죠.

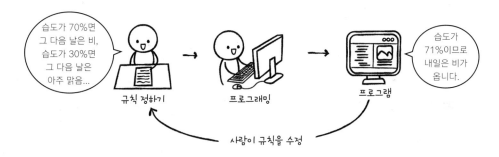

위와 같은 전통적인 프로그램은 사람이 규칙을 정하여 프로그래밍하고, 사람이 프로그램의 실행 결과를 보며 규칙을 조금씩 수정합니다. 반면에 머신러닝은 사람이 만든 프로그램이기는 하지만 규칙을 스스로 찾아 수정합니다. 바로 여기서 말하는 규칙을 찾아 수정하는 과정을 학습 또는 훈련이라고 부릅니다.

ⓒ 이 책은 파이썬 언어를 사용하여 프로그래밍합니다.

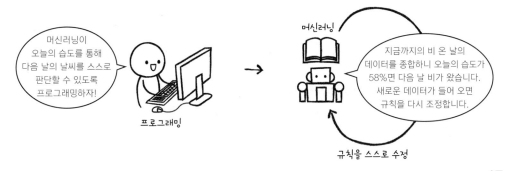

'규칙'이라는 새로운 개념이 등장했습니다. 이 개념은 무척 중요하지만 애써 이해하려고 서두를 필요는 없습니다. 먼저 '학습'이 무엇인지 구체적으로 알아보고 이어서 규칙을 배워보겠습니다.

머신러닝의 학습 방식을 이해합니다

머신러닝은 학습 방식에 따라 지도 학습(supervised learning), 비지도 학습(unsupervised learning), 강화 학습(reinforcement learning)으로 분류합니다. 머신러닝으로 다루는 많은 작업들이 지도 학습에 속하는데, 이 책에서 다루는 예제들도 모두 지도 학습이므로 지도 학습은 좀 더 자세히 설명하겠습니다.

지도 학습은 입력과 타깃으로 모델을 훈련시킵니다

만약 전날의 습도에 따라 다음 날에 비가 왔는지 안 왔는지 꾸준히 기록했다면 오늘의 습도만 알아도 그 다음 날 비가 올지 안 올지 예측할 수 있을 것입니다. 바로 이것이 지도 학습에 속합니다. 다음은 전날 습도에 따라 오늘 비가 왔는지 안 왔는지를 동그라미와 엑스로 기록한 데이터를 바탕으로 모델을 지도 학습 방식으로 훈련시킨 모습입니다. 이 모델은 훈련을 통해 '오늘 습도가 0.6 이상이면 내일 비가 온다'라는 규칙을 얻었습니다.

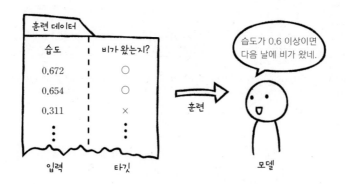

눈치가 빠른 독자라면 이미 새로운 용어가 많이 등장했음을 알 수 있을 것입니다. 용어를 하나씩 살펴보겠습니다. 위 그림에서 볼 수 있듯이 모델을 훈련시키기 위해 사용하는 데이터를 통틀어 '훈련 데이터'라고 부릅니다. 그리고 훈련 데이터는 '입력'과 '타깃(target)'으로 구성되어 있죠. 입력은 모델이 풀어야 할 일종의 문제와 같은 것이며, 타깃은 모델이 맞춰야 할 정답과 같은 것입니다. 문제에 대한 답을 주는 방법으로 모델을 훈련시키는 것이죠. 학습을 통해 만들어진 프로그램은 모델(model)이라 하는데, 모델은 새로운 입력에 대한 예측을 만듭니다. 모델은 곧 자세히 설명할 테니 지금은 그냥 '학습을 통해 예측하는 프로그램'이라고 이해하세요.

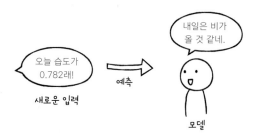

지도 학습은 기존의 데이터를 통해 모델을 학습시키고 학습시킨 모델로 새로운 입력에 대한 예측을 할 수 있으므로 내일의 날씨를 예측하거나 스팸 이메일을 분류하는 등의 일을 해결할 때 많이 사용합니다. 그런데 지도 학습에서 가장 어려운 일은 모델을 훈련시키는 것이 아니라 훈련 데이터를 만드는 것입니다. 잘못된 입력과 타깃을 훈련 데이터에 포함시키면 잘못된 모델이 만들어질 수도 있고 데이터의 개수가 너무 적으면 모델을 충분히 훈련시킬 수 없기 때문입니다. 물론 이 책에서는 미리 준비된 데이터를 사용하므로 훈련 데이터 준비에 대한 걱정은 하지 않아도 됩니다. 다만 실전에서는 모델을 훈련시키기 위해 많은 시간이 훈련 데이터 만드는 데 소요된다는 것을 잊지 마세요.

비지도 학습은 타깃이 없는 데이터를 사용합니다

타깃이 없는 훈련 데이터를 사용하면 비지도 학습이라고 합니다. 기업이 고객의 소비 성향에 따라 그룹을 지정하는 상황을 생각하면 비지도 학습의 개념을 쉽게 이해할 수 있을 것입니다. 그룹을 만들기 전까지는 어떤 그룹이 존재하는지 또 몇 개의 그룹이 만들어질지 알 수 없겠지요. 즉, 타깃이 없는 셈입니다. 다음은 비지도 학습의 대표적 예인 군집(clustering)을 그림으로 표현한 것입니다.

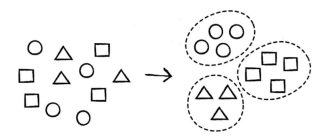

그림을 보니 모양이 비슷한 것을 모아 그룹을 만든 것 같습니다. 그룹에서 새로운 모양이 발견되면 새 그룹이 생기겠지요. 비지도 학습은 훈련 데이터에 타깃이 없으므로 모델의 훈련 결과를 평가하기 어렵다는 특징이 있습니다. 이 책은 비지도 학습을 다루지 않으므로 비지도 학습에 대해서는 이 정도만 설명하겠습니다.

강화 학습은 주어진 환경으로부터 피드백을 받아 훈련합니다

강화 학습은 머신러닝 알고리즘으로 에이전트라는 것을 훈련시킵니다. 훈련된 에이전트는 특정 환경에 최적화된 행동을 수행하고 수행에 대한 '보상'과 '현재 상태'를 받습니다. 에이전트의 목표는 '최대한 많은 보상을 받는 것'입니다. 그래서 에이전트는 주어진 환경에서 아주 많은 행동을 수행하여 학습됩니다. 강화 학습의 대표적인 알고리즘으로는 Q-러닝(Q-learning), SARSA, 인공신경망을 사용한 DQN(Deep Q Network) 등이 있습니다. 강화 학습의 예로는 딥마인드(DeepMind)의 알파고(AlphaGo)와 같은 게임이나 온라인 광고 등이 있습니다.

규칙이란 가중치와 절편을 말합니다

앞에서 머신러닝은 스스로 규칙을 찾는다고 설명했습니다. 그러면 규칙은 정확히 무엇일까요? 앞의 지도 학습에서 소개한 '오늘 습도에 따라 내일 비가 올지 안 올지 예측하는 모델'의 경우 '오늘 습도가 0.6 이상이면 내일 비가 온다'라는 규칙을 정했습니다.

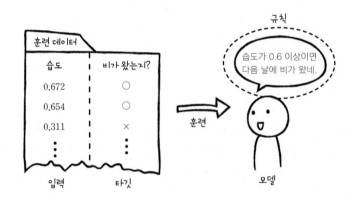

실제로 위의 규칙은 어떻게 표현할까요? 대부분의 머신러닝 알고리즘은 훈련 데이터와 규칙의 관계를 식으로 표현할 수 있습니다. 예를 들어 위의 경우는 다음과 같은 식으로 표현할 수 있습니다.

$$1.5 \times x + 0.1 = y \quad (y가\ 1\ 이상이면\ 다음\ 날\ 비가\ 온다고\ 예측)$$

위 식에서 x는 입력이고 y는 타깃입니다. 1.5와 0.1이 바로 규칙입니다. 이 규칙은 각각 가중치와 절편이라고 부르는데 입력과 곱하는 수가 가중치, 더하는 수가 절편입니다. 위의 그림에 있는 습도를 앞 식의 입력에 넣어 계산해 보면 식이 입력 데이터와 규칙의 관계를 잘 표현하고 있음을 알 수 있을 것입니다. 여기서는 가중치와 절편이 각각 1개인 간단한 식을 규칙의 예로 들었습니다. 딥러닝은 이것보다 훨씬 많은 개수(10만, 100만)의 가중치와 절편을 가집니다.

모델은 머신러닝의 수학적 표현입니다

앞에서 만든 수학식이 바로 모델입니다. 엄밀히 정의하면 모델은 '훈련 데이터로 학습된 머신 러닝 알고리즘'을 말합니다. 그리고 가중치와 절편을 합쳐 **모델 파라미터**(model parameter)라 고 부릅니다. 앞으로 이런 모델들을 파이썬으로 직접 만들어볼 것입니다. 실제 실습에서는 모 델을 클래스로 구현할 것이므로 이를 통해 만든 객체를 모델이라고 이해하면 됩니다.

손실 함수로 모델의 규칙을 수정합니다

앞에서 만든 모델은 습도에 따라 내일 비가 올지 잘 예측하는 것 같습니다. 그런데 만약 훈련 데이터에 다음과 같은 데이터가 있다면 어떻게 될까요?

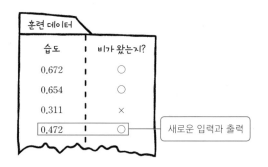

이전에 만든 모델($1.5*x+0.1=y$)에 새로운 입력을 넣어 보면 모델이 예측한 값은 약 0.8이므로 실제 타깃값인 O(비가 옴, 1)와 맞지 않습니다. 바로 이런 경우에 모델의 규칙(가중치, 절편)을 수 정해야 합니다. 이때 모델의 규칙을 수정하는 기준이 되는 함수를 '손실 함수(loss function)'라 고 부릅니다. 예를 들어 모델이 예측한 값과 타깃값의 차이를 계산하는 함수를 손실 함수로 정의할 수 있습니다. 위 경우에 손실 함수를 대입하면 1−0.8의 계산값인 0.2 정도의 차이가 있으므로 규칙을 약간 상향 조정해야 할 것 같네요. 지금은 손실 함수를 이 정도만 이해하고 넘어가도 됩니다. 손실 함수는 03장에서 자세히 설명하겠습니다.

최적화 알고리즘으로 손실 함수의 최솟값을 찾습니다

손실 함수는 단순히 예측한 값과 타깃의 차이를 정의하는 것이므로 손실 함수의 최솟값을 효율적으로 찾는 방법도 필요합니다. 이때 최솟값을 효율적으로 찾는 방법을 최적화 알고리즘이라고 부릅니다. 최적화 알고리즘은 03장에서 자세히 알아봅니다. 지금까지는 머신러닝을 이해하기 위해 필요한 개념들을 하나씩 짚어보았습니다. 머신러닝의 이런 개념들은 딥러닝에도 그대로 적용되므로 딥러닝에 대해서는 머신러닝과의 차이점만 간략히 소개하겠습니다.

01-3 딥러닝을 소개합니다

이미 앞에서 딥러닝(deep learning)은 머신러닝 알고리즘 중 하나인 인공신경망(artificial neural network)으로 만든 것이라고 설명했습니다. 머신러닝 알고리즘에는 앞으로 여러분이 배우게 될 선형 회귀나 로지스틱 회귀와 같은 알고리즘들이 있습니다. 인공신경망도 머신러닝 알고리즘 중 하나입니다. 복잡한 문제를 해결하기 위해 인공신경망을 다양하게 쌓은 것을 딥러닝이라 부르는 것이죠. 앞에서 본 머신러닝과 딥러닝의 관계도를 조금 더 자세히 표현하면 다음과 같습니다.

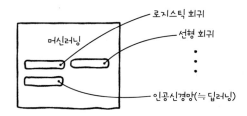

위 그림을 보면 인공신경망이 머신러닝의 여러 알고리즘 중 하나임을 알 수 있습니다. 딥러닝은 인공신경망을 사용해 만드는 것이므로 인공신경망과 딥러닝을 엄밀하게 구분하지 않습니다. 그래서 인공신경망에 괄호로 딥러닝이라 표시했습니다. 둘을 거의 같은 개념으로 생각해도 좋습니다.

딥러닝은 인공신경망으로 구성됩니다

딥러닝이라는 용어는 인공신경망을 여러 겹으로 쌓은 모습에서 유래되었습니다. 가장 간단한 인공신경망을 그림으로 표현하면 다음과 같습니다.

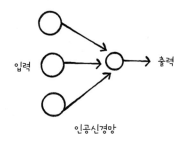

입력을 받아 출력으로 전달하는 인공신경망을 보면 뇌의 뉴런과 비슷한 점이 많습니다. 뉴런은 자극을 받아들여 다음 뉴런으로 자극을 전달하는 역할을 수행하기 때문이죠.

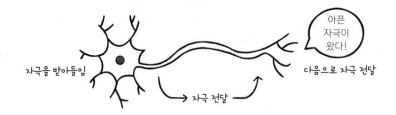

인공신경망을 여러 겹 쌓으면 다음과 같은 모양이 되는데, 이것이 바로 딥러닝입니다. 인공신경망을 여러 겹 쌓은 것이 곧 딥러닝이므로 보통 인공신경망과 딥러닝이라는 용어는 구분하지 않고 사용하는 경우가 많습니다. 01-3절을 시작하며 인공신경망과 딥러닝은 같은 개념이라고 표현한 그림이 이제 완벽히 이해되었을 것입니다.

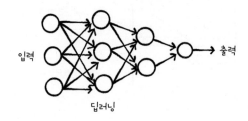

딥러닝은 사람의 뇌와 많이 다릅니다

인공신경망이라는 이름 때문에 '딥러닝은 사람의 뇌와 깊은 연관이 있는 기술이다'라는 오해를 할 수 있습니다. 물론 인공신경망은 앞에서 보았듯이 뇌의 뉴런에서 영감을 받아 만든 것입니다. 하지만 딥러닝은 실제 뇌가 작동하는 방식과는 많이 다르므로 오해하지 않도록 하세요.

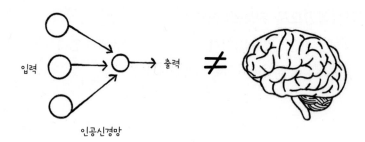

딥러닝은 머신러닝이 처리하기 어려운 데이터를 더 잘 처리합니다

머신러닝의 한 종류인 딥러닝은 머신러닝과 구체적으로 어떤 점이 다를까요? 대표적으로 둘의 차이점을 이야기할 때 '처리하는 데이터'를 예로 드는 경우가 많습니다. 연구자들은 머신러닝이 처리하기 어려운 데이터를 딥러닝이 더 잘 처리한다는 것을 알았습니다. 다음은 딥러닝이 잘 처리하는 데이터와 머신러닝이 잘 처리하는 데이터를 구분하여 나타낸 그림입니다.

딥러닝에 잘 맞는 데이터

이미지/영상, 음성/소리, 텍스트/번역
등의 비정형 데이터

머신러닝에 잘 맞는 데이터

데이터베이스, 레코드 파일, 엑셀/CSV
등에 담긴 정형 데이터

위와 같은 이유로 딥러닝은 보통 '인지'와 관련된 문제를 잘 해결한다고 알려져 있습니다. 예를 들어 딥러닝은 이미지, 음성, 텍스트에 관련된 분야의 문제를 잘 해결합니다. 반면에 머신러닝은 암환자의 검진 데이터나 회사의 매출 데이터와 같은 정형화된 데이터에 대한 문제를 잘 해결합니다.

01장에서 꼭 기억해야 할 내용

이 장에서는 인공지능, 머신러닝, 딥러닝을 구분하고 딥러닝이 머신러닝의 알고리즘 중 하나인 인공신경망으로 만든 알고리즘이라는 것을 배웠습니다. 또 머신러닝과 딥러닝을 공부하기 전에 '날씨를 예측하는 모델'을 예로 들어 머신러닝과 딥러닝을 위한 기초 개념들에 대해서도 살펴보았습니다. 다음은 주요 개념을 기억 카드로 정리한 것입니다. 기억 카드의 설명을 읽고 빈 칸을 채우며 주요 개념을 한 번 더 떠올려 보세요.

기억 카드 01 | 입

이것은 훈련 데이터를 구성하는 값 중 하나로, 이 장에서는 '습도'라는 값을 이 값으로 사용했습니다. 예를 들어 습도가 0.65일 때 '비가 온다'라는 훈련 데이터가 있다면 0.65가 바로 이 값에 해당됩니다.

기억 카드 02 | 타

이것은 훈련 데이터를 구성하는 값 중 하나로, 이 장에서는 '비가 오는지 표시한 것'을 이 값으로 사용했습니다. 기억 카드 01을 이해했다면 이것이 무엇인지 금방 알 수 있을 것입니다.

기억 카드 03 | 모

이것은 훈련 데이터를 이용하여 만든 일종의 수식으로, 이 장에서는 이것을 통해 '내일 비가 올지 안 올지 예측'했습니다. 이후 머신러닝과 딥러닝을 실습하며 이것을 파이썬 클래스로 구현하게 될 것입니다.

기억 카드 04 | 규

이것은 훈련 데이터를 통해 만든 수식을 구성하는 중요 요소들입니다. 이 장에서는 수식 $1.5*x+0.1=y$를 만든 다음 1.5, 0.1을 합쳐 이것이라고 불렀습니다. 앞으로 이것을 수정하는 여러 가지 머신러닝, 딥러닝 알고리즘을 공부하게 될 것입니다.

정답 기억 카드 01 입력 기억 카드 02 타깃 기억 카드 03 모델 기억 카드 04 규칙

02

최소한의 도구로 딥러닝을 시작합니다

이제 딥러닝 실습을 위한 준비 단계에 접어들었습니다. 딥러닝을 학습하기 위해서는 설치해야 하는 프로그램도 많을 것이라 생각하겠지만 다행히도 여러분의 컴퓨터에는 아무것도 설치할 필요가 없습니다. 즐겨 사용하는 웹 브라우저 하나만 있으면 이 책에 있는 실습을 모두 진행할 수 있습니다. 어떻게 그것이 가능한지 지금부터 알아보겠습니다.

02-1 구글 코랩을 소개합니다

이 책은 구글 코랩(colab)이라는 구글의 서비스를 이용하여 실습을 진행합니다. 구글 코랩은 구글이 제공하는 주피터 노트북(jupyter notebook)을 말합니다(주피터 노트북을 조금 변형한 것입니다). 딥러닝 분야는 연산 비용이 높아 컴퓨터 성능이 중요한데 코랩을 사용하면 구글 클라우드(Google Cloud)의 가상 서버를 마음껏 활용할 수 있습니다. 쉽게 말해 자신의 컴퓨터가 아니라 구글이 제공하는 컴퓨터로 실습할 수 있다고 생각하면 됩니다. 놀랍지 않나요? 그러면 여러분이 사용할 서비스인 구글 코랩에 대해 알아보겠습니다.

코랩이란?

코랩은 구글에서 교육과 과학 연구를 목적으로 개발한 도구로, 2017년에 무료로 공개하였습니다. 코랩에서 파이썬(Python) 코드를 실행하거나 텍스트를 작성할 수도 있고 그래프를 그릴 수도 있습니다. 코랩의 구조는 다음과 같습니다.

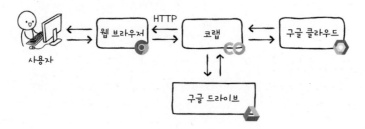

위 그림에서 볼 수 있듯이 코랩은 웹 브라우저(Web Browser)를 통해 제어하고 실제 파이썬 코드 실행은 구글 클라우드의 가상 서버에서 이루어집니다. 그리고 코랩에서 만든 파일인 노트북은 구글 드라이브(Google Drive)에 저장하고 불러올 수 있습니다. 쉽게 말해 코랩은 구글 독스나 구글 스프레드 시트와 비슷한 방식으로 사용할 수 있는 프로그램이라는 뜻입니다. 그래서 코랩을 사용하려면 구글 계정이 필요합니다. 구글 계정이 없다면 다음 주소에 접속하여 구글 계정을 만드세요.

```
https://accounts.google.com/SignUp?hl=ko
```

코랩에 접속해 기본 기능 익히기

이제 코랩에 접속하여 코랩의 기본 기능을 익혀보겠습니다. 목수가 가구를 만들기 전에 도구를 충분히 다뤄보며 연습하듯이 여러분도 딥러닝을 위해 도구를 충분히 연습한다는 생각으로 실습을 진행해 보세요.

1. 구글 계정으로 로그인하고 코랩 접속하기

코랩을 사용하는 방법은 간단합니다. 웹 브라우저에서 다음 주소에 접속하는 것이 전부입니다.

```
https://colab.research.google.com/
```

2. 코랩 노트북과 만나기

과정 **1**을 완료하면 노트북 화면과 함께 최근 사용 화면이 나타납니다. 바깥쪽 배경을 눌러 최근 사용 화면을 닫으세요. 이 노트북을 조금 수정하여 구글 드라이브에 저장해 보겠습니다.

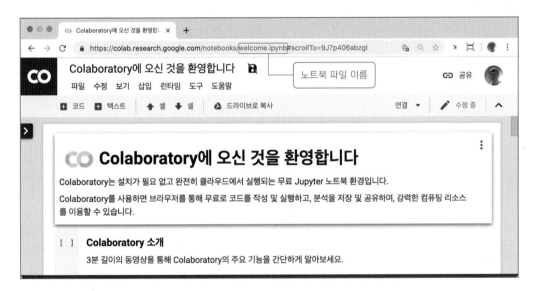

3. 텍스트 셀 편집하기

노트북에는 두 종류의 셀(cell)이 있습니다. 바로 코드 셀과 텍스트 셀입니다. 노트북 맨 위에는 'Colaboratory에 오신 것을 환영합니다'라는 문구가 텍스트 셀에 입력되어 있습니다. 만약 텍스트 셀의 내용을 수정하고 싶다면 마우스로 셀을 더블 클릭하거나 셀을 선택한 상태에서 [Enter]를 누르면 됩니다. 이때 웹 브라우저의 좌우 넓이에 따라 마크다운(mark down) 편집기 영역과 결과 화면 영역이 상하 또는 좌우로 배치됩니다.

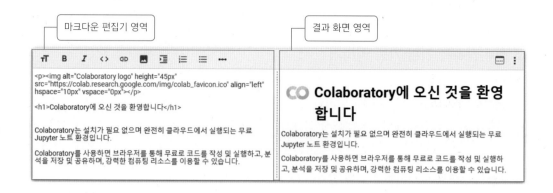

4. 텍스트 셀이 편집 모드로 바뀌면 〈h1〉 태그 사이에 있는 환영 메시지를 '나의 첫 번째 Colaboratory 노트북입니다!'와 같이 수정한 다음 [Esc]를 누르면 다음과 같이 텍스트 셀이 수정됩니다.

> ### CO 나의 첫 번째 Colaboratory 노트북입니다!
> Colaboratory는 설치가 필요 없으며 완전히 클라우드에서 실행되는 무료 Jupyter 노트 환경입니다.
> Colaboratory를 사용하면 브라우저를 통해 무료로 코드를 작성 및 실행하고, 분석을 저장 및 공유하며, 강력한 컴퓨팅 리소스를 이용할 수 있습니다.

5. 텍스트 셀 추가하기

텍스트 셀이 잘 변경되었나요? 이번에는 텍스트 셀을 추가해 보겠습니다. 마우스를 셀의 아래쪽 경계 중앙 근처로 이동시키면 셀을 추가할 수 있는 버튼이 2개 나타납니다. 이 버튼을 누르면 간편하게 텍스트 셀과 코드 셀을 추가할 수 있습니다. 우선 텍스트 버튼을 클릭해 텍스트 셀을 추가합니다.

6. 텍스트 셀이 편집 가능한 상태로 만들어집니다. 텍스트 셀에 'Do it! 딥러닝'이라고 입력한 다음 [Esc]를 눌러 편집을 마치세요.

> ### CO 나의 첫 번째 Colaboratory 노트북입니다!
> Colaboratory는 설치가 필요 없으며 완전히 클라우드에서 실행되는 무료 Jupyter 노트 환경입니다.
> Colaboratory를 사용하면 브라우저를 통해 무료로 코드를 작성 및 실행하고, 분석을 저장 및 공유하며, 강력한 컴퓨팅 리소스를 이용할 수 있습니다.
>
> Do it! 딥러닝

7. 코드 셀 추가하고 입력한 다음 실행하기

이번에는 코드 셀을 추가해 보겠습니다. 우선 과정 5의 방법으로 코드 셀을 추가합니다. 그런 다음 print('Hello, Do it 딥러닝')을 입력해 보세요.

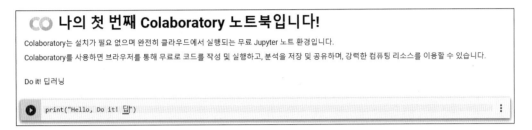

8. 코드를 입력했으니 코드를 실행해야겠죠? 코드 셀을 실행하려면 편집 화면 왼쪽에 있는 ▶ 아이콘을 클릭하거나 Ctrl + Enter 를 누르면 됩니다. 그러면 코드 셀 바로 아래에 실행 결과가 나타납니다. 실행 결과를 직접 확인해 보세요.

코랩에서 노트북 관리하기

코랩에서 작성한 노트북은 어디에 저장해야 할까요? 바로 구글 드라이브에 저장하면 됩니다. 이번에는 코랩에서 노트북을 만들고 관리하는 방법을 알아봅니다.

1. 구글 드라이브에 노트북 저장하기

다음 화면에서 위쪽 메뉴의 [파일 〉 드라이브에 사본 저장]을 누르세요. 그러면 여러분이 작업한 노트북이 구글 드라이브에 저장되고 새 탭에 저장된 노트북이 나타납니다. 저장된 노트북의 제목을 확인해 보세요.

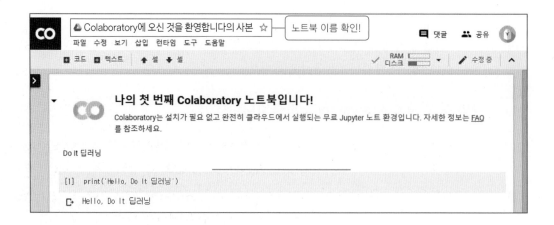

2. 저장된 노트북 위치 확인하기

새로 생성된 노트북의 이름은 'Colaboratory에 오신 것을 환영합니다의 사본'이고 노트북이 저장된 위치는 구글 드라이브의 'Colab Notebooks' 폴더입니다. 메뉴의 [파일 > 드라이브에서 찾기]를 선택하면 노트북이 저장된 위치를 새 탭으로 보여줍니다.

3. 구글 드라이브에서 노트북 열기

이번에는 구글 드라이브에서 노트북을 열어보겠습니다. 마우스 오른쪽 버튼으로 노트북을 누르면 팝업 메뉴가 나타납니다. 여기서 [연결 앱 〉 Colaboratory]를 선택하세요. 그러면 여러분이 저장했던 노트북이 다시 열립니다.

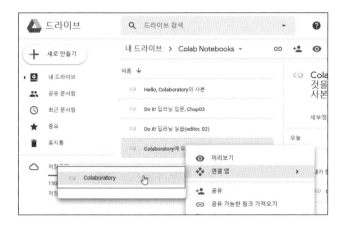

4. 내가 원하는 폴더에 노트북 만들어 저장하기

만약 여러분이 만든 폴더에 노트북을 저장하려면 폴더를 새로 만든 다음 새 폴더로 이동하세요. 그런 다음 폴더 바탕을 마우스 오른쪽 버튼으로 누르고 [더보기 〉 Colaboratory]를 선택하면 새 노트북이 만들어집니다.

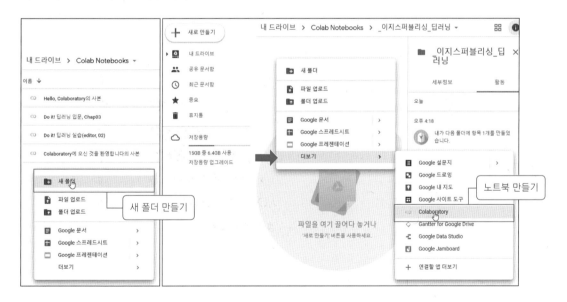

5. 코랩에서 내가 저장한 노트북 열기

코랩에서 [파일 〉 노트북 열기] 메뉴를 사용하면 이전에 사용했던 노트북이나 구글 드라이브에 있는 노트북을 손쉽게 열 수 있습니다.

코랩 노트북에서 자주 사용하는 기능 알아보기

이번에는 코랩 노트북에서 자주 사용하는 기능을 알아보겠습니다. 'Colaboratory에 오신 것을 환영합니다의 사본' 노트북으로 돌아오세요.

1. 셀 삭제하기

셀을 삭제하려면 마우스로 해당 셀을 한 번 클릭하고 셀 오른쪽 끝에 나타난 ⋮ 버튼을 누른 다음 [셀 삭제]를 선택하세요.

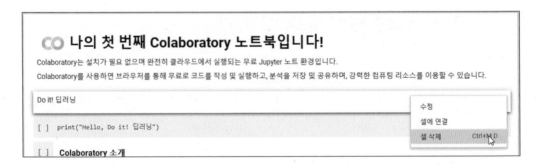

키보드 단축키를 눌러도 셀을 삭제할 수 있습니다. Ctrl + M D 를 누르면 현재 선택되어 있는 셀이 삭제됩니다. 이때 Ctrl + M D 란 Ctrl + M 을 누르고 바로 이어서 D 를 누르라는 뜻입니다. 여러분이 입력한 셀 중 하나를 골라 삭제해 보세요.

2. 셀 실행하고 바로 다음 셀로 이동하기

코드 셀에서 코드를 모두 입력한 다음 실행하고 다음 셀로 이동하려면 Shift + Enter 를 누르면 됩니다. 텍스트 셀에서 같은 키 조합을 누르면 편집을 마치고 다음 셀로 이동합니다. 만약 Shift + Enter 를 누를 때 선택된 셀이 마지막 셀이라면 더 이동할 셀이 없으므로 현재 셀에 머무릅니다. 화면을 자세히 보면 셀의 강조 표시(그림자)가 다음 셀로 이동되었음을 알 수 있습니다.

3.

Ctrl + Enter 를 누르면 셀은 실행되지만 다음 셀로 이동하지는 않습니다. Shift + Enter 와 기능이 비슷하므로 주의하기 바랍니다. macOS 사용자는 Cmd + Enter 를 누르세요.

4. 셀 실행하고 바로 아래에 새 셀 삽입하기

Alt + Enter 를 누르면 현재 셀이 실행되고 그 아래에 새로운 셀을 삽입한 후 그 셀로 이동합니다. 만약 Alt + Enter 를 누를 때의 선택된 셀이 노트북의 마지막 셀이더라도 새로운 셀이 계속 추가됩니다.

5. 빠른 메뉴 버튼 사용하기

코랩 메뉴 아래에는 4개의 빠른 메뉴 버튼이 있습니다. 왼쪽의 버튼 2개는 여러분이 지금까지 실습한 코드 셀과 텍스트 셀을 추가하는 버튼입니다. 그리고 오른쪽의 버튼 2개는 셀을 이동하는 버튼입니다. 한 번씩 눌러 보며 기능을 익혀보세요.

6. 단축키 설정하기

단축키는 여러분이 마음대로 추가하거나 변경할 수 있습니다. 전체 단축키를 보려면 메뉴에서 [도구 〉 단축키]를 선택하거나 Ctrl + M H 를 누르면 됩니다. 키보드 환경설정 화면이 나오면 [단축키 설정]을 누른 다음 원하는 단축키를 설정할 수 있습니다.

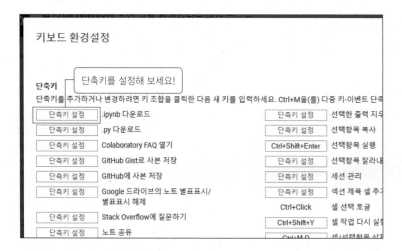

7. 명령 팔레트 사용하기

가끔은 내가 원하는 명령이나 단축키가 잘 생각나지 않을 때도 있습니다. 그럴 때는 원하는 명령을 키보드로 찾아 실행할 수 있는 명령어 팔레트를 사용하면 됩니다. 명령 팔레트를 사용하면 필요한 기능을 검색할 수 있기 때문에 단축키를 모두 외우지 않아도 됩니다. 메뉴에서 [도구 〉 명령 팔레트]를 선택하면 명령 팔레트가 나타납니다.

8. 만약 '실행'과 관련 있는 명령을 검색하면 '실행'이라는 키워드가 포함된 명령 항목들이 나옵니다. 명령 팔레트 검색 기능은 어떤 명령을 실행해야 하는지는 알겠는데 어떻게 명령을 실행해야 할지 모르는 경우에 유용합니다. 명령 팔레트를 조금 더 똑똑하게 이용하는 방법은 단축키를 이용하는 것입니다. Ctrl + Shift + P 를 눌러 명령 팔레트를 이용해 보세요.

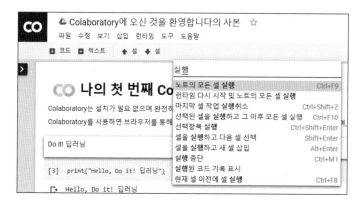

지금까지 코랩의 다양한 기능을 알아보았습니다. 앞으로 이 책에 나오는 실습 내용들을 모두 코랩에서 진행해 보세요.

02-2 딥러닝을 위한 도구들을 알아봅니다

넘파이를 소개합니다

넘파이(NumPy)는 파이썬의 핵심 과학 패키지 중 하나입니다. 많은 머신러닝과 딥러닝 패키지가 넘파이를 기반으로 구현되었고 넘파이 인터페이스를 계승하고 있기 때문에 넘파이는 여러분이 꼭 익혀야 하는 파이썬 패키지 중 하나입니다. 넘파이 패키지는 아주 방대하지만 이 책에서는 딥러닝을 위한 필수 기능만을 배웁니다. 실습을 진행하면서 필요할 때마다 조금씩 소개하겠습니다. 여기서는 먼저 넘파이가 무엇인지 또 어떤 작업을 하는지 알아봅시다.

파이썬 리스트 복습하기

넘파이를 실습하기 전에 넘파이의 배열과 비슷한 파이썬 리스트를 먼저 복습해 보겠습니다. 다음은 2개의 숫자와 하나의 문자열로 이루어진 파이썬 리스트입니다. 리스트의 인덱스는 0부터 시작하기 때문에 두 번째 요소를 참조하기 위해 인덱스 1을 사용합니다.

```
my_list = [10, 'hello list', 20]
print(my_list[1])
```
> 왼쪽에 있는 코드를 코랩에 입력하여 실행해 보세요!

```
hello list
```
> 실행 결과입니다.

리스트의 요소로 다른 리스트를 포함시켜도 됩니다. 이렇게 중첩된 배열을 2차원 배열이라고 부릅니다. 2차원 배열은 바둑판 모양을 생각하면 이해하기 쉽습니다. 바둑판의 한 행이 1차원 배열이고 이 배열을 여러 개 쌓으면 2차원 배열이 됩니다. 다음은 파이썬 리스트로 3개의 요소를 가진 1차원 배열을 2개 쌓은 예입니다.

```
my_list_2 = [[10, 20, 30], [40, 50, 60]]
```

이 리스트의 크기를 말할 때 보통 '2×3 크기'라고 말합니다. 또는 2개의 행과 3개의 열이 있다고 읽습니다.

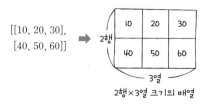

$$[[10, 20, 30], \\ [40, 50, 60]]$$

2행×3열 크기의 배열

2차원 배열의 요소를 선택할 때는 2개의 대괄호를 사용합니다. 첫 번째 대괄호에서는 행의 인덱스를 넣고 두 번째 대괄호에서는 열의 인덱스를 넣습니다. 두 번째 행의 두 번째 열을 선택했기 때문에 50이 출력되었습니다.

```
print(my_list_2[1][1])
50
```

넘파이 준비하기

다차원 배열은 파이썬 리스트로 만들어 사용해도 되지만 파이썬 리스트로 만든 배열은 배열의 크기가 커질수록 성능이 떨어진다는 단점이 있습니다. 바로 이런 경우에 넘파이를 사용합니다. 넘파이는 저수준 언어로 다차원 배열을 구현했기 때문에 배열의 크기가 커져도 높은 성능을 보장합니다. 또 배열을 이용한 다양한 통계, 수학 함수도 제공합니다.

1. 코랩에서 넘파이 임포트하고 버전 확인하기

코랩에는 넘파이가 설치되어 있으므로 다음 명령으로 간단하게 넘파이 패키지를 임포트(import)하면 됩니다. 넘파이 패키지가 제대로 임포트되었는지 확인해 보려면 np.__version__을 이용하여 넘파이의 버전을 출력해 보면 됩니다. 숫자가 조금 다를 수도 있지만 버전이 잘 출력되면 넘파이 패키지 임포트에 성공한 것입니다.

© 파이썬 패키지들은 보통 __version__ 속성에 버전 번호가 있습니다. 내가 사용하는 패키지 버전이 무엇인지 알고 있으면 코드 실행이 잘 되지 않는 등의 문제가 생겼을 때 다른 사람에게 도움을 청하기 쉽습니다.

```
import numpy as np
print(np.__version__)
1.16.3
```

위의 코드를 보면 파이썬의 import 명령으로 넘파이를 임포트할 때 as 키워드를 이용하여 np라는 이름으로 별칭을 만든 것을 볼 수 있습니다. 파이썬 프로그래머들은 이름이 조금이라도 길면 줄여서 쓰려고 하기 때문이죠. np는 넘파이를 줄여서 쓰는 오랜 전통이 있는 별칭입니다.

앞으로도 np라는 별칭으로 넘파이를 임포트하여 사용하겠습니다.

넘파이로 배열 만들기

넘파이를 임포트했으니 넘파이를 이용하여 배열을 하나 만들어보겠습니다. 여기서 알아두어야 할 점은 넘파이는 파이썬의 리스트처럼 숫자와 문자열을 함께 담을 수 없다는 것입니다. 하지만 괜찮습니다. 딥러닝을 공부하며 다루게 될 데이터는 모두 숫자니까요. 만약 문자 데이터가 있어도 결국은 숫자로 바꿔서 입력해야 합니다. 그러니 데이터 종류에 대해서는 걱정하지 않아도 됩니다.

1. array( ) 함수로 2차원 배열 만들기

다음은 넘파이의 array( ) 함수로 만든 2차원 배열입니다. 출력된 넘파이 배열을 보면 친절하게도 행과 열이 맞춰져 있음을 알 수 있습니다.

```
my_arr = np.array([[10, 20, 30], [40, 50, 60]])
print(my_arr)
[[10 20 30]
 [40 50 60]]
```

2. type( ) 함수로 넘파이 배열인지 확인하기

array( ) 함수는 파이썬 리스트를 입력 받아 넘파이 배열을 만듭니다. 그런데 출력된 결과를 보면 파이썬 리스트와 형태가 비슷합니다. my_arr에 저장된 값이 파이썬 리스트가 아니라 넘파이 배열임을 확인해 보겠습니다. type( ) 함수로 객체의 타입을 확인해 볼까요?

```
type(my_arr)
numpy.ndarray
```

결과를 보면 my_arr가 넘파이 배열 클래스인 ndarray의 객체임을 알 수 있습니다. 그런데 이번에 입력한 코드를 보면 print( ) 함수를 사용하지 않았는데도 결과가 출력되었습니다. 코드 셀의 마지막 줄은 print( ) 함수를 사용하지 않아도 자동으로 그 결과가 출력됩니다. 다른 사람이 작성한 노트북을 보다 보면 이렇게 마지막 라인에 print( ) 함수가 빠진 것을 자주 볼 수 있습니다. 이 책에서도 종종 이 방법을 사용합니다.

3. 넘파이 배열에서 요소 선택하기

넘파이 배열의 요소를 선택하는 방법은 파이썬 리스트에서 요소를 선택하는 방법과 동일합니다. 인덱스는 0부터 시작하므로 첫 번째 행의 세 번째 요소를 선택하려면 다음과 같이 입력하면 됩니다.

```
my_arr[0][2]
30
```

4. 넘파이 내장 함수 사용하기

넘파이 소개를 마치기 전에 넘파이가 제공하는 편리한 내장 함수 하나만 살펴보겠습니다. 파이썬 리스트의 요소를 모두 더하려면 for문을 만들어야 합니다. 넘파이는 배열에 대한 여러 수학 함수를 제공하기 때문에 반복문을 쓰지 않고도 배열의 합을 계산할 수 있습니다. sum( ) 함수는 배열의 요소를 모두 더해 주는 함수입니다. 바로 앞에서 만든 my_arr 배열에 있는 모든 요소를 더해 보겠습니다.

```
np.sum(my_arr)
210
```

위의 방법은 for문을 사용하는 방법보다 실행 속도가 매우 빠릅니다. 또 코드도 간결하죠. 넘파이 내장 함수와 인덱스의 다양한 사용 방법은 실습을 진행하면서 더 자세히 소개하겠습니다.

맷플롯립으로 그래프 그리기

맷플롯립(Matplotlib)은 파이썬 과학 생태계의 표준 그래프 패키지입니다. 물론 맷플롯립 이외에도 좋은 그래프 도구들이 많이 있지만 맷플롯립에서 제공하는 기능으로 대부분의 그래프를 그릴 수 있습니다. 맷플롯립도 코랩에 포함되어 있으므로 바로 사용할 수 있습니다. 맷플롯립으로 실습하려면 맷플롯립을 미리 임포트하세요. 맷플롯립도 관례에 따라 별칭 plt를 사용합니다.

ⓒ 맷플롯립에 대한 설명은 https://matplotlib.org를 참고하세요.

```
import matplotlib.pyplot as plt
```

여기서는 앞으로 맷플롯립으로 자주 그리게 될 그래프인 선 그래프와 산점도를 알아보겠습니다. 두 그래프는 x축을 기준으로 y축의 변화 추이를 살펴보기 편리해 데이터를 분석할 때 자주 사용합니다.

1. 선 그래프 그리기

선 그래프를 그리려면 x축의 값과 y축의 값을 맷플롯립의 plot( ) 함수에 전달해야 합니다. 그런 다음 show( ) 함수를 이용하여 화면에 그래프를 출력하면 됩니다. 다음은 $y=x^2$ 그래프를 그린 것입니다.

```
plt.plot([1, 2, 3, 4, 5], [1, 4, 9, 16, 25])    # x축, y축의 값을 파이썬 리스트로 전달합니다.
plt.show( )
```

위 코드를 코랩에 입력하면 다음과 같은 그래프가 그려집니다.

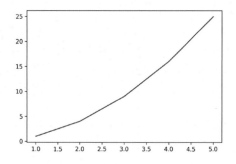

2. 산점도 그리기

자주 사용하는 또 하나의 그래프는 산점도(scatter plot)입니다. 산점도는 데이터의 x축, y축 값을 이용하여 점으로 그래프를 그린 것입니다. 이때 show( ) 함수를 사용하지 않아도 맷플롯립이 자동으로 그래프를 그려주지만 이 함수를 사용하면 조금 더 깔끔하고 보기 좋은 그래프가 그려집니다.

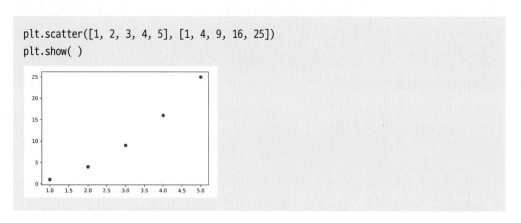

3. 넘파이 배열로 산점도 그리기

이번에는 넘파이 배열을 사용하여 산점도를 그려보겠습니다. 파이썬의 과학 패키지들은 예외 없이 넘파이 배열로 데이터를 주고받을 수 있도록 만들어져 있습니다. 여기에서는 넘파이의 random.randn( ) 함수를 사용하여 표준 정규 분포를 따르는 난수(random number)를 만들고 그 값을 이용하여 산점도를 그리겠습니다. 다음과 같이 입력하면 1,000개의 난수를 만들어 산점도를 그릴 수 있습니다.

```
x = np.random.randn(1000)    # 표준 정규 분포를 따르는 난수 1,000개를 만듭니다.
y = np.random.randn(1000)    # 표준 정규 분포를 따르는 난수 1,000개를 만듭니다.
plt.scatter(x, y)
plt.show( )
```

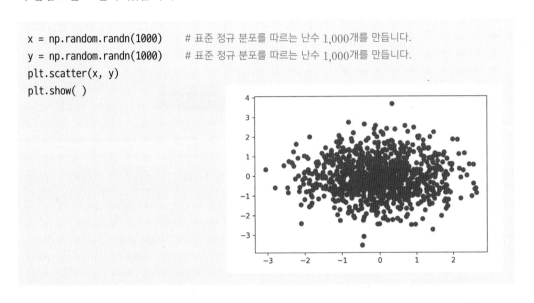

데이터 분석과 그래프 도구는 뗄래야 뗄 수 없는 사이입니다. 위와 같은 방법으로 데이터를 시각화하면 데이터에서 직관을 얻기가 쉽습니다. 딥러닝에서도 데이터 시각화는 필수이기 때문에 이후에 실습을 진행하며 맷플롯립도 자주 사용할 것입니다. 맷플롯립의 주요 기능은 실습을 진행하면서 필요할 때마다 하나씩 소개하겠습니다. 다음 장에서는 딥러닝을 위한 기초 알고리즘 중 하나인 선형 회귀를 공부하겠습니다.

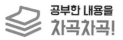 **공부한 내용을 차곡차곡!** | # 02장에서 꼭 기억해야 할 내용

이 장에서는 코랩 실습 환경에서 딥러닝을 위한 파이썬 패키지인 넘파이, 맷플롯립을 간단히 사용해 보았습니다. 앞에서 설명했듯이 이 책의 모든 실습은 코랩에서 진행합니다. 코랩과 같은 실습 환경이 익숙하지 않다면 책을 잠시 덮고 코랩의 여러 기능들을 다시 한 번 살펴보고 다음으로 넘어가길 바랍니다.

기억 카드 01 | 코

이 프로그램은 인터넷만 있으면 무료로 사용할 수 있는 구글이 제공하는 주피터 노트북입니다. 딥러닝 분야는 연산 비용이 높아 컴퓨터 성능이 몹시 중요합니다. 그런데 이 프로그램을 사용하면 구글에서 제공하는 클라우드와 가상 서버를 마음껏 활용할 수 있어 성능에 큰 제약을 받지 않고 실습을 진행할 수 있습니다.

기억 카드 02 | 넘

이것은 파이썬의 핵심 과학 패키지 중 하나입니다. 많은 머신러닝과 딥러닝 패키지가 이것을 기반으로 구현되어 있습니다. 딥러닝 분야에서 이것을 사용하는 주된 이유는 '저수준 언어로 다차원 배열을 구현했기 때문에 다차원 배열의 크기가 커져도 높은 성능을 보장한다'는 점입니다. 이 패키지는 np라는 별칭으로 임포트합니다.

기억 카드 03 | 맷

이것은 딥러닝 실습을 진행하며 사용하게 될 파이썬 그래프 패키지입니다. 파이썬에는 그래프를 그리기 위한 여러 패키지가 있지만 코랩에는 이것이 기본으로 설치되어 있어 이 책에서는 다른 패키지를 설치하지 않고 이것을 이용하여 그래프를 그립니다. 이 패키지는 plt라는 별칭으로 임포트합니다.

정답 **기억 카드 01** 코랩 **기억 카드 02** 넘파이 **기억 카드 03** 맷플롯립

03

머신러닝의 기초를 다집니다
― 수치 예측

이 장에서는 딥러닝의 기초가 되는 머신러닝 알고리즘들을 직접 만들어봅니다. 이 책에서 공부하는 알고리즘은 모두 수학 방정식으로 표현할 수 있기 때문에 중·고등학교 수준의 수학 지식만 있으면 쉽게 익힐 수 있습니다. 수학 방정식이 잘 기억나지 않아도 당황하지 마세요. 수학 방정식이 나오면 최대한 자세히 설명하겠습니다. 물론 수학 방정식으로 표현되지 않는 알고리즘도 있습니다. 하지만 이런 알고리즘들은 이 책의 범위를 벗어나므로 자세한 설명은 생략합니다. 그러면 시작해 볼까요?

03-1 선형 회귀에 대해 알아보고 데이터를 준비합니다

이 장에서는 머신러닝 알고리즘 중 가장 간단하면서도 딥러닝의 기초가 되는 선형 회귀(Linear Regression)를 만들어보면서 자세히 알아보겠습니다.

1차 함수로 이해하는 선형 회귀

선형 회귀는 아주 간단한 1차 함수로 표현할 수 있습니다. 선형 회귀의 선형이라는 단어의 의미는 다음 수식을 통해 그려지는 직선 그래프를 보면 쉽게 이해할 수 있습니다.

$$y = ax + b$$

위 1차 함수의 기울기(slope)는 a이고 절편(intercept)은 b입니다. 보통 이런 1차 함수는 2차원 평면에 그리기 쉽습니다.

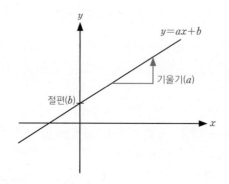

선형 회귀는 기울기와 절편을 찾아줍니다

선형 회귀는 기울기와 절편을 찾아냅니다. 잠시 학교에서 1차 함수를 처음 배웠을 때를 떠올려 봅시다. 무엇이 목표였나요? 1차 함수는 기울기와 절편이 주어지면 이를 만족하는 x와 y를 찾을 수 있었습니다. 다음 문제를 풀어볼까요?

위 문제의 정답은 ①입니다. 보통 1차 함수 문제에서는 이런 식으로 x에 따른 y의 값에 집중합니다. 선형 회귀에서는 이와 반대로 x, y가 주어졌을 때 기울기와 절편을 찾는 데 집중합니다. 즉, 선형 회귀의 주요 관심사는 '절편과 기울기를 찾는 것'입니다. 예를 들면 선형 회귀로 다음과 같은 문제를 해결할 수 있습니다.

잠깐만 생각해 보면 정답은 ③임을 알 수 있습니다. 그러면 선형 회귀는 위 문제를 어떤 과정을 통해 해결할까요? 다음을 보면서 조금 더 자세히 알아봅시다.

그래프를 통해 선형 회귀의 문제 해결 과정을 이해합니다

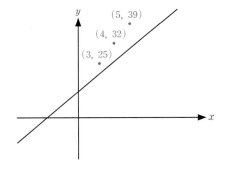

위 그림은 바로 앞에서 본 선형 회귀 문제를 그래프로 표현한 것입니다. 점은 x, y의 값을 표현한 것이고 직선은 보기 ①의 조건(기울기 6과 절편 4)을 가진 1차 함수를 표현한 것입니다. 보기 ①의 조건을 가진 1차 함수는 점을 잘 표현하지 못하는 것 같습니다. 기울기도 절편의 위치도 낮습니다. 조금 올려볼까요? 기울기를 6에서 7로, 절편을 4에서 5로 올려봅시다(보기 ②의 조건으로 바꿉니다).

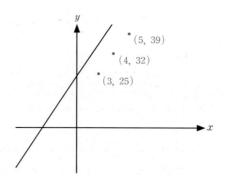

이제 기울기는 얼추 맞는 것 같습니다. 그런데 직선의 위치가 위로 올라갔네요. 다시 절편을 조정해 봅시다. 기울기는 그대로 두고 절편을 5에서 4로 내립니다(보기 ③의 조건으로 바꿉니다).

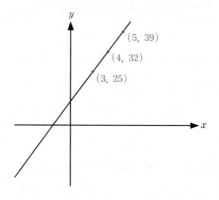

와! 이번에는 직선이 각 점을 잘 표현하고 있습니다. 각 점을 표현하는 1차 함수를 잘 찾은 것 같네요. 그리고 위 과정에서 만든 1차 함수들을 '선형 회귀로 만든 모델'이라고 합니다. 마지막에 만들어진 1차 함수가 바로 최적의 선형 회귀 모델인 셈이죠. 그리고 이런 모델을 통해 새로운 점에 대한 예측을 할 수 있게 됩니다. 즉, 새로운 점의 'x 좌표가 6이면 y 좌표는 아마도 46 정도일 것'이라는 예측을 할 수 있게 됩니다. 미리 준비한 입력(x: 3, 4, 5)과 타깃(y: 25, 32, 39)을 가지고 모델($y = 7x + 4$)을 만든 다음 새 입력(6)에 대해 어떤 값(46)을 예상한 것이죠. 바로 이것이 선형 회귀 모델을 만들어 문제를 해결하는 과정입니다.

문제 해결을 위해 당뇨병 환자의 데이터 준비하기

이제 현실적인 문제를 해결해 보겠습니다. 목표는 '당뇨병 환자의 1년 후 병의 진전된 정도를 예측하는 모델을 만드는 것'입니다. 문제를 해결하기 위해 가장 먼저 해야 할 일은 충분한 양의 입력 데이터와 타깃 데이터를 준비하는 것입니다. 지금부터 예제에서 사용할 입력 데이터와 타깃 데이터를 준비하겠습니다.

사이킷런에서 당뇨병 환자 데이터 가져오기

머신러닝, 딥러닝 패키지에는 인공지능 학습을 위한 데이터 세트(dataset)가 준비되어 있습니다. 사이킷런과 케라스도 다양한 데이터 세트를 제공합니다. 여기에서는 사이킷런의 데이터 세트 중 당뇨병 환자의 데이터 세트를 사용합니다.

1. load_diabetes( ) 함수로 당뇨병 데이터 준비하기

사이킷런의 datasets 모듈에 있는 load_diabetes( ) 함수를 임포트한 후 매개변수 값을 넣지 않은 채로 함수를 호출해 보세요. 그러면 diabetes에 당뇨병 데이터가 저장됩니다.

```
from sklearn.datasets import load_diabetes
diabetes = load_diabetes( )
```

diabetes 변수에 저장된 값의 자료형은 파이썬 딕셔너리(dictionary)와 유사한 Bunch 클래스입니다. 이 클래스는 예제 데이터 세트를 위해 준비된 것일 뿐 특별한 기능이 있는 건 아닙니다. 그냥 파이썬 딕셔너리처럼 생각해도 무방합니다.

2. 입력과 타깃 데이터의 크기 확인하기

diabetes의 속성 중 data 속성과 target 속성에는 우리에게 필요한 입력과 타깃 데이터가 넘파이 배열로 저장되어 있습니다. 넘파이 배열의 크기는 shape 속성에 저장되어 있으므로 다음과 같이 shape 속성을 출력하여 입력 데이터와 타깃 데이터의 크기를 확인해 보겠습니다.

```
print(diabetes.data.shape, diabetes.target.shape)
(442, 10) (442,)
```

data는 442×10 크기의 2차원 배열이고 target은 442개의 요소를 가진 1차원 배열입니다.
다음 그림은 data와 target을 그림으로 나타낸 것입니다.

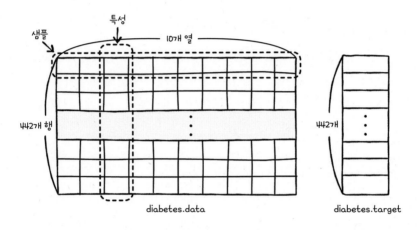

diabetes.data를 보면 442개의 행과 10개의 열로 구성되어 있음을 알 수 있습니다. 여기서 행
은 샘플(sample)이고, 열은 샘플의 특성(feature)입니다. 샘플이란 당뇨병 환자에 대한 특성으
로 이루어진 데이터 1세트를 의미하고, 특성은 당뇨병 데이터의 여러 특징들을 의미합니다.
쉽게 말해 당뇨병 데이터에는 환자의 혈압, 혈당, 몸무게, 키 등의 특징(특성)이 있는데, 그 특
징들의 수치를 모아 1세트로 만들면 1개의 샘플이 나온다고 생각하면 됩니다. 다음은 샘플과
특성의 이해를 돕기 위해 가상의 환자와 당뇨병 데이터를 그림으로 나타낸 것입니다. 실제 데
이터와는 차이가 있으니 주의하세요.

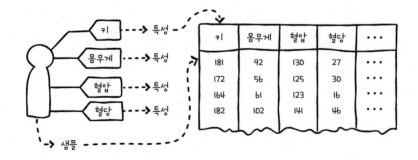

이때 입력 데이터의 특성은 다른 말로 속성, 독립 변수(independent variable), 설명 변수

(explanatory variable) 등으로 부릅니다. 이런 용어는 통계학에서 나온 것이 많은데, 이 책에서는 머신러닝에서 널리 통용되는 용어인 특성을 사용하겠습니다.

3. 입력 데이터 자세히 보기

먼저 `diabetes.data`에 저장된 입력 데이터를 일부만 출력해 보겠습니다. 슬라이싱을 사용해 입력 데이터 앞부분의 샘플 3개만 출력합니다.

```
                                        네 번째 특성의 값입니다.
diabetes.data[0:3]
array([[ 0.03807591,  0.05068012,  0.06169621,  0.02187235, -0.0442235 ,
                                                          첫 번째 샘플입니다.
        -0.03482076, -0.04340085, -0.00259226,  0.01990842, -0.01764613],
       [-0.00188202, -0.04464164, -0.05147406, -0.02632783, -0.00844872,
        -0.01916334,  0.07441156, -0.03949338, -0.06832974, -0.09220405],
       [ 0.08529891,  0.05068012,  0.04445121, -0.00567061, -0.04559945,
        -0.03419447, -0.03235593, -0.00259226,  0.00286377, -0.02593034]])
```

안쪽 대괄호에는 특성의 값 10개가 나열되어 있는데 3개의 샘플을 추출했으므로 3×10 크기의 배열이 나타납니다.

4. 타깃 데이터 자세히 보기

이번에는 타깃 데이터도 출력해 보겠습니다. 이때 배열의 첫 번째 요소부터 추출한다면 첫 번째 인덱스는 생략해도 괜찮습니다. 다음은 첫 번째 인덱스를 생략하여 타깃 데이터를 출력한 것입니다.

```
diabetes.target[:3]
array([151.,  75., 141.])
```

타깃 데이터는 10개의 요소로 구성된 샘플 1개에 대응됩니다. 예를 들면 [0.03807591, 0.05068012, 0.06169621, 0.02187235, −0.0442235 , −0.03482076, −0.04340085, −0.00259226, 0.01990842, −0.01764613]이라는 샘플 1개는 151.이라는 타깃 데이터에 대응됩니다. 여기서 데이터를 놓고 잠시 생각해 봅시다. 이 예제를 풀기 위해 입력 데이터와 타깃 데이터의 수치가 무엇을 의미하는지 반드시 알아야 할까요? 그렇지 않습니다. 수치 자체에 대한 해석은 전문가(의사)의 영역입니다. 우리는 입력 데이터와 타깃 데이터의 수치만 보고 둘 사이의 규칙(모델)을 찾으면 됩니다. 하지만 실전에서는 데이터의 의미를 아는 것이 매우 중요할 수 있으므로 이런 경우에는 해당 분야 전문가의 도움을 받는 것이 좋습니다.

리키의 딥 메모 | 실무에서는 데이터 준비에 많은 공을 들입니다

여러분은 지금까지 미리 준비된 데이터를 사용해 손쉽게 실습했습니다. 하지만 실무에서는 데이터를 준비하는 과정에 많은 시간과 비용이 필요합니다. 충분한 데이터가 없으면 제대로 된 모델을 만들 수 없기 때문이죠. 어떤 경우에는 데이터를 구매하기도 합니다. 그러면 앞으로 사용하게 될 데이터들은 모두 구매해야 할까요? 아닙니다. 실습에서는 학습을 위한 데이터를 제공합니다. 즉, 데이터 이용료는 공짜이며 데이터를 준비하는 시간도 매우 짧습니다. 그래도 실전에서는 데이터를 준비할 때 아주 많은 공을 들여야 한다는 것을 잊지 마세요.

당뇨병 환자 데이터 시각화하기

입력 데이터와 타깃 데이터의 관계를 눈으로 확인하기 위하여 데이터를 시각화해 보겠습니다. 과연 당뇨병 환자의 데이터는 어떻게 생겼을까요?

1. 맷플롯립의 scatter( ) 함수로 산점도 그리기

02장에서 배웠던 맷플롯립을 사용해 산점도를 그려보겠습니다. 당뇨병 데이터 세트에는 10개의 특성이 있으므로 이 특성을 모두 그래프로 표현하려면 3차원 이상의 그래프를 그려야 합니다. 3차원 이상의 그래프는 그릴 수 없으므로 1개의 특성만 사용하겠습니다. 여기서는 세 번째 특성과 타깃 데이터로 산점도를 그립니다.

☺ 슬라이싱 연산자의 시작과 끝을 지정하지 않으면 전체 행이 선택됩니다.

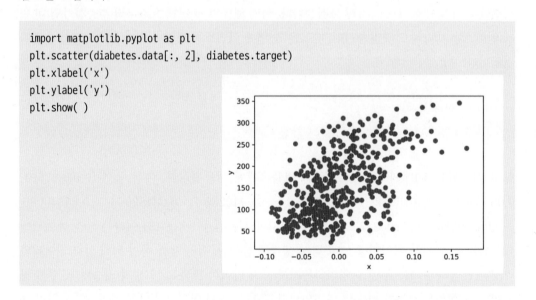

```
import matplotlib.pyplot as plt
plt.scatter(diabetes.data[:, 2], diabetes.target)
plt.xlabel('x')
plt.ylabel('y')
plt.show( )
```

그래프의 x축은 diabetes.data의 세 번째 특성이고 y축은 diabetes.target입니다. 이 그래프를 보면 세 번째 특성(입력 데이터)과 타깃 데이터 사이에 정비례 관계가 있음을 알 수 있습니다.

2. 훈련 데이터 준비하기

매번 diabetes.data를 입력하여 입력 데이터의 속성을 참고하는 방법은 번거로우니 입력 데이터의 세 번째 특성(입력 데이터)을 미리 분리하여 변수 x에 저장하고 타깃 데이터는 변수 y에 저장합니다. 이후 실습에서는 x에 있는 데이터와 y에 있는 데이터를 이용해 모델을 훈련할 것입니다.

```
x = diabetes.data[:, 2]
y = diabetes.target
```

지금까지 회귀 알고리즘 중 선형 회귀 알고리즘의 개념을 알아보고 실제 알고리즘을 만들어보기 위한 당뇨병 데이터 세트를 준비해 보았습니다. 03-2절에서는 이 데이터를 가지고 모델을 훈련하기 위한 핵심 최적화 알고리즘인 경사 하강법(gradient descent)에 대해 배웁니다. 그런 다음 1개의 뉴런으로 구성된 첫 번째 모델을 만들어보겠습니다. 자 그럼 경사 하강법의 비밀을 알아보죠!

03-2 경사 하강법으로 학습하는 방법을 알아봅니다

그래프로 경사 하강법의 의미를 알아봅니다

03-1절에서 그렸던 산점도에 가장 잘 맞는 직선을 그린다면 어떤 모습일까요? 다음 그림 중 하나를 골라보세요. 어떤 직선이 데이터를 가장 잘 표현하고 있나요?

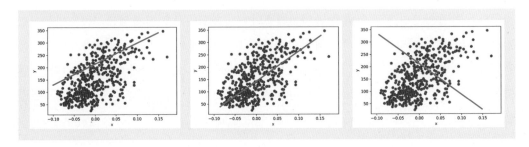

가운데 그림의 직선이 다른 두 직선보다 데이터를 잘 표현하고 있다는 것을 직관적으로 알 수 있습니다. 즉, 데이터를 표현하는 점들의 가운데 지점을 가로지르는 직선을 자연스럽게 찾아낼 수 있습니다. 그런데 위 그래프는 입력 데이터 1개의 특성에 대한 타깃 데이터를 그림으로 표현한 것입니다. 만약 10개의 특성으로 그래프를 그린다면 어떨까요? 11차원 그래프는 그릴 수도 없지만 11차원 공간을 가로지르는 초평면(hyperplane)은 상상하기도 어렵습니다. 그래서 보통은 여러 개의 특성을 가진 데이터를 이용하여 4, 5, 6차원 등의 그래프를 한 번에 그리는 것이 아니라 특성의 개수를 1, 2개만 사용하여 2차원이나 3차원 그래프로 그리는 경우가 많습니다. 그러면 알고리즘에 대한 직관을 쉽게 얻을 수 있죠. 항상 그런 것은 아니지만 낮은 차원에서 얻은 직관은 높은 차원으로 확장될 수 있으므로 위와 같이 입력 데이터의 특성 1개를 골라 시각화하는 경우가 많습니다.

선형 회귀와 경사 하강법의 관계를 이해합시다

03-1절에서 설명했던 선형 회귀의 목표는 입력 데이터(x)와 타깃 데이터(y)를 통해 기울기(a)와 절편(b)을 찾는 것이었습니다. 즉, 산점도 그래프를 잘 표현하는 직선의 방정식을 찾는 것이 회귀 알고리즘의 목표였습니다. 이번에 설명하려는 경사 하강법(gradient descent)이 바로 그 방법 중 하나입니다. 경사 하강법은 모델이 데이터를 잘 표현할 수 있도록 기울기(변화율)를 사용하여 모델을 조금씩 조정하는 최적화 알고리즘입니다. 여기서는 경사 하강법을 파이썬

으로 구현합니다. 지금부터 경사 하강법을 구현하기 위해 필
요한 지식들을 알아봅시다.

ⓒ 앞에서 1차 함수의 기울기와 절편을
조금씩 조절했던 것을 떠올려보세요.

 리키의 딥 메모 | **회귀 문제를 푸는 알고리즘은 아주 많습니다**

딥러닝은 앞에서 살펴본 예제보다 훨씬 많은 양의 데이터를 다룹니다. 경사 하강법은 이렇게 많은 양의 데이터에
사용하기 좋은 알고리즘입니다. 그렇다고 경사 하강법이 회귀 문제를 풀기 위한 유일한 알고리즘은 아닙니다. 회
귀 문제를 푸는 알고리즘은 정규 방정식(Normal Equation), 결정 트리(Decision Tree), 서포트 벡터 머신
(Support Vector Machine) 등 아주 많습니다. 하지만 이런 방법들을 모두 소개하는 것은 이 책의 범위를 벗
어나므로 그냥 다른 알고리즘도 많이 있다는 정도만 기억해 둡시다.

예측값과 변화율에 대해 알아봅니다

지금부터 03-1절에서 소개한 직선의 방정식을 조금 다르게 표기해 보겠습니다. 딥러닝 분야
에서는 기울기 a를 종종 가중치를 의미하는 w나 계수를 의미하는 θ로 표기합니다. 그리고 y
는 $\hat{y}$으로 표기하며 읽을 때는 와이-햇(y-hat)이라고 읽습니다. 즉, 앞으로는 $y=ax+b$로 알
고 있던 모델을 $\hat{y}=wx+b$로 이해하기 바랍니다. 여기서 가중치 w와 절편 b는 알고리즘이 찾
은 규칙을 의미하고, $\hat{y}$은 우리가 예측한 값(예측값)을 의미합니다. 가중치에 대해서는 나중에
알아볼 것입니다. 지금은 예측값과 변화율에 집중하겠습니다. 그러면 먼저 예측값에 대해 알
아봅시다.

예측값이란 무엇일까요?

예측값이란 대체 무엇일까요? 우리가 입력과 출력 데이터 (x, y)를 통해 규칙 (a, b)을 발견하면
모델을 만들었다고 합니다. 그 모델에 대해 새로운 입력값을 넣으면 어떤 출력이 나오는데,
이 값이 모델을 통해 예측한 값입니다. 예를 들어 $y=7x+4$라는 모델의 x에 7을 넣으면 53이
라는 값이 나오는데, 이 값이 모델을 통해 예측한 값입니다. 그래서 타깃 데이터를 표현하는 y라
는 문자와 구분하기 위해 $\hat{y}$이라는 문자를 따로 준비한 것입니다. 어쨌든 y와 $\hat{y}$은 어떤 결과라는
점은 동일합니다(예측한 값이라는 점만 다릅니다). $\hat{y}$을 적용하여 바꾼 식은 다음과 같습니다.

$$\hat{y}=wx+b$$

이제 예측값의 의미를 이해했으니 예측값으로 어떻게 모델을 조정할 수 있는지 알아보겠습
니다.

예측값으로 올바른 모델 찾기

앞 식에서 우리가 찾고 싶은 것은 훈련 데이터(x, y)에 잘 맞는 w와 b입니다. w와 b를 찾기 위한 방법은 다음과 같습니다.

훈련 데이터에 잘 맞는 w와 b를 찾는 방법

① 무작위로 w와 b를 정합니다(무작위로 모델 만들기).
② x에서 샘플 하나를 선택하여 $\hat{y}$을 계산합니다(무작위로 모델 예측하기).
③ $\hat{y}$과 선택한 샘플의 진짜 y를 비교합니다(예측한 값과 진짜 정답 비교하기, 틀릴 확률 99%).
④ $\hat{y}$이 y와 더 가까워지도록 w, b를 조정합니다(모델 조정하기).
⑤ 모든 샘플을 처리할 때까지 다시 ②~④ 항목을 반복합니다.

위의 방법은 아주 직관적입니다. 그런데 ④ 항목의 '$\hat{y}$이 y와 더 가까워지도록 w와 b를 조정합니다'는 어떤 의미일까요? 1차 함수와 같은 단순한 모델에서는 w와 b의 부호를 보고 $\hat{y}$이 커지거나 작아지는 방향을 짐작하기 쉽겠지만 모델이 복잡할수록 체계적인 방법이 필요합니다. 일단 위의 방법대로 모델을 한 번 조정해 보면서 어떤 체계적인 방법이 필요한지 알아보겠습니다.

훈련 데이터에 맞는 w와 b 찾아보기

w와 b가 바뀌었을 때 $\hat{y}$이 어떻게 변하는지 알아내는 가장 간단한 방법은 실제로 계산을 해보는 것입니다. 어떻게 하는지 알아보죠.

1. w와 b 초기화하기

w와 b를 무작위로 초기화합시다. 여기에서는 간단하게 두 값을 모두 실수 1.0으로 정하겠습니다. 쉽게 말해 아직 w와 b를 어떻게 초기화할지 규칙을 정하지 않았으므로 임시 규칙을 정했습니다. 물론 이 방법은 w의 개수가 많아지면 번거롭기도 하고 바람직한 방법도 아닙니다. 지금은 예제를 위해 1.0으로 직접 지정한 것입니다.

```
w = 1.0
b = 1.0
```

2. 훈련 데이터의 첫 번째 샘플 데이터로 $\hat{y}$ 얻기

이제 임시로 만든 모델로 훈련 데이터의 첫 번째 샘플 x[0]에 대한 $\hat{y}$을 계산해 보겠습니다. 계산한 $\hat{y}$은 y_hat 변수에 저장합니다.

```
y_hat = x[0] * w + b
print(y_hat)
1.0616962065186886
```

3. 타깃과 예측 데이터 비교하기

그런 다음 첫 번째 샘플 x[0]에 대응하는 타깃값 y[0]을 출력하여 y_hat의 값과 비교합니다.

```
print(y[0])
151.0
```

4. w 값 조절해 예측값 바꾸기

우리가 예측한 y_hat은 1.06 정도였습니다. 타깃은 151.0이므로 차이가 크네요. w와 b를 무작위 값으로 정했기 때문에 예측 결과가 잘 나오지 않은 것이 당연합니다. 이제 w와 b를 좀 더 좋은 방향으로 바꿔보려고 합니다. 어떤 방향으로 바꾸면 y_hat이 y[0]에 가까워질 수 있을까요? 가장 쉬운 방법은 w와 b를 조금씩 변경해서 y_hat이 증가하는지 또는 감소하는지 살펴보는 것입니다. 먼저 w를 0.1만큼 증가시키고 y_hat의 변화량을 관찰해 보세요. ☺ 1차 함수의 기울기를 0.1만큼 높여준다고 생각해 보세요.

```
w_inc = w + 0.1
y_hat_inc = x[0] * w_inc + b
print(y_hat_inc)
1.0678658271705574
```

w 값을 0.1만큼 증가시킨 다음 값을 다시 예측하여 y_hat_inc에 저장합니다. 저장한 값을 확인해 보니 y_hat보다 조금 증가했습니다.

5. w 값 조정한 후 예측값 증가 정도 확인하기

그러면 w가 0.1만큼 증가했을 때 y_hat이 얼마나 증가했는지 계산해 보겠습니다. y_hat이 증가한 양을 w가 증가한 양으로 나누면 됩니다.

```
w_rate = (y_hat_inc - y_hat) / (w_inc - w)
print(w_rate)
0.061696206518688734
```

바로 앞에서 계산한 값 0.0616…을 첫 번째 훈련 데이터 x[0]에 대한 w의 변화율이라고 합니다. 그런데 신기하게도 w_rate에 대한 코드를 수식으로 적어 정리하면 변화율은 결국 훈련 데이터의 첫 번째 샘플인 x[0]이라는 것을 알 수 있습니다.

$$w\_rate = \frac{y\_hat\_inc - y\_hat}{w\_inc - w} = \frac{(x[0] * w\_inc + b) - (x[0] * w + b)}{w\_inc - w}$$

$$= \frac{x[0] * ((w + 0.1) - w)}{(w + 0.1) - w} = x[0]$$

자, 상황을 정리해 봅시다. 위의 경우 y_hat의 값은 y보다 작으므로 y_hat의 값을 증가시켜야 합니다. 이때 변화율은 양수이므로 w 값을 증가시키면 y_hat의 값을 증가시킬 수 있습니다(가령 w를 0.1정도 증가시키면 됩니다). 만약 변화율이 음수일 때 y_hat의 값을 증가시켜야 한다면 어떻게 해야 할까요? w 값을 감소시키면 됩니다(가령 w를 0.1정도 감소시키면 됩니다). 하지만 이 방법은 변화율이 양수일 때와 음수일 때를 구분해야 하므로 번거롭습니다. 다음 내용을 읽고 나면 이 문제를 효율적으로 해결하는 방법이 바로 변화율 그 자체라는 걸 알 수 있을 것입니다.

변화율로 가중치 업데이트하기

지금까지는 이해를 돕기 위해 여러분에게 익숙한 x와 y에 대한 방정식을 예로 들었지만 y에 가까운 $\hat{y}$을 출력하는(잘 예측하는) 모델(w와 b)을 찾아내는 것이 선형 회귀의 목표라고 했습니다. 따라서 지금부터는 x와 y에 대한 방정식이 아닌 w와 $\hat{y}$에 대한 방정식으로 이해하기 바랍니다. 지금부터는 w와 b를 변화율로 업데이트하는 방법을 알아봅시다. 먼저 w의 업데이트 방법에 대해 알아보겠습니다.

◎ b의 업데이트는 w의 업데이트를 알아본 다음에 알아보겠습니다.

변화율이 양수일 때 가중치를 업데이트하는 방법

다음 그래프는 변화율이 0보다 큰 경우를 가정한 그래프입니다.

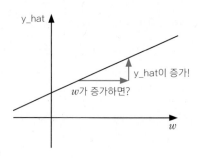

앞에서 y_hat의 값은 y에 한참 못 미치는 값이었습니다. 즉, y_hat이 더 증가해야 하는 상황입

니다. 이 상황에서는 w가 증가하면 y_hat도 증가합니다. 이때 변화율이 양수인 점을 이용하여 변화율을 w에 더하는 방법으로 w를 증가시킬 수도 있습니다.

변화율이 음수일 때 가중치를 업데이트하는 방법

그러면 변화율이 0보다 작을 때 y_hat을 증가시키려면 어떻게 해야 할까요? 다음은 변화율이 0보다 작은 직선의 방정식을 그림으로 나타낸 것입니다.

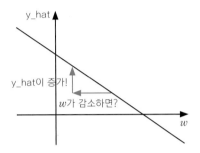

이 상황에서는 w가 증가하면 y_hat은 감소합니다. 반대로 말하면 w가 감소하면 y_hat은 증가합니다. 이때 변화율이 음수인 점을 이용하면 앞에서 한 대로 변화율을 더하는 방법으로 y_hat의 값을 증가시킬 수 있습니다. 아하! 그냥 w에 w_rate를 더하면 되는군요. 두 경우 모두 변화율을 w에 더하면 되므로 계산이 아주 쉬워졌습니다. 즉, 가중치 w를 업데이트하는 방법은 두 경우 모두 w + w_rate입니다. 다음은 가중치를 업데이트한 예입니다.

```
w_new = w + w_rate
print(w_new)
1.0616962065186888
```

변화율로 절편 업데이트하기

이번에는 절편 b에 대한 변화율을 구한 다음 변화율로 b를 업데이트하겠습니다. b를 0.1만큼 증가시킨 후 y_hat이 얼마나 증가했는지 계산하고 변화율도 계산합니다.

```
b_inc = b + 0.1
y_hat_inc = x[0] * w + b_inc
print(y_hat_inc)
1.1616962065186887

b_rate = (y_hat_inc - y_hat) / (b_inc - b)
print(b_rate)
1.0
```

변화율의 값을 보니 1입니다. 즉, b가 1만큼 증가하면 y_hat도 1만큼 증가합니다. 1차 함수로 만든 그래프를 놓고 생각해 보면 절편이 1만큼 증가하면 그래프의 위치가 y 방향으로 1만큼 올라가니 당연한 결과입니다.

$$b\_rate = \frac{y\_hat\_inc - y\_hat}{b\_inc - b} = \frac{(x[0] * w + b\_inc) - (x[0] * w + b)}{b\_inc - b}$$
$$= \frac{(b + 0.1) - b}{(b + 0.1) - b} = 1$$

즉, b를 업데이트하기 위해서는 변화율이 1이므로 단순히 1을 더하면 됩니다.

```
b_new = b + 1
print(b_new)
2.0
```

이번 실습에서는 y_hat을 증가시켜야 하는 상황을 가정하고 w와 b를 업데이트하는 방법에 대해 알아보았습니다. 그런데 이 방법은 조금 수동적인 방법입니다. 그 이유는 이 방법이 다음 두 상황에 대해 적합하게 대처하지 못하기 때문입니다.

> • y_hat이 y에 한참 미치지 못 하는 값인 경우, w와 b를 더 큰 폭으로 수정할 수 없습니다(앞에서 변화율 만큼 수정을 했지만 특별한 기준을 정하기가 어렵습니다).
> • y_hat이 y보다 커지면 y_hat을 감소시키지 못 합니다.

어떻게 해야 이 문제를 해결할 수 있을까요? 다음 실습에서는 w와 b를 더 능동적으로 업데이트하는 방법인 오차 역전파에 대해 알아보겠습니다.

오차 역전파로 가중치와 절편을 더 적절하게 업데이트합니다

오차 역전파(backpropagation)는 $\hat{y}$과 y의 차이를 이용하여 w와 b를 업데이트합니다. 오차 역전파라는 이름에서 알 수 있듯이 이 방법은 오차가 연이어 전파되는 모습으로 수행됩니다. 아쉽게도 여기서 다룰 예제는 아주 간단해서 오차가 연이어 전파되는 모습이 잘 보이지는 않습니다. 나중에 조금 더 복잡한 예제를 다룰 때 오차가 연이어 전파되는 모습이 나오면 한 번 더 설명하겠습니다.

가중치와 절편을 더욱 적절하게 업데이트하는 방법

앞의 예제에서는 변화율만으로 w와 b를 업데이트했습니다. 만약 $\hat{y}$과 y의 차이가 크면 어떻게 해야 할까요? w와 b를 더 많이 증가시키면 되지 않을까요? 또 $\hat{y}$이 y보다 커져서 $\hat{y}$을 감소시켜야 한다면 어떻게 해야 할까요? w와 b를 감소시켜야 하지 않을까요? 이번에는 y에서 $\hat{y}$을 뺀 오차의 양을 변화율에 곱하는 방법으로 w를 업데이트해 보겠습니다. 이렇게 하면 $\hat{y}$이 y보다 많이 작은 경우 w와 b를 많이 바꿀 수 있습니다. 또 $\hat{y}$이 y를 지나치면 w와 b의 방향도 바꿔줍니다.

1. 오차와 변화율을 곱하여 가중치 업데이트하기

먼저 x[0]일 때 w의 변화율과 b의 변화율에 오차를 곱한 다음 업데이트된 w_new와 b_new를 출력해 보겠습니다. 결괏값을 보면 w와 b가 각각 큰 폭으로 바뀌었음을 알 수 있습니다.

◎ 변화율만으로 가중치와 절편을 업데이트했던 실습으로 돌아가 수치를 비교해 보세요.

```
err = y[0] - y_hat
w_new = w + w_rate * err
b_new = b + 1 * err
print(w_new, b_new)
10.250624555904514 150.9383037934813
```

2. 두 번째 샘플 x[1]을 사용하여 오차를 구하고 새로운 w와 b를 구해 보겠습니다. 앞에서 w_rate 식을 정리했을 때 샘플값과 같아진다는 것을 알았으므로 앞으로는 w_rate를 별도로 계산하지 않고 샘플값을 그대로 사용합니다. 즉, 여기서는 x[1]이 w_rate가 됩니다.

```
y_hat = x[1] * w_new + b_new
err = y[1] - y_hat
w_rate = x[1]
w_new = w_new + w_rate * err
b_new = b_new + 1 * err
print(w_new, b_new)
14.132317616381767 75.52764127612664
```

w는 4만큼 커지고 b는 절반(약 150에서 75로)으로 줄어들었습니다. 이런 방식으로 모든 샘플을 사용해 가중치와 절편을 업데이트합니다.

3. 전체 샘플을 반복하기

전체 샘플에 대해 앞의 과정을 반복하는 코드는 다음과 같습니다.

```
for x_i, y_i in zip(x, y):
    y_hat = x_i * w + b
    err = y_i - y_hat
    w_rate = x_i
    w = w + w_rate * err
    b = b + 1 * err
print(w, b)
587.8654539985689 99.40935564531424
```

파이썬의 **zip( )** 함수는 여러 개의 배열에서 동시에 요소를 하나씩 꺼내줍니다. 여기에서는
입력 x와 타깃 y 배열에서 요소를 하나씩 꺼내어 **err**를 계산하고 w와 b를 업데이트했습니다.
for문을 사용하고 변수 이름만 달라졌을 뿐 코드는 이전과 동일합니다.

4. 과정 3을 통해 얻어낸 모델이 전체 데이터 세트를 잘 표현하는지 그래프를 그려 알아보겠
습니다. 산점도 위에 w와 b를 사용한 직선을 그려보면 금방 알 수 있습니다. 직선 그래프를 그
리려면 시작점과 종료점의 x 좌표와 y 좌표를 plot( ) 함수에 전달하면 됩니다. x 좌표 2개
[-0.1, 0.15]를 지정하고 y 좌표값은 w와 b를 사용해 계산하면 그래프를 손쉽게 그릴 수 있습
니다.

```
plt.scatter(x, y)
pt1 = (-0.1, -0.1 * w + b)
pt2 = (0.15, 0.15 * w + b)
plt.plot([pt1[0], pt2[0]], [pt1[1], pt2[1]])
plt.xlabel('x')
plt.ylabel('y')
plt.show( )
```

직선의 모양이 어떤가요? 아주 만족스럽진 않지만 산점도를 어느 정도 잘 표현한 것 같습니다. 어떻게 하면 조금 더 그럴싸한 직선을 얻을 수 있을까요? 조금 더 반복해 볼까요?

5. 여러 에포크를 반복하기

보통 경사 하강법에서는 주어진 훈련 데이터로 학습을 여러 번 반복합니다. 이렇게 전체 훈련 데이터를 모두 이용하여 한 단위의 작업을 진행하는 것을 특별히 에포크(epoch)라고 부릅니다. 일반적으로 수십에서 수천 번의 에포크를 반복합니다. 앞에서 찾은 직선은 데이터의 중심에서 조금 벗어난 것 같습니다. 100번의 에포크를 반복하면서 직선이 어떻게 이동하는지 확인해 보겠습니다. 우리가 할 일은 앞의 for문 바깥쪽에 for문을 하나 더 씌우는 것이 전부입니다.

```python
for i in range(1, 100):
    for x_i, y_i in zip(x, y):
        y_hat = x_i * w + b
        err = y_i - y_hat
        w_rate = x_i
        w = w + w_rate * err
        b = b + 1 * err
print(w, b)
913.5973364345905 123.39414383177204
```

100번의 에포크를 반복하여 찾은 w와 b는 약 913.6, 123.4 정도입니다. w와 b를 이용하여 이 직선을 그래프로 나타내면 다음과 같습니다.

```python
plt.scatter(x, y)
pt1 = (-0.1, -0.1 * w + b)
pt2 = (0.15, 0.15 * w + b)
plt.plot([pt1[0], pt2[0]], [pt1[1], pt2[1]])
plt.xlabel('x')
plt.ylabel('y')
plt.show( )
```

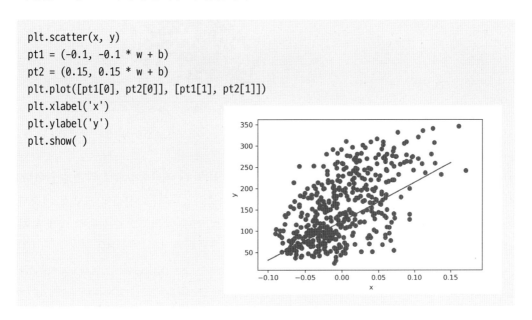

직선이 전체 데이터의 경향을 제법 잘 따라가네요! 드디어 이 데이터에 잘 맞는 머신러닝 모델을 찾았습니다.

$$\hat{y} = 913.6x + 123.4$$

6. 모델로 예측하기

이번에는 입력 x에 없었던 새로운 데이터가 발생했다고 가정해 보겠습니다. 이 데이터에 대해 예측값을 얻으려면 어떻게 해야 할까요? 우리가 찾은 모델에 x를 넣고 계산하기만 하면 됩니다. x가 0.18일 때 $\hat{y}$의 값을 예측해 보겠습니다.

```
x_new = 0.18
y_pred = x_new * w + b
print(y_pred)
287.8416643899983
```

다음은 이 데이터를 산점도 위에 나타낸 것입니다.

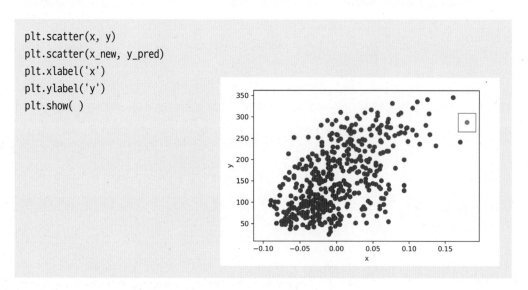

```
plt.scatter(x, y)
plt.scatter(x_new, y_pred)
plt.xlabel('x')
plt.ylabel('y')
plt.show( )
```

위 그래프 오른쪽 위의 박스로 표시한 점이 바로 x가 0.18일 때 예측한 $\hat{y}$으로 찍은 점입니다. 산점도의 추세를 보니 어느 정도 잘 예측한 것 같네요! 축하합니다! 머신러닝 모델로 예측까지 수행했습니다. 바로 이것이 머신러닝이 하는 일입니다. 다음은 지금까지 실습한 과정을 간단히 요약한 것입니다.

지금까지는 모델을 이렇게 만들었습니다

1. w와 b를 임의의 값(1.0, 1.0)으로 초기화하고 훈련 데이터의 샘플을 하나씩 대입하여 y와 $\hat{y}$의 오차를 구합니다.
2. 1에서 구한 오차를 w와 b의 변화율에 곱하고 이 값을 이용하여 w와 b를 업데이트합니다.
3. 만약 $\hat{y}$이 y보다 커지면 오차는 음수가 되어 자동으로 w와 b가 줄어드는 방향으로 업데이트됩니다.
4. 반대로 $\hat{y}$이 y보다 작으면 오차는 양수가 되고 w와 b는 더 커지도록 업데이트됩니다.

✏️ **잠깐! 다음으로 넘어가려면**

☑ 경사 하강법으로 선형 회귀의 가중치와 절편을 찾았습니다.

☐ 오차 역전파는 모델을 업데이트할 때 오차의 크기를 반영합니다.

03-3 손실 함수와 경사 하강법의 관계를 알아봅니다

이 절에서는 앞에서 학습한 경사 하강법에 실제로 어떤 개념이 사용되었는지 알아보겠습니다. 경사 하강법을 좀 더 기술적으로 표현하면 '어떤 손실 함수(loss function)가 정의되었을 때 손실 함수의 값이 최소가 되는 지점을 찾아가는 방법'입니다. 여기서 손실 함수란 말 그대로 예상한 값과 실제 타깃값의 차이를 함수로 정의한 것을 말합니다. 사실 앞에서 사용한 방법인 '오차를 변화율에 곱하여 가중치와 절편 업데이트하기'는 '제곱 오차'라는 손실 함수를 미분한 것과 같습니다. 이번에는 '손실 함수'에 대해 알아보겠습니다.

손실 함수의 정체를 파헤쳐봅니다

제곱 오차(squared error)는 이름은 거창하지만 타깃값과 예측값을 뺀 다음 제곱한 것에 불과합니다. 제곱 오차를 수식으로 나타내면 다음과 같습니다.

$$SE = (y - \hat{y})^2$$

이때 제곱 오차가 최소가 되면 산점도 그래프를 가장 잘 표현한 직선이 그려집니다. 즉, 제곱 오차의 최솟값을 찾는 방법을 알면 모델을 쉽게 만들 수 있습니다. 다음은 제곱 오차와 직선의 관계를 나타낸 그래프입니다.

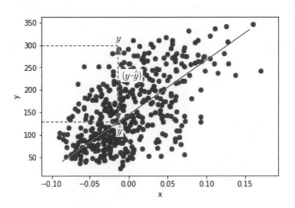

제곱 오차 함수의 최솟값을 알아내려면 기울기에 따라 함수의 값이 낮은 쪽으로 이동해야 합니다. 기울기를 구하려면 제곱 오차를 가중치나 절편에 대해 미분하면 됩니다. 다행히 제곱 오차는 가중치나 절편에 대해 미분할 수 있습니다. 그러면 먼저 가중치에 대하여 제곱 오차를 미분해 보겠습니다.

가중치에 대하여 제곱 오차 미분하기

다음 식은 제곱 오차를 가중치(w)에 대하여 편미분한 것입니다.

$$\frac{\partial SE}{\partial w} = \frac{\partial}{\partial w}(y-\hat{y})^2 = 2(y-\hat{y})(-\frac{\partial}{\partial w}\hat{y}) = 2(y-\hat{y})(-x) = -2(y-\hat{y})x$$

편미분이란 미분의 대상 변수(w)를 제외한 다른 변수(x, b 등)를 상수로 취급하여 미분한 것입니다. 이때 y는 준비된 타깃 데이터이므로 w의 함수가 아니고 $\hat{y}$은 w의 함수($\hat{y}=w\times x+b$)인 점만 조심하면 됩니다. 따라서 y는 그대로 두고 $-\hat{y}$에 대해서만 미분합니다. $\hat{y}$을 w에 대해 미분하면 상수항 b는 사라지고 x만 남습니다. 제곱 오차를 가중치에 대하여 미분한 결과는 다음과 같습니다.

$$\frac{\partial SE}{\partial w} = -2(y-\hat{y})x$$

초기에 제곱 오차 공식을 $(y_i-\hat{y}_i)^2$가 아니라 $\frac{1}{2}(y_i-\hat{y}_i)^2$로 정의했다면 2와 $\frac{1}{2}$이 서로 약분되어 조금 더 깔끔하게 $(-(y-\hat{y})x)$ 표현되었겠지요. 그래서 보통은 제곱 오차 공식을 2로 나눈 함수를 편미분합니다. 여기에서도 $-(y-\hat{y})x$를 사용 하겠습니다.

😊 손실 함수에 상수를 곱하거나 나누어도 최종 모델의 가중치나 절편에 영향을 주지는 않습니다.

가중치에 대한 제곱 오차의 변화율을 구했습니다. 앞에서 가중치 업데이트에 변화율을 더했던 것과 비슷한 방법으로 가중치를 업데이트합니다. 여기서는 w에서 변화율을 뺍니다. w에서 변화율을 더하지 않고 빼는 이유는 손실 함수의 낮은 쪽으로 이동하고 싶기 때문입니다.

$$w = w - \frac{\partial SE}{\partial w} = w + (y-\hat{y})x$$

위 식을 어디서 본 것 같지 않나요? 앞에서 오차 역전파를 알아보며 작성한 코드에 위 식이 있었습니다. 아하, 앞에서 오차 역전파를 알아보며 적용했던 수식(w + w_rate * err)은 사실 제곱 오차를 미분했던 것과 같았군요. 그러면 절편에 대해서도 같은 과정을 진행해 보겠습니다.

```
y_hat = x_i * w + b
err = y_i - y_hat
w_rate = x_i
w = w + w_rate * err
```

절편에 대하여 제곱 오차 미분하기

이번에는 절편에 대하여 제곱 오차를 미분해 보겠습니다. 처음부터 $\frac{1}{2}$을 곱한 제곱 오차 공식을 사용합니다. 유도식은 다음과 같습니다.

$$\frac{\partial SE}{\partial b} = \frac{\partial}{\partial b}\frac{1}{2}(y-\hat{y})^2 = (y-\hat{y})\left(-\frac{\partial}{\partial b}\hat{y}\right) = (y-\hat{y})(-1) = -(y-\hat{y})1$$

미분 과정은 바로 앞에서 했던 w에 대한 편미분 과정과 매우 비슷합니다. $\hat{y}=w \times x + b$이므로 $\hat{y}$을 b에 대해 미분하면 $w \times x$ 항은 사라지고 b의 계수인 1만 남습니다. 가중치에서 변화율을 뺐던 이유와 같은 이유로 절편에서 변화율을 뺍니다.

$$b = b - \frac{\partial SE}{\partial b} = b + (y-\hat{y})$$

이 식도 앞에서 작성한 코드와 정확히 일치합니다.

```
err = y_i - y_hat
b = b + 1 * err
```

앞으로는 손실 함수에 대해 일일이 변화율의 값을 계산하는 대신 편미분을 사용하여 변화율을 계산합니다. 그리고 변화율은 인공지능 분야에서 특별히 그레이디언트(gradient, 경사)라고 부릅니다. 앞으로 이 책에서도 '그레이디언트가 전파됩니다', '그레이디언트가 소실됩니다'와 같이 변화율이라는 용어 대신 그레이디언트라는 용어를 사용하겠습니다.

'그레이디언트'는 종종 '그래디언트'라고 쓰지만 이 책은 외래어 표기법에 맞추어 '그레이디언트'라고 씁니다. 검색을 통해 자료를 찾을 때 참고하세요.

 리키의 팁 메모 | **손실 함수의 이름은 여러 가지입니다**

손실 함수의 다른 이름으로는 비용 함수(cost function) 또는 목적 함수(objective function)가 있습니다. 엄밀히 말하면 비용 함수는 모든 훈련 데이터에 대한 손실 함수의 합을, 목적 함수는 더 일반적인 용어로 최적화하기 위한 대상 함수를 의미합니다. 인공지능 분야에서는 이 세 가지 용어를 크게 구분하지 않고 사용하는 경우가 많습니다. 이 책에서는 주로 손실 함수라는 용어를 사용합니다.

지금까지 경사 하강법을 사용한 회귀 문제를 변화율을 직접 구하는 방식과 미분을 사용한 방식(손실 함수)으로 검증해 보았습니다. 다음 절에서는 지금까지 배운 내용을 모두 정리하여 하나의 파이썬 클래스를 만들어보겠습니다.

03-4 선형 회귀를 위한 뉴런을 만듭니다

마지막으로 앞에서 만든 경사 하강법 알고리즘을 Neuron이라는 이름의 파이썬 클래스로 만들어보겠습니다. 즉, 뉴런을 만들어보겠습니다. 앞으로 배우게 될 알고리즘들은 이 클래스를 기반으로 확장하게 되므로 이 책에서 가장 중요한 작업을 하는 셈입니다.

Neuron 클래스 만들기

다음은 Neuron 클래스의 전체 구조입니다.

```
class Neuron:

    def __init__(self):
    # 초기화 작업을 수행합니다.
    ...


    # 필요한 메서드를 추가합니다.
    ...
```

그런데 Neuron 클래스를 만들기 전에 여러분이 알아둘 사실이 하나 있습니다. 신경망 알고리즘은 진짜 뇌의 뉴런과는 아무런 관계가 없다는 것입니다. 그래서 요즘 연구자들은 '뉴런'이라는 명칭 대신 '유닛(unit)'이라는 명칭을 즐겨 사용합니다. 그래도 이 책에서는 여러분의 흥미를 돋우고 신경망 알고리즘을 조금이라도 친근하게 만들기 위해 뉴런(Neuron)이라는 이름의 클래스를 만들었습니다. 역설적이게도 이 클래스를 직접 구현해 보면 우리 뇌 속에 있는 진짜 뉴런과 아무런 관계가 없다는 것을 알게 될 것입니다. 그러면 이제 Neuron 클래스를 구현해 보겠습니다.

1. __init__( ) 메서드 작성하기

__init__( ) 메서드에 필요한 변수를 선언합니다.

```
def __init__(self):
    self.w = 1.0
    self.b = 1.0
```

아주 간단하죠? 학습할 때 가중치 w와 절편 b는 시작값이 있어야 하므로 임의로 1.0을 지정했습니다.

2. 정방향 계산 만들기

이제 정방향 계산을 위한 메서드를 정의합니다. 여기서 정방향 계산이라는 용어는 새로운 개념이 아니고 뉴런으로 도식화한 상태에서 $\hat{y}$을 구하는 방향을 보고 만든 용어입니다(여러분이 이미 아는 내용입니다). 이 내용에 대해서는 잠시 후에 설명하겠습니다. 일단 메서드를 완성합시다. 메서드 이름은 forpass라고 정하겠습니다. 지금까지의 모델은 1차 함수였으므로 forpass( ) 메서드도 1차 함수를 통해 예측값을 계산합니다. 가중치와 절편은 인스턴스 변수 w와 b에 저장되어 있는 값을 사용합니다.

```
def forpass(self, x):
    y_hat = x * self.w + self.b        # 직선 방정식을 계산합니다.
    return y_hat
```

위 메서드를 그림으로 표현하면 다음과 같습니다. 마치 하나의 뉴런을 확대한 것 같네요. 뉴런은 동그라미로, 3개의 입력 신호(w, b, x)는 왼쪽 화살표에, 결과 신호는 오른쪽 화살표에 표시했습니다.

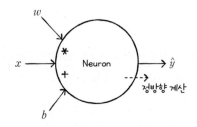

w, x, b가 뉴런의 왼쪽에서 오른쪽 방향으로 흘러 $\hat{y}$이 되는군요. 그래서 정방향 계산이라는 용어를 사용하였고 계산도 앞에서 했던 것과 같네요. 앞으로 정방향 계산을 구한다고 하면 $\hat{y}$을 구한다고 생각하면 됩니다. 정방향 계산을 정리하면 다음과 같습니다. 단순한 수식이니 꼭 기억하고 넘어가기 바랍니다.

$$\hat{y} = w \times x + b$$

3. 역방향 계산 만들기

$\hat{y}$을 계산하여 y와의 오차를 계산하고 오차를 이용해 w와 b의 그레이디언트를 계산했던 내용을 기억하나요?

$$\frac{\partial L}{\partial w} = -(y - \hat{y})x$$

손실 함수(제곱 오차 함수)

$$\frac{\partial L}{\partial b} = -(y - \hat{y})$$

각각의 그레이디언트가 뉴런에서 어떤 역할을 했는지 그림으로 표현해 보겠습니다. 그러면 역방향 계산이라는 말도 잘 이해될 것입니다.

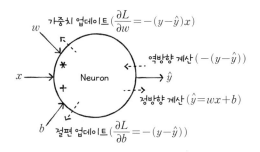

그림을 보면 정방향 계산을 통해 얻어낸 $\hat{y}$과 y의 차이, 즉 오차가 뉴런의 오른쪽 방향에서 왼쪽 방향으로 흐르는 것처럼 보입니다. 그래서 역방향 계산이라고 부릅니다. 즉, 오차가 역전파(backpropagation)됩니다. 아하! 그래서 오차 역전파라는 말을 사용했던 것이군요. 그러면 역방향 계산도 메서드로 구현해 보겠습니다.

```
def backprop(self, x, err):
    w_grad = x * err          # 가중치에 대한 그레이디언트를 계산합니다.
    b_grad = 1 * err          # 절편에 대한 그레이디언트를 계산합니다.
    return w_grad, b_grad
```

앞에서 편미분을 통해 얻었던 수식을 그대로 코드에 옮기면 됩니다. 즉, 가중치의 그레이디언트는 x와 오차(err)를 곱하고 절편의 그레이디언트는 1과 오차(err)를 곱하면 됩니다. 이후 이 값들로 가중치와 절편을 업데이트하여 점차 훈련 데이터에 최적화된(손실 함수가 가장 작은 값인) 가중치와 절편을 얻을 것입니다.

4. 다음은 지금까지 작성한 Neuron 클래스입니다. 코드는 간단하지만 딥러닝이 사용하는 경사 하강법 알고리즘의 핵심이 담겨 있습니다. 딥러닝은 이렇게 간단한 연산의 조합으로 이루어져 있습니다.

```
class Neuron:

    def __init__(self):
        self.w = 1.0                          # 가중치를 초기화합니다.
        self.b = 1.0                          # 절편을 초기화합니다.

    def forpass(self, x):
        y_hat = x * self.w + self.b          # 직선 방정식을 계산합니다.
        return y_hat

    def backprop(self, x, err):
        w_grad = x * err                      # 가중치에 대한 그레이디언트를 계산합니다.
        b_grad = 1 * err                      # 절편에 대한 그레이디언트를 계산합니다.
        return w_grad, b_grad
```

이제 과정 **1~4**를 조합하여 훈련 데이터를 통해 가중치와 절편을 업데이트할 수 있도록 `fit( )`
메서드를 구현하겠습니다. 바로 이 과정이 훈련입니다. 그래서 메서드 이름도 `fit`인 것이죠.
이 메서드는 오차 역전파를 학습하며 for문으로 구현했던 코드와 매우 비슷합니다.

5. 훈련을 위한 fit( ) 메서드 구현하기

우선 `fit( )` 메서드의 구조를 간단히 살펴볼까요? 처음에는 `forpass( )` 메서드를 호출하여
$\hat{y}$을 구합니다. 그런 다음 오차(err)를 계산하죠. 오차를 구했으니 `backprop( )` 메서드를 호출
하여 가중치와 절편에 대한 그레이디언트를 구합니다. 마지막으로 그레이디언트를 가중치와
절편에서 빼면 가중치와 절편의 업데이트가 끝납니다. 이 과정을 모든 훈련 샘플에 대해 수행
하고(1 에포크) 적절한 가중치와 절편이 구해질 만큼(100 에포크) 반복하면 됩니다.

```
def fit(self, x, y, epochs=100):
    for i in range(epochs):                   # 에포크만큼 반복합니다.
        for x_i, y_i in zip(x, y):            # 모든 샘플에 대해 반복합니다.
            y_hat = self.forpass(x_i)         # 정방향 계산
            err = -(y_i - y_hat)              # 오차 계산
            w_grad, b_grad = self.backprop(x_i, err)  # 역방향 계산
            self.w -= w_grad                  # 가중치 업데이트
            self.b -= b_grad                  # 절편 업데이트
```

6. 모델 훈련하기(학습시키기)

이제 실제로 모델을 만들고 훈련해(학습시켜) 보겠습니다. Neuron 클래스의 객체 neuron을 생

성하고 `fit( )` 메서드에 입력 데이터(x)와 타깃 데이터(y)를 전달하면 됩니다.

```
neuron = Neuron( )
neuron.fit(x, y)
```

7. 학습이 완료된 모델의 가중치와 절편 확인하기

학습이 완료된 가중치와 절편은 `neuron.w`와 `neuron.b`에 저장되어 있습니다. 이 값을 이용하여 산점도 위에 직선 그래프를 그려보겠습니다.

```
plt.scatter(x, y)
pt1 = (-0.1, -0.1 * neuron.w + neuron.b)
pt2 = (0.15, 0.15 * neuron.w + neuron.b)
plt.plot([pt1[0], pt2[0]], [pt1[1], pt2[1]])
plt.xlabel('x')
plt.ylabel('y')
plt.show( )
```

성공입니다! 여러분은 경사 하강법을 적용한 뉴런을 구현했습니다. 신경망 모델을 사용하는 딥러닝은 항상 경사 하강법 알고리즘을 사용하므로 경사 하강법 알고리즘이 딥러닝의 핵심 요소 중 하나라고 할 수 있습니다. 앞으로 `Neuron` 클래스를 기반으로 더 복잡한 딥러닝 알고리즘을 만들 것입니다. 다음 코드는 이 장에서 구현한 `Neuron` 클래스입니다. 만약 여러분이 작성한 코드가 잘 동작하지 않으면 다음 코드를 참고하기 바랍니다.

```python
class Neuron:

    def __init__(self):
        self.w = 1.0                            # 가중치를 초기화합니다.
        self.b = 1.0                            # 절편을 초기화합니다.

    def forpass(self, x):
        y_hat = x * self.w + self.b             # 직선 방정식을 계산합니다.
        return y_hat

    def backprop(self, x, err):
        w_grad = x * err                        # 가중치에 대한 그레이디언트를 계산합니다.
        b_grad = 1 * err                        # 절편에 대한 그레이디언트를 계산합니다.
        return w_grad, b_grad

    def fit(self, x, y, epochs=100):
        for i in range(epochs):                 # 에포크만큼 반복합니다.
            for x_i, y_i in zip(x, y):          # 모든 샘플에 대해 반복합니다.
                y_hat = self.forpass(x_i)       # 정방향 계산
                err = -(y_i - y_hat)            # 오차 계산
                w_grad, b_grad = self.backprop(x_i, err)  # 역방향 계산
                self.w -= w_grad                # 가중치 업데이트
                self.b -= b_grad                # 절편 업데이트
```

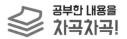 **03장에서 꼭 기억해야 할 내용**

이 장에서는 딥러닝의 기초가 되는 핵심 알고리즘들을 배웠습니다. 이 장에서 배운 내용이 이후 배우게 될 내용의 바탕이 됩니다. 여기를 잘 이해하고 다음으로 넘어갈 바랍니다.

기억 카드 01 　　선

이것은 선형 방정식을 사용하여 연속적인 값을 예측하는 알고리즘으로, 데이터를 가장 잘 표현하는 방정식의 계수를 구할 수 있습니다. 이 알고리즘은 머신러닝 알고리즘이지만 딥러닝에서 사용하는 인공신경망 알고리즘의 기초가 됩니다.

기억 카드 02 　　경

이것은 최적화 알고리즘 중의 하나로 딥러닝의 핵심 훈련 알고리즘입니다. 이 방법은 최적의 모델을 만드는 가중치를 한 번에 찾지 않습니다. 먼저 임의로 정한 가중치에서 출력을 만든 후 타깃과 비교하여 오차를 줄이는 방향으로 가중치를 조정합니다. 이런 과정을 모든 훈련 샘플에 대해서 반복하면서 최적의 가중치를 찾습니다.

기억 카드 03 　　손

이것은 모델이 얼마만큼의 오류가 있는지 측정하는 기준입니다. 이 함수의 값을 최소로 만드는 것이 모델 훈련의 목적입니다. 이것은 직접 만들기도 하지만 보통은 주어진 문제의 기준에 맞게 만들어진 것을 사용합니다. 다른 말로 비용 함수 또는 목적 함수라고도 부릅니다.

정답 기억 카드 01 선형 회귀 기억 카드 02 경사 하강법 기억 카드 03 손실 함수

04

분류하는 뉴런을 만듭니다
— 이진 분류

이 장에서는 03장에서 배운 선형 회귀를 확장하여 분류(classification) 모델을 만들어보겠습니다. 분류 모델은 데이터를 분류하는 방법을 학습합니다. 예를 들면 암 종양을 분류하는 모델은 '암 종양인지 아닌지'를 분류합니다. 이런 모델은 특별히 '이진 분류'라고 부릅니다. 또한 이 장에서는 이진 분류를 위한 로지스틱 회귀(logistic regression)에 대해서도 알아볼 것입니다. 로지스틱 회귀를 이해하고 나면 여러분은 딥러닝에 한층 더 익숙해져 있을 것입니다. 그러면 이제 커피 한 잔을 옆에 두고 천천히 시작해 볼까요?

04-1 초기 인공지능 알고리즘과 로지스틱 회귀를 알아봅니다

로지스틱 회귀를 제대로 이해하려면 로지스틱 회귀로 발전된 초창기 인공지능 알고리즘들을 순서대로 살펴보면 됩니다. 첫 번째로 알아볼 알고리즘은 '퍼셉트론'입니다.

퍼셉트론에 대해 알아봅니다

1957년 코넬 항공 연구소(Cornell Aeronautical Lab)의 프랑크 로젠블라트(Frank Rosenblatt)는 이진 분류 문제에서 최적의 가중치를 학습하는 퍼셉트론(Perceptron) 알고리즘을 발표하였습니다. 여기서 이진 분류(binary classification)란 임의의 샘플 데이터를 True나 False로 구분하는 문제를 말합니다. 예를 들어 과일이라는 샘플 데이터가 있을 때 사과인지(True), 아닌지(False)를 판단하는 것이 이진 분류에 해당합니다.

퍼셉트론의 전체 구조를 훑어봅니다

퍼셉트론은 03장에서 공부한 선형 회귀와 유사한 구조를 가지고 있습니다. 직선 방정식을 사용하기 때문이죠. 하지만 퍼셉트론은 마지막 단계에서 샘플을 이진 분류하기 위하여 계단 함수(step function)라는 것을 사용합니다. 그리고 계단 함수를 통과한 값을 다시 가중치와 절편을 업데이트(학습)하는 데 사용합니다. 이를 그림으로 나타내면 다음과 같습니다.

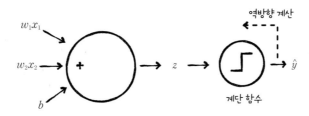

왼쪽의 큰 동그라미는 03장에서 살펴본 뉴런의 구조와 동일합니다(입력 신호가 1개 더 많아졌을 뿐입니다). 뉴런은 입력 신호들을 받아 z를 만듭니다. 즉, 다음 수식에 의해 z를 만드는 것이죠. 그리고 지금부터 다음 수식을 '선형 함수'라고 부르겠습니다.

$$w_1x_1 + w_2x_2 + b = z$$

계단 함수는 z가 0보다 크거나 같으면 1로, 0보다 작으면 −1로 분류합니다. 즉, 다음 연산을 진행합니다.

$$y = \begin{cases} 1 & (z > 0) \\ -1 \end{cases}$$

이때 1을 양성 클래스(positive class), −1을 음성 클래스(negative class)라고 부르며 위 함수를 그래프로 그리면 다음 그림처럼 계단 모양이 됩니다. 그래서 계단 함수라고 부르게 된 것입니다.

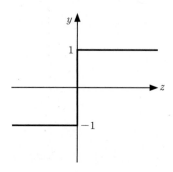

이제 퍼셉트론이 어떤 구조로 되어 있는지 알 것 같나요? 쉽게 말해 퍼셉트론은 선형 함수를 통과한 값 z를 계단 함수로 보내 0보다 큰지, 작은지 검사하여 1과 −1로 분류하는 아주 간단한 알고리즘입니다. 퍼셉트론은 계단 함수의 결과를 사용하여 가중치와 절편을 업데이트합니다.

지금부터 여러 개의 특성을 사용하겠습니다

그런데 여기서 잠깐! 그림을 보면 입력 신호에 특성이 2개 있습니다. 03장에서 본 뉴런에는 특성이 1개였죠.

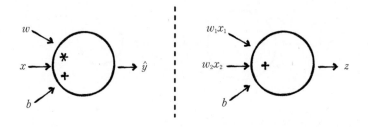

03장에서는 그래프로 간단히 표현하기 위해 특성을 하나만 사용했지만 앞으로는 여러 특성을 사용하여 문제를 해결하는 경우가 많이 나오므로 오른쪽 그림에 익숙해져야 합니다. 앞에서도 보았지만 특성이 2개인 경우 선형 함수를 다음과 같이 표기합니다. 아래 첨자로 사용한 숫자는 n번째 특성의 가중치와 입력을 의미합니다.

$$z = w_1 x_1 + w_2 x_2 + b$$

1번째 특성의 가중치와 입력

이를 응용하면 특성이 n개인 선형 함수를 다음과 같이 표기할 수 있습니다.

$$z = w_1 x_1 + w_2 x_2 + \cdots + w_n x_n + b$$

그러나 연구자들은 이렇게 장황하게 늘어놓는 식을 좋아하지 않습니다. 매번 쓰기도 번거롭죠. 그래서 덧셈을 축약해서 표현하는 시그마(Σ) 기호를 사용하여 위 식을 다음과 같이 표기합니다.

$$z = b + \sum_{i=1}^{n} w_i x_i$$

이때 상수 항(b)은 시그마 기호 뒤가 아니라 앞에 두는 것이 좋습니다. 상수 항을 시그마 기호 뒤에 두면 시그마 기호에 상수 항이 포함되었다고 착각할 수 있기 때문입니다. 지금까지 퍼셉트론에 대해 알아보았습니다. 퍼셉트론은 사이킷런 패키지에서 **Perceptron**이라는 이름으로 클래스를 제공합니다. 퍼셉트론 다음에 등장한 알고리즘은 아달린입니다. 이번에는 아달린에 대해 알아보겠습니다.

아달린에 대해 알아봅니다

퍼셉트론이 등장한 이후 1960년에 스탠포드 대학의 버나드 위드로우(Bernard Widrow)와 테드 호프(Tedd Hoff)가 퍼셉트론을 개선한 적응형 선형 뉴런(Adaptive Linear Neuron)을 발표하였습니다. 적응형 선형 뉴런은 아달린(Adaline)이라고도 부릅니다. 아달린은 선형 함수의 결과를 학습에 사용합니다. 계단 함수의 결과는 예측에만 활용하죠. 다음 그림을 보면서 조금 더 자세히 설명하겠습니다.

ⓒ 퍼셉트론은 계단 함수의 결과를 학습에 사용합니다.

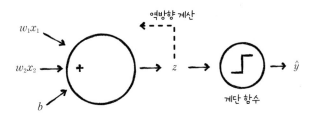

역방향 계산이 계단 함수 출력 이후에 일어나지 않고 선형 함수 출력 이후에 진행되는 점에 주목하세요. 이 장에서 본격적으로 공부하게 될 로지스틱 회귀는 아달린의 개선 버전이므로 이

구조를 유심히 살펴보기 바랍니다. 아달린의 나머지 요소는 퍼셉트론과 동일하므로 여기까지만 설명하겠습니다.

로지스틱 회귀에 대해 알아봅니다

이제 로지스틱 회귀를 알아볼 차례입니다. 로지스틱 회귀(logistic regression)는 아달린에서 조금 더 발전한 형태를 취하고 있습니다. 다음 그림을 보며 설명하겠습니다.

© 로지스틱 회귀는 이름이 회귀이지만 분류 알고리즘입니다. 혼동하지 마세요.

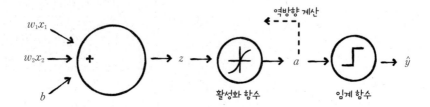

로지스틱 회귀는 선형 함수를 통과시켜 얻은 z를 임계 함수에 보내기 전에 변형시키는데, 바로 이런 함수를 활성화 함수(activation function)라고 부릅니다. 활성화 함수를 통과한 값이 a로 표현되어 있는데 앞으로 a라고 하면 활성화 함수를 통과한 값이라고 이해하면 됩니다. 로지스틱 회귀는 마지막 단계에서 임계 함수(threshold function)를 사용하여 예측을 수행합니다. 임계 함수는 아달린이나 퍼셉트론의 계단 함수와 역할은 비슷하지만 활성화 함수의 출력값을 사용한다는 점이 다릅니다. 지금은 로지스틱 회귀의 전체 구조만 살펴봅니다. 자세한 내용은 다음 실습을 진행하며 다시 살펴보겠습니다.

활성화 함수는 비선형 함수를 사용합니다

활성화 함수로는 보통 비선형 함수를 사용합니다. 다음은 비선형 함수의 한 예입니다.

$$p = \frac{1}{1+e^{-z}}$$

왜 활성화 함수는 비선형 함수를 사용할까요? 만약 활성화 함수가 선형 함수라면 어떻게 될까요? 예를 들어 선형 함수 $a = w_1x_1 + w_2x_2 + \cdots + w_nx_n$과 활성화 함수 $y = ka$가 있다고 합시다. 그러면 이 둘을 쌓은 수식은 다음과 같다고 할 수 있습니다.

$$y = k(w_1x_1 + \cdots + w_nx_n)$$

두 식을 덧셈과 곱셈의 결합법칙과 분배법칙에 의하여 정리하면 다시 하나의 큰 선형 함수가 됩니다. 이렇게 되면 임계 함수 앞에 뉴런을 여러 개 쌓아도 결국 선형 함수일 것이므로 별 의미가 없습니다. 그래서 활성화 함수는 의무적으로 비선형 함수를 사용합니다. 그럼 로지스틱 회귀에는 어떤 활성화 함수가 사용되었을까요? 로지스틱 회귀의 활성화 함수는 바로 '시그모이드 함수'입니다.

✏️ 잠깐! 다음으로 넘어가려면

- ☑ 퍼셉트론은 선형 함수에 계단 함수만 추가한 것입니다.
- ☐ 퍼셉트론은 계단 함수의 결괏값으로 가중치를 학습합니다.
- ☐ 아달린은 퍼셉트론을 개선한 것으로, 선형 함수의 결괏값으로 가중치를 학습합니다.
- ☐ 로지스틱 회귀는 아달린에 활성화 함수를 추가한 것입니다.

04-2 시그모이드 함수로 확률을 만듭니다

시그모이드 함수의 역할을 알아봅니다

이쯤에서 로지스틱 회귀의 전체 구조를 한 번 더 살펴보면서 시그모이드 함수가 어떤 역할을 하는지 알아보겠습니다.

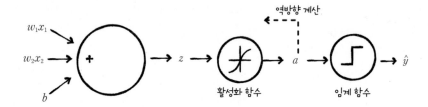

가장 왼쪽에 있는 뉴런이 선형 함수이고 선형 함수의 출력값 z는 다음과 같습니다.

$$z = b + \sum_{i=1}^{n} w_i x_i$$

그림에서 볼 수 있듯이 출력값 z는 활성화 함수를 통과하여 a가 됩니다. 이때 로지스틱 회귀에서 사용하는 활성화 함수인 시그모이드 함수는 z를 0~1 사이의 확률값으로 변환시켜주는 역할을 합니다. 즉, 시그모이드 함수를 통과한 값 a를 암 종양 판정에 사용하면 '양성 샘플일 확률(악성 종양일 확률)'로 해석할 수 있습니다. 확률은 해석하기 나름이지만 보통 a가 0.5(50%)보다 크면 양성 클래스, 그 이하면 음성 클래스라고 구분합니다.

시그모이드 함수가 만들어지는 과정을 살펴봅니다

시그모이드 함수는 어떻게 만들까요? 시그모이드 함수는 약간의 수학 기교를 사용하여 만들 수 있습니다. 시그모이드 함수가 만들어지는 과정은 다음과 같습니다.

> 오즈 비 > 로짓 함수 > 시그모이드 함수

오즈 비에 대해 알아볼까요?

시그모이드 함수는 오즈 비(odds ratio)라는 통계를 기반으로 만들어집니다. 오즈 비는 성공 확률과 실패 확률의 비율을 나타내는 통계이며 다음과 같이 정의합니다.

$$OR(odds\ ratio) = \frac{p}{1-p} \quad (p = 성공\ 확률)$$

오즈 비를 그래프로 그리면 다음과 같습니다. p가 0부터 1까지 증가할 때 오즈 비의 값은 처음에는 천천히 증가하지만 p가 1에 가까워지면 급격히 증가합니다. 오즈 비는 이 정도로 간단히 살펴보고 넘어갑니다.

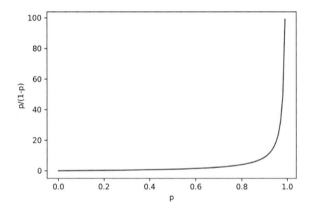

로짓 함수에 대해 알아볼까요?

오즈 비에 로그 함수를 취하여 만든 함수를 로짓 함수(logit function)라고 합니다. 로짓 함수의 식은 다음과 같습니다.

◎ 이 책에서는 자연 로그를 그냥 로그라고 부르겠습니다.

$$logit(p) = log(\frac{p}{1-p})$$

로짓 함수는 p가 0.5일 때 0이 되고 p가 0과 1일 때 각각 무한대로 음수와 양수가 되는 특징을 가집니다. 다음은 로짓 함수의 그래프입니다.

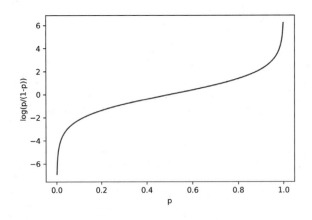

로짓 함수의 세로 축을 z로, 가로 축을 p로 놓으면 확률 p가 0에서 1까지 변할 때 z가 매우 큰 음수에서 매우 큰 양수까지 변하는 것으로 생각할 수 있습니다. 이 식은 다음과 같이 쓸 수 있습니다.

$$log(\frac{p}{1-p})=z$$

로지스틱 함수에 대해 알아볼까요?

위 식을 다시 z에 대하여 정리하면 다음의 식이 됩니다. z에 대해 정리하는 이유는 가로 축을 z로 놓기 위해서입니다. 그리고 이 식을 로지스틱 함수라고 부릅니다.

$$p=\frac{1}{1+e^{-z}}$$

🦫 **리키의 팁 메모 | 로지스틱 함수의 유도 과정이 궁금해요!**

$$log(\frac{p}{1-p})=z$$

$$\frac{p}{1-p}=e^{z}$$

$$p(1+e^{z})=e^{z}$$

$$p=\frac{e^{z}}{1+e^{z}}=\frac{1}{1+e^{-z}}$$

로지스틱 함수를 그래프로 그려보면 로짓 함수의 가로와 세로 축을 반대로 뒤집어 놓은 모양이 됩니다. 그리고 그래프는 S자 형태를 띄게 됩니다.

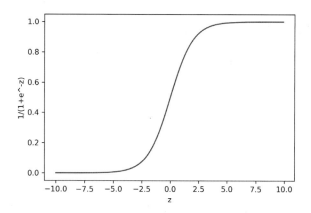

이 모양에서 착안하여 로지스틱 함수를 시그모이드 함수(sigmoid function)라고도 부릅니다. 이 책에서는 시그모이드 함수라고 부르겠습니다. 이제 시그모이드 함수의 정체를 제대로 알았겠죠?

로지스틱 회귀 중간 정리하기

로지스틱 회귀에 필요한 설명을 모두 마쳤으니 이제는 다음 그림을 보며 로지스틱 회귀를 정리해 보겠습니다.

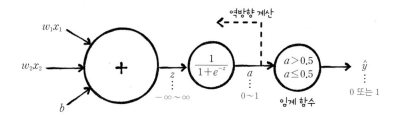

로지스틱 회귀는 이진 분류가 목표이므로 −∞부터 ∞의 범위를 가지는 z의 값을 조절할 방법이 필요했습니다. 그래서 시그모이드 함수를 활성화 함수로 사용한 것이죠. 이는 시그모이드 함수를 통과하면 z를 확률처럼 해석할 수 있기 때문입니다. 그리고 시그모이드 함수의 확률인 a를 0과 1로 구분하기 위하여 마지막에 임계 함수를 사용했습니다. 그 결과 입력 데이터(x)는 0 또는 1의 값으로 나누어졌습니다. 즉, 이진 분류가 되었습니다. 드디어 로지스틱 회귀가 '이진 분류를 하기 위한 알고리즘'인 진짜 이유를 알았습니다. 그런데 아직 우리는 가중치와 절편을 적절하게 업데이트할 수 있는 방법을 배우지 않았습니다. 그렇다면 로지스틱 회귀에는 어떤 손실 함수를 사용해야 할까요? 선형 회귀에서 손실 함수로 제곱 오차를 사용했듯이 분류 문제에서도 제곱 오차를 사용할 수 있을까요? 이제 로지스틱 회귀를 위한 손실 함수인 로지스틱 손실 함수에 대해 알아보겠습니다.

04-3 로지스틱 손실 함수를 경사 하강법에 적용합니다

선형 회귀는 정답과 예상값의 오차 제곱이 최소가 되는 가중치와 절편을 찾는 것이 목표였습니다. 그렇다면 로지스틱 회귀와 같은 분류의 목표는 무엇일까요? 바로 올바르게 분류된 샘플 데이터의 비율 자체를 높이는 것이 분류의 목표입니다. 예를 들면 사과, 배, 감을 분류하는 문제에서 사과, 배, 감으로 분류한 과일 중 진짜 사과, 배, 감으로 분류한 비율을 높이는 것이 분류의 목표입니다. 하지만 안타깝게도 올바르게 분류된 샘플의 비율은 미분 가능한 함수가 아니기 때문에 경사 하강법의 손실 함수로 사용할 수 없습니다. 대신 비슷한 목표를 달성할 수 있는 다른 함수를 사용해야 합니다. 바로 그 함수가 로지스틱 손실 함수입니다.

로지스틱 손실 함수를 제대로 알아봅시다

로지스틱 손실 함수는 다중 분류를 위한 손실 함수인 크로스 엔트로피(cross entropy) 손실 함수를 이진 분류 버전으로 만든 것입니다. 크로스 엔트로피 손실 함수는 07장에서 다중 분류를 다룰 때 자세히 소개하겠습니다. 지금은 그냥 크로스 엔트로피 손실 함수를 이용하여 로지스틱 손실 함수를 만들었다는 사실만 기억하면 됩니다. 실무에서는 종종 이진 분류와 다중 분류를 구분하지 않고(어쨌든 분류이므로) 모두 크로스 엔트로피 손실 함수라고 부르는 경우도 많습니다. 하지만 이 책에서는 다중 분류와 이진 분류를 엄연히 구분하여 로지스틱 손실 함수라는 용어를 사용하겠습니다. 로지스틱 손실 함수는 다음과 같습니다. a는 활성화 함수가 출력한 값이고 y는 타깃입니다.

> ⓒ 로지스틱 손실 함수에서 활성화 함수의 출력값을 표기할 때 a 대신 $\hat{y}$를 쓰는 경우도 많습니다. 이 책에서는 $\hat{y}$을 임계 함수를 통과한 값으로 사용합니다.

$$L = -(ylog(a) + (1-y)log(1-a))$$

위 식은 어떻게 이해하면 좋을까요? 이진 분류는 그렇다(1), 아니다(0)라는 식으로 2개의 정답만 있습니다. 즉, 타깃의 값은 1또는 0입니다. 따라서 위 식은 y가 1이거나 0인 경우로 정리됩니다.

	L
y가 1인 경우(양성 클래스)	$-log(a)$
y가 0인 경우(음성 클래스)	$-log(1-a)$

그런데 앞 두 식의 값을 최소로 만들다 보면 a의 값이 우리가 원하는 목표치가 된다는 것을 알 수 있습니다. 예를 들어 양성 클래스인 경우 로지스틱 손실 함수의 값을 최소로 만들려면 a는 1에 자연스럽게 가까워집니다. 반대로 음성 클래스인 경우 로지스틱 손실 함수의 값을 최소로 만들면 a가 0에 자연스럽게 가까워집니다. 이 값을 계단 함수에 통과시키면 올바르게 분류 작업이 수행됩니다. 즉, 로지스틱 손실 함수를 최소화하면 a의 값이 우리가 가장 이상적으로 생각하는 값이 됩니다. 이제 로지스틱 손실 함수의 최솟값을 만드는 가중치와 절편을 찾기 위해 미분만 하면 될 것 같습니다.

로지스틱 손실 함수 미분하기

로지스틱 손실 함수를 미분해 보겠습니다. 가중치와 절편에 대한 로지스틱 손실 함수의 미분 결과는 다음과 같습니다. 이 식은 가중치와 절편 업데이트에 사용할 것입니다.

$$\frac{\partial}{\partial w_i}L = -(y-a)x_i$$

$$\frac{\partial}{\partial b}L = -(y-a)1$$

그런데 미분한 결과를 자세히 보면 $\hat{y}$이 a로 바뀌었을 뿐 제곱 오차를 미분한 결과와 동일합니다! 왼쪽이 03장에서 본 제곱 오차의 미분이고 오른쪽이 로지스틱 손실 함수의 미분입니다.

	제곱 오차의 미분	로지스틱 손실 함수의 미분
가중치에 대한 미분	$\dfrac{\partial SE}{\partial w} = -(y-\hat{y})x$	$\dfrac{\partial}{\partial w_i}L = -(y-a)x_i$
절편에 대한 미분	$\dfrac{\partial SE}{\partial b} = -(y-\hat{y})1$	$\dfrac{\partial}{\partial b}L = -(y-a)1$

이제는 로직스틱 회귀의 구현이 03장에서 만든 Neuron 클래스와 크게 다르지 않을 것이라는 생각이 들 것입니다. 어떻게 이런 식이 유도되는지 알아보겠습니다. 미분 유도 과정은 생각보다 깁니다. 만약 내용을 읽어봐도 잘 이해가 되지 않는다면 바로 04-5절로 넘어가도 괜찮습니다. 로지스틱 손실 함수의 미분을 통해 로지스틱 손실 함수의 값을 최소로 하는 가중치와 절편을 찾아야 한다는 점만 잊지 않으면 됩니다.

로지스틱 손실 함수와 연쇄 법칙

미분에서는 합성 함수의 도함수(미분한 함수)를 구하기 위한 방법인 연쇄 법칙(Chain Rule)이 있습니다. 예를 들어 다음과 같은 함수는

$$y=f(u), \ u=g(x)$$

아래와 같이 정리할 수 있는데

$$y=f(g(x))$$

이때 y를 x에 대해 미분하는 방법은 y를 u에 대해 미분한 값과 u를 x에 대해 미분한 값을 곱하는 것입니다. 이것이 연쇄 법칙입니다.

$$\frac{\partial y}{\partial x} = \frac{\partial y}{\partial u}\frac{\partial u}{\partial x}$$

여기서 연쇄 법칙을 설명한 이유는 로지스틱 손실 함수(L)를 가중치(w)나 절편(b)에 대하여 바로 미분하면 너무 복잡하기 때문입니다.

$$\frac{\partial L}{\partial w_i}=? \qquad \frac{\partial L}{\partial b}=?$$

그런데 다음 그림을 살펴보면 연쇄 법칙을 이용하면 위의 곤란한 문제를 해결할 수 있다는 힌트를 얻을 수 있습니다.

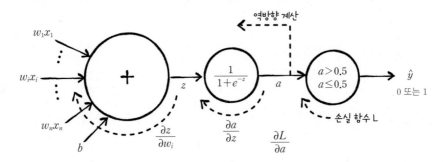

그림을 보니 로지스틱 손실 함수(L)를 활성화 함수의 출력값(a)에 대하여 미분하고, 활성화 출력값(a)은 선형 함수의 출력값(z)에 대하여 미분하고, 선형 함수의 출력값(z)은 가중치(w) 또는 절편(b)에 대하여 미분한 다음 서로 곱하면 결국 우리가 원하는 로지스틱 손실 함수를 가중치에 대하여 미분한 결과를 얻을 수 있습니다. 그리고 이 과정은 그림의 오른쪽부터 왼쪽까

지 역방향으로 진행된다는 것도 알 수 있습니다.

$$\frac{\partial L}{\partial w_i} = \frac{\partial L}{\partial a} \frac{\partial a}{\partial z} \frac{\partial z}{\partial w_i}$$

로지스틱 손실 함수를 a에 대하여 미분하기

그러면 이제 각각의 도함수를 구하기만 하면 됩니다. 먼저 로지스틱 손실 함수를 a에 대하여 미분하겠습니다. 이때 y는 a의 함수가 아니므로 미분 기호 밖으로 뺄 수 있습니다.

$$\frac{\partial L}{\partial a} = \frac{\partial}{\partial a}(-(ylog(a)+(1-y)log(1-a)))$$
$$= -(y\frac{\partial}{\partial a}log(a)+(1-y)\frac{\partial}{\partial a}log(1-a))$$

$log(a)$을 a에 대하여 미분하면 $\frac{1}{a}$이므로 위 식은 다음과 같이 간단하게 정리됩니다.

$$\frac{\partial L}{\partial a} = -(y\frac{1}{a}-(1-y)\frac{1}{1-a})$$

a를 z에 대하여 미분하기

이제 $\frac{\partial a}{\partial z}$를 계산해 보겠습니다. 여기에서 a는 시그모이드 함수이므로 a를 z에 대한 식으로 표현할 수 있습니다. e^{-z}를 z에 대하여 미분하면 $-e^{-z}$가 되므로 다음과 같이 미분할 수 있습니다.

$$\frac{\partial a}{\partial z} = \frac{\partial}{\partial z}(\frac{1}{1+e^{-z}}) = \frac{\partial}{\partial z}(1+e^{-z})^{-1}$$
$$= -(1+e^{-z})^{-2}\frac{\partial}{\partial z}(e^{-z}) = -(1+e^{-z})^{-2}(-e^{-z}) = \frac{e^{-z}}{(1+e^{-z})^2}$$

마지막으로 얻은 식을 두 덩어리의 분수식으로 나눈 다음 공통 식을 묶어 정리하면 다음과 같이 됩니다.

$$\frac{\partial a}{\partial z} = \frac{1}{1+e^{-z}}\frac{e^{-z}}{1+e^{-z}} = \frac{1}{1+e^{-z}}(1-\frac{1}{1+e^{-z}}) = a(1-a)$$

결국 a를 z에 대하여 미분하면 다음과 같은 식이 됩니다.

$$\frac{\partial a}{\partial z} = a(1-a)$$

z를 w에 대하여 미분하기

마지막으로 $\dfrac{\partial z}{\partial w_i}$를 구해 보겠습니다. z는 선형 함수이므로 w_i에 대해 미분하면 다른 항은 모두 사라지고 x_i만 남아 $\dfrac{\partial z}{\partial w_i}=x_i$가 됩니다.

로지스틱 손실 함수를 w에 대하여 미분하기

이제 연쇄 법칙을 위해 필요한 계산을 모두 마쳤습니다. 이제 각 단계에서 구한 도함수를 곱하기만 하면 됩니다.

$$\frac{\partial L}{\partial w_i}=\frac{\partial L}{\partial a}\frac{\partial a}{\partial z}\frac{\partial z}{\partial w_i}$$

$$=-(y\frac{1}{a}-(1-y)\frac{1}{1-a})a(1-a)x_i=-(y(1-a)-(1-y)a)x_i$$

$$=-(y-ya-a+ya)x_i=-(y-a)x_i$$

결과를 보니 로지스틱 손실 함수를 w_i에 대해 미분한 결과는 제곱 오차를 미분한 결과와 일치합니다.

로지스틱 손실 함수의 미분 과정 정리하고 역전파 이해하기

다음은 지금까지 살펴본 미분 과정을 그림으로 나타낸 것입니다.

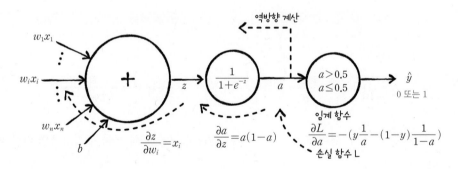

오른쪽부터 살펴보면 로지스틱 손실 함수 L은 a에 대하여 미분하고, a는 z에 대하여 미분하고, z는 w에 대하여 미분합니다. 그리고 각 도함수의 곱을 가중치 업데이트에 사용합니다. 이렇게 로지스틱 손실 함수에 대한 미분이 연쇄 법칙에 의해 진행되는 구조를 보고 '그레이디언트가 역전파된다'라고 말합니다. 이후 조금 더 복잡한 뉴런을 구현하게 되면 그레이디언트가 역전파되는 모습을 더 뚜렷하게 볼 수 있을 것입니다.

가중치 업데이트 방법 정리하기

로지스틱 회귀의 가중치 업데이트를 하려면 로지스틱 손실 함수를 가중치에 대해 미분한 식을 가중치에서 빼면 됩니다.

$$w_i = w_i - \frac{\partial L}{\partial w_i} = w_i + (y-a)x_i$$

절편 업데이트 방법 정리하기

로지스틱 손실 함수를 절편에 대하여 미분하는 방법도 연쇄 법칙을 적용하면 쉽게 구할 수 있습니다. 앞의 그림에서 $\frac{\partial L}{\partial z} = \frac{\partial L}{\partial a}\frac{\partial a}{\partial z} = -(y-a)$가 됨을 알 수 있습니다. 따라서 다음과 같은 식이 됩니다.

$$\frac{\partial L}{\partial b} = \frac{\partial L}{\partial z}\frac{\partial z}{\partial b} = -(y-a)\frac{\partial}{\partial b}(b + \sum_{i=1}^{n} w_i x_i) = -(y-a)1$$

절편 업데이트 역시 로지스틱 손실 함수를 절편에 대해 미분한 식을 절편에서 빼면 됩니다.

$$b = b - \frac{\partial L}{\partial b} = b + (y-a)1$$

이제 가중치와 절편을 업데이트할 수 있는 방법을 모두 알았습니다. 이진 분류를 위한 클래스를 구현하는 것도 어렵지 않을 것입니다. 이제 본격적인 이진 분류를 위하여 분류용 데이터 세트를 준비하겠습니다. 이번에 사용할 데이터 세트는 위스콘신 유방암 데이터 세트입니다.

🖊 잠깐! 다음으로 넘어가려면

☑ 로지스틱 회귀는 가중치의 업데이트를 위해 로지스틱 손실 함수가 필요합니다.

☐ 로지스틱 손실 함수를 가중치에 대하여 미분할 때 연쇄 법칙을 사용할 수 있습니다.

☐ 로지스틱 손실 함수의 미분 결과는 제곱 오차 손실 함수의 미분 결과와 동일합니다.

04-4 분류용 데이터 세트를 준비합니다

분류 문제를 위하여 데이터 세트를 준비해 보겠습니다. 데이터 세트는 사이킷런에 포함된 '위스콘신 유방암 데이터 세트(Wisconsin breast cancer dataset)'를 사용합니다.

유방암 데이터 세트를 소개합니다

유방암 데이터 세트에는 유방암 세포의 특징 10개에 대하여 평균, 표준 오차, 최대 이상치가 기록되어 있습니다. 여기서 해결할 문제는 유방암 데이터 샘플이 악성 종양(True)인지 혹은 정상 종양(False)인지를 구분하는 이진 분류 문제입니다.

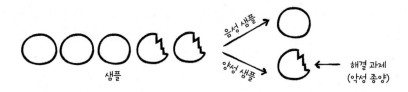

그런데 여기서 주의할 점이 있습니다. 의학 분야에서는 건강한 종양을 양성 종양이라고 부르고 건강하지 않은 종양을 악성 종양(음성 종양이 아닙니다)이라고 부릅니다. 그런데 이진 분류 문제에서는 해결해야 할 목표를 양성 샘플이라고 부릅니다. 지금은 해결 과제가 악성 종양이므로 양성 샘플이 악성 종양인 셈입니다. 양성이라는 긍정적인 단어 때문에 양성 샘플이 양성 종양이라고 착각할 수 있습니다. 그래서 이 책에서는 양성 종양 대신 정상 종양이라는 말을 사용하겠습니다. 표로 정리하면 다음과 같습니다.

	의학	이진 분류
좋음	양성 종양(정상 종양)	음성 샘플
나쁨	악성 종양	양성 샘플 ← 해결 과제

유방암 데이터 세트 준비하기

1. load_breast_cancer( ) 함수 호출하기

이제 사이킷런에서 위스콘신 유방암 데이터 세트를 불러오겠습니다. 유방암 데이터 세트를 불러오려면 사이킷런의 datasets 모듈 아래에 있는 load_breast_cancer( ) 함수를 사용하면 됩니다. 이 함수를 호출해서 Bunch 클래스의 객체를 가져오겠습니다.

```
from sklearn.datasets import load_breast_cancer
cancer = load_breast_cancer( )
```

2. 입력 데이터 확인하기

Bunch 클래스로 객체를 만들어 cancer에 저장했으므로 cancer의 data와 target을 살펴보겠습니다. 먼저 입력 데이터인 data의 크기를 알아봅니다.

```
print(cancer.data.shape, cancer.target.shape)
(569, 30) (569,)
```

cancer에는 569개의 샘플과 30개의 특성이 있다는 것을 알 수 있습니다. 이 중에 처음 3개의 샘플을 출력해 보겠습니다.

```
cancer.data[:3]
array([[1.799e+01, 1.038e+01, 1.228e+02, 1.001e+03, 1.184e-01, 2.776e-01,          ← 샘플
        3.001e-01, 1.471e-01, 2.419e-01, 7.871e-02, 1.095e+00, 9.053e-01,
        8.589e+00, 1.534e+02, 6.399e-03, 4.904e-02, 5.373e-02, 1.587e-02,
        3.003e-02, 6.193e-03, 2.538e+01, 1.733e+01, 1.846e+02, 2.019e+03,
        1.622e-01, 6.656e-01, 7.119e-01, 2.654e-01, 4.601e-01, 1.189e-01],
       [2.057e+01, 1.777e+01, 1.329e+02, 1.326e+03, 8.474e-02, 7.864e-02,
        8.690e-02, 7.017e-02, 1.812e-01, 5.667e-02, 5.435e-01, 7.339e-01,
        3.398e+00, 7.408e+01, 5.225e-03, 1.308e-02, 1.860e-02, 1.340e-02,
        1.389e-02, 3.532e-03, 2.499e+01, 2.341e+01, 1.588e+02, 1.956e+03,
        1.238e-01, 1.866e-01, 2.416e-01, 1.860e-01, 2.750e-01, 8.902e-02],
       [1.969e+01, 2.125e+01, 1.300e+02, 1.203e+03, 1.096e-01, 1.599e-01,
        1.974e-01, 1.279e-01, 2.069e-01, 5.999e-02, 7.456e-01, 7.869e-01,
        4.585e+00, 9.403e+01, 6.150e-03, 4.006e-02, 3.832e-02, 2.058e-02,
        2.250e-02, 4.571e-03, 2.357e+01, 2.553e+01, 1.525e+02, 1.709e+03,
        1.444e-01, 4.245e-01, 4.504e-01, 2.430e-01, 3.613e-01, 8.758e-02]])
```

특성 데이터를 살펴보면 실수 범위의 값이고 양수로 이루어져 있음을 알 수 있습니다. 대괄호 1쌍으로 묶은 것이 샘플입니다. 특성을 세어보니 30개나 되네요. 산점도로 그려서 표현하기가 어려울 것 같습니다. 이번에는 산점도가 아니라 박스 플롯(box plot)을 이용하여 각 특성의 사분위(quartile) 값을 나타내 보겠습니다. 앞으로 맷플롯립 패키지(import matplotlib.pyplot)와 넘파이 패키지(import numpy)의 임포트는 생략하고 각각의 패키지는 줄임 표현(plt, np)을 사

용하겠습니다.

3. 박스 플롯으로 특성의 사분위 관찰하기

박스 플롯은 1사분위와 3사분위 값으로 상자를 그린 다음 그 안에 2사분위(중간값) 값을 표시합니다. 그런 다음 1사분위와 3사분위 사이 거리(interquartile range)의 1.5배만큼 위아래 거리에서 각각 가장 큰 값과 가장 작은 값까지 수염을 그립니다.

◎ 박스 플롯은 상자 그래프 또는 상자 수염 그래프 (box-and-whisker plot)라고도 부릅니다.

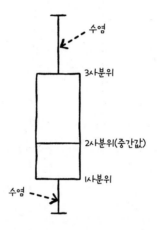

그러면 과정 1에서 얻은 데이터 세트를 이용하여 박스 플롯을 그려보겠습니다.

```
plt.boxplot(cancer.data)
plt.xlabel('feature')
plt.ylabel('value')
plt.show( )
```

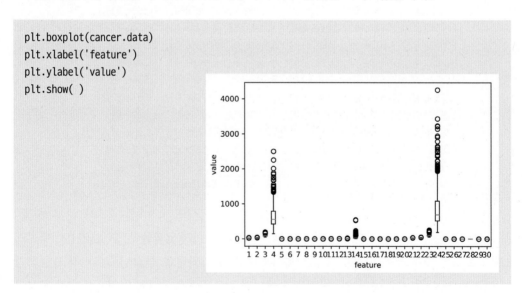

4. 눈에 띄는 특성 살펴보기

박스 플롯을 보면 4, 14, 24번째 특성이 다른 특성보다 값의 분포가 훨씬 크다는 것을 알 수 있습니다. 다른 특성과 차이가 나는 특성들을 확인해 보겠습니다. 4, 14, 24번째 특성의 인덱스를 리스트로 묶어 전달하면 각 인덱스의 특성을 확인할 수 있습니다. 결과를 보니 모두 넓이와 관련된 특성이네요.

◎ 배열의 인덱스는 0부터 시작하므로 4번째 인덱스는 3입니다.

```
cancer.feature_names[[3,13,23]]
array(['mean area', 'area error', 'worst area'], dtype='<U23')
```

5. 타깃 데이터 확인하기

여러분이 해결할 문제는 '음성 샘플(정상 종양)'과 '양성 샘플(악성 종양)'을 구분하는 이진 분류 문제입니다. 그래서 cancer.target 배열 안에는 0과 1만 들어 있습니다. 여기서 0은 음성 클래스, 1은 양성 클래스를 의미합니다. 다음은 타깃 데이터를 확인한 것입니다. 넘파이의 unique( ) 함수를 사용하면 고유한 값을 찾아 반환합니다. 이때 return_counts 매개변수를 True로 지정하면 고유한 값이 등장하는 횟수까지 세어 반환합니다.

```
np.unique(cancer.target, return_counts=True)
(array([0, 1]), array([212, 357]))
```

unique( ) 함수가 반환한 값을 확인해 보니 두 덩어리의 값을 반환하고 있습니다. 왼쪽의 값(array([0, 1]))은 cancer.target에 들어 있는 고유한 값(0, 1)을 의미합니다. 즉, cancer.target에는 0이나 1이라는 값만 들어 있습니다. 음성(0), 양성(1) 클래스의 값이므로 당연합니다. 오른쪽의 값(array([212, 357]))은 타깃 데이터의 고유한 값의 개수를 센 다음 반환한 것입니다. 즉, 위의 타깃 데이터에는 212개의 음성 클래스(정상 종양)와 357개의 양성 클래스(악성 종양)가 들어 있습니다.

6. 훈련 데이터 세트 저장하기

이제 예제 데이터 세트를 x, y 변수에 저장하겠습니다.

```
x = cancer.data
y = cancer.target
```

이제 훈련 데이터 세트 준비를 마쳤으니 로지스틱 회귀를 이용하여 모델을 만들어보겠습니다.

04-5 로지스틱 회귀를 위한 뉴런을 만듭니다

03장에서는 훈련 데이터 세트 전체를 사용하여 모델을 훈련했습니다. 그런데 여기서 잠시 생각해 볼 주제가 있습니다. 훈련된 모델이 실전에서 얼마나 좋은 성능을 내는지 어떻게 알 수 있을까요? 여러분이 만든 모델의 성능을 평가하지 않고 실전에 투입하면 잘못된 결과를 초래할 수도 있으니 위험합니다. 또 훈련 데이터 세트로 학습된 모델을 다시 훈련 데이터 세트로 평가하면 어떨까요? 만약 모델이 훈련 데이터 세트를 몽땅 외워버렸다면(실제 이런 종류의 알고리즘도 있습니다) 평가를 해도 의미가 없을 것입니다. 그러면 어떻게 해야 모델의 성능을 제대로 평가할 수 있을까요? 모델을 만들기 전에 성능 평가에 대해 잠시 알아보겠습니다.

모델의 성능 평가를 위한 훈련 세트와 테스트 세트

훈련된 모델의 실전 성능을 일반화 성능(generalization performance)이라고 부릅니다. 그런데 앞에서 말한 것처럼 모델을 학습시킨 훈련 데이터 세트로 다시 모델의 성능을 평가하면 그 모델은 당연히 좋은 성능이 나올 것입니다. 이런 성능 평가를 '과도하게 낙관적으로 일반화 성능을 추정한다'고 말합니다. 조금 딱딱한 표현이지만 종종 다른 자료에서도 이런 표현을 볼 수 있으므로 알아두기 바랍니다. 그러면 올바르게 모델의 성능을 측정하려면 어떻게 해야 할까요? 훈련 데이터 세트를 두 덩어리로 나누어 하나는 훈련에, 다른 하나는 테스트에 사용하면 됩니다. 이때 각각의 덩어리를 훈련 세트(training set)와 테스트 세트(test set)라고 부릅니다.

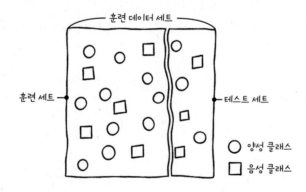

훈련 데이터 세트를 훈련 세트와 테스트 세트로 나눌 때는 다음 2가지 규칙을 지켜야 합니다.

> **훈련 데이터 세트를 훈련 세트와 테스트 세트로 나누는 규칙**
>
> - 훈련 데이터 세트를 나눌 때는 테스트 세트보다 훈련 세트가 더 많아야 합니다.
> - 훈련 데이터 세트를 나누기 전에 양성, 음성 클래스가 훈련 세트나 테스트 세트의 어느 한쪽에 몰리지 않도록 골고루 섞어야 합니다.

위 과정은 사이킷런에 준비되어 있는 도구를 사용하면 편리하게 진행할 수 있습니다. 그러면 지금부터 훈련 데이터 세트를 둘로 분리하겠습니다.

◎ 물론 여러분이 직접 훈련 데이터 세트를 섞고 나눠도 됩니다. 하지만 사이킷런에서 제공하는 편리한 도구를 사용하지 않을 이유가 없겠죠.

훈련 세트와 테스트 세트로 나누기

훈련 데이터 세트를 훈련 세트와 테스트 세트로 나눌 때는 양성, 음성 클래스가 훈련 세트와 테스트 세트에 고르게 분포하도록 만들어야 합니다. 예를 들어 cancer 데이터 세트를 보면 양성 클래스(악성 종양)와 음성 클래스(정상 종양)의 샘플 개수가 각각 357, 212개입니다. 이 클래스 비율이 훈련 세트와 테스트 세트에도 그대로 유지되어야 합니다. 만약 훈련 세트에 양성 클래스가 너무 많이 몰리거나 테스트 세트에 음성 클래스가 너무 많이 몰리면 모델이 데이터에 있는 패턴을 올바르게 학습하지 못하거나 성능을 잘못 측정할 수도 있습니다.

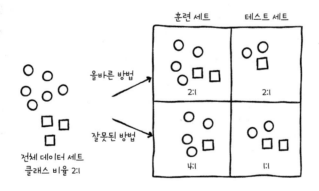

위 그림은 전체 데이터 세트의 양성, 음성 클래스 비율이 2:1인 경우 제대로 나눠진 경우와 잘못 나눠진 경우를 보여줍니다. 위의 올바른 방법에 해당되는 경우를 보면 각 세트의 클래스 비율은 여전히 2:1입니다. 하지만 아래의 잘못된 방법에 해당되는 경우를 보면 클래스 비율이 망가져 있습니다. 클래스의 비율이 망가지면 모델에 사용할 데이터가 올바르지 않으므로 결과도 좋지 않습니다. 지금부터 양성 클래스와 음성 클래스의 비율을 일정하게 유지하면서 훈련 데이터 세트를 훈련 세트와 테스트 세트로 나누어보겠습니다.

1. train_test_split( ) 함수로 훈련 데이터 세트 나누기

먼저 sklearn.model_selection 모듈에서 train_test_split( ) 함수를 임포트합니다. 사이킷
런의 train_test_split( ) 함수는 기본적으로 입력된 훈련 데이터 세트를 훈련 세트 75%, 테
스트 세트 25%의 비율로 나눠줍니다.

```
from sklearn.model_selection import train_test_split
```

그런 다음 train_test_split( ) 함수에 입력 데이터 x, 타깃 데이터 y와 그 밖의 설정을 매개
변수로 지정하면 됩니다.

```
x_train, x_test, y_train, y_test = train_test_split(x, y, stratify=y, test_size=0.2,
                                                     ①            ②
random_state=42)
③
```

매개변수 설정에 대한 내용은 다음과 같습니다.

① stratify=y

stratify는 훈련 데이터를 나눌 때 클래스 비율을 동일하게 만듭니다. train_test_split( ) 함수는
기본적으로 데이터를 나누기 전에 섞지만 일부 클래스 비율이 불균형한 경우에는 stratify를 y로 지
정해야 합니다.

② test_size=0.2

앞에서 이야기했듯이 train_test_split( ) 함수는 기본적으로 훈련 데이터 세트를 75:25 비율로
나눕니다. 하지만 필요한 경우 이 비율을 조절하고 싶을 때도 있습니다. 그럴 때는 test_size 매개변
수에 테스트 세트의 비율을 전달하면 비율을 조절할 수 있습니다. 여기에서는 입력된 데이터 세트의
20%를 테스트 세트로 나누기 위해 test_size에 0.2를 전달했습니다.

③ random_state=42

train_test_split( ) 함수는 무작위로 데이터 세트를 섞은 다
음 나눕니다. 이 책에서는 섞은 다음 나눈 결과가 항상 일정하도
록 random_state 매개변수에 난수 초깃값 42를 지정했습니다.

> 😊 여기서는 실험 결과를 똑같이 재현하
> 기 위해 random_state 매개변수를 사용
> 했는데, 실전에서는 사용할 필요가 없습
> 니다.

2. 결과 확인하기

그러면 훈련 데이터 세트가 잘 나누어졌는지 훈련 세트와 테스트 세트의 비율을 확인해 보겠
습니다. shape 속성을 이용해 확인해 보니 각각의 훈련 세트와
테스트 세트는 4:1의 비율(455, 114)로 잘 나누어졌습니다.

> 😊 30은 유방암 데이터 세트의 특성
> 개수를 의미합니다.

```
print(x_train.shape, x_test.shape)
(455, 30) (114, 30)
```

3. unique( ) 함수로 훈련 세트의 타깃 확인하기

또 넘파이의 unique( ) 함수로 훈련 세트의 타깃 안에 있는 클래스의 개수를 확인해 보니 전체 훈련 데이터 세트의 클래스 비율과 거의 비슷한 구성입니다(양성 클래스가 음성 클래스보다 1.7배 정도 많습니다). 클래스의 비율이 그대로 유지되고 있네요.

```
np.unique(y_train, return_counts=True)
(array([0, 1]), array([170, 285]))
```

로지스틱 회귀 구현하기

이제 훈련 세트가 준비되었으니 본격적으로 로지스틱 회귀를 구현해 보겠습니다. 로지스틱 회귀는 정방향으로 데이터가 흘러가는 과정(정방향 계산)과 가중치를 업데이트하기 위해 역방향으로 데이터가 흘러가는 과정(역방향 계산)을 구현해야 합니다. 정방향 계산부터 역방향 계산까지 순서대로 구현해 보겠습니다. 여기서 만들 LogisticNeuron 클래스의 메서드는 03장에서 구현했던 Neuron 클래스의 __init__( ), forpass( ), backprop( ) 메서드와 거의 동일합니다. 다음을 입력하세요.

```
class LogisticNeuron:

    def __init__(self):
        self.w = None
        self.b = None

    def forpass(self, x):
        z = np.sum(x * self.w) + self.b       # 직선 방정식을 계산합니다.
        return z

    def backprop(self, x, err):
        w_grad = x * err                       # 가중치에 대한 그레이디언트를 계산합니다.
        b_grad = 1 * err                       # 절편에 대한 그레이디언트를 계산합니다.
        return w_grad, b_grad
```

이 코드는 03장과 크게 다르지 않지만 몇 가지 세부 설정이 바뀌었습니다. 다음은 각 메서드가 03장과 비교하여 어떻게 달라졌는지에 대한 설명입니다.

__init( )__ 메서드는 가중치와 절편을 미리 초기화하지 않습니다

여기서 __init( )__ 메서드를 보면 입력 데이터의 특성이 많아 가중치를 미리 초기화하지 않았습니다. 가중치는 나중에 입력 데이터를 보고 특성 개수에 맞게 결정합니다.

forpass( ) 메서드에 넘파이 함수를 사용합니다

forpass( ) 메서드를 보면 가중치와 입력 특성의 곱을 모두 더하기 위해 np.sum( ) 함수를 사용한 것을 알 수 있습니다. x * self.w에서 x와 w는 1차원 넘파이 배열인데, 넘파이 배열에 사칙연산을 적용하면 자동으로 배열의 요소끼리 계산합니다. 예를 들어 다음과 같이 넘파이 배열 [1, 2, 3]과 [3, 4, 5]를 더하면 [4, 6, 8]이라는 넘파이 배열이 나오고 곱하면 [3, 8, 15]가 나옵니다.

```
a = np.array([1,2,3])
b = np.array([3,4,5])
print(a + b)
array([4, 6, 8])
print(a * b)
array([ 3,  8, 15])
```

또 넘파이 배열을 np.sum( ) 함수의 인자로 전달하면 각 요소를 모두 더한 값을 반환합니다. 이 원리를 forpass( ) 메서드에 그대로 적용하면 다음과 같이 됩니다.

```
np.sum(a * b)
26
```

로지스틱 뉴런이 구현되었습니다. 이제 훈련하고 예측하는 일만 남았습니다.

훈련하는 메서드 구현하기

훈련을 수행하는 fit( ) 메서드를 구현해 보겠습니다.

1. fit( ) 메서드 구현하기

fit( ) 메서드의 기본 구조는 03장의 Neuron 클래스와 같습니다. 다만 활성화 함수(activation( ))가 추가된 점이 다릅니다. activation( ) 메서드는 바로 다음에 구현합니다. 역방향 계산에는 로지스틱 손실 함수의

ⓒ 로지스틱 회귀에는 이진 분류를 위한 활성화 함수인 시그모이드 함수가 필요했습니다.

도함수를 적용합니다. 앞에서 초기화하지 않은 가중치는 np.ones( ) 함수를 이용하여 간단히 1로 초기화하고 절편 은 0으로 초기화합니다.

◎ np.ones( ) 함수는 입력된 매개변수와 동일한 크기의 배열을 만들고 값을 모두 1 로 채웁니다.

```python
def fit(self, x, y, epochs=100):
    self.w = np.ones(x.shape[1])          # 가중치를 초기화합니다.
    self.b = 0                            # 절편을 초기화합니다.
    for i in range(epochs):               # epochs만큼 반복합니다.
        for x_i, y_i in zip(x, y):        # 모든 샘플에 대해 반복합니다.
            z = self.forpass(x_i)         # 정방향 계산
            a = self.activation(z)        # 활성화 함수 적용
            err = -(y_i - a)              # 오차 계산
            w_grad, b_grad = self.backprop(x_i, err) # 역방향 계산
            self.w -= w_grad              # 가중치 업데이트
            self.b -= b_grad              # 절편 업데이트
```

2. activation( ) 메서드 구현하기

activation( ) 메서드에는 시그모이드 함수가 사용되어야 합니다. 시그모이드 함수는 자연 상수의 지수 함수를 계산하는 넘파이의 np.exp( ) 함수를 사용 하면 간단히 만들 수 있습니다.

◎ np.exp( ) 함수는 자연 상수의 지수 함수를 계산합니다.

```python
def activation(self, z):
    a = 1 / (1 + np.exp(-z))  # 시그모이드 계산
    return a
```

🦫 리키의 팁 메모 | 넘파이의 배열을 채울 수 있는 유용한 함수를 알아볼까요?

넘파이에서는 배열을 만들 때 특정 값으로 채울 수 있는 몇 가지 함수를 제공합니다. np.ones( ) 함수도 그중 하나입니다. 다른 함수도 알아볼까요? np.zeros( ) 함수는 배열의 요소를 모두 0으로 채웁니다. 만약 np.zeros( ) 함수로 다차원 배열을 만들려면 크기를 튜플 형식으로 전달하면 됩니다. 다음은 np.zeros( ) 함수로 다차원 배 열을 만든 예입니다.

```python
np.zeros((2, 3))
array([[0., 0., 0.],
       [0., 0., 0.]])
```

0과 1이 아닌 임의의 값으로 배열을 생성하고 싶을 때는 np.full( ) 함수를 사용해야 합니다. 다음은 요소의 값 이 모두 7인 배열을 생성합니다.

```
np.full((2,3), 7)
array([[7, 7, 7],
       [7, 7, 7]])
```

예측하는 메서드 구현하기

03장의 선형 회귀에서 새로운 샘플에 대한 예측값을 계산할 때 forpass( ) 메서드를 사용했습니다. 여러 개의 샘플을 한꺼번에 예측하려면 forpass( ) 메서드를 여러 번 호출하게 되는데 이 작업은 번거롭습니다. 분류에서는 활성화 함수와 임계 함수도 적용해야 하므로 새로운 샘플에 대한 예측값을 계산해 주는 메서드인 predict( ) 메서드를 만들어보겠습니다.

1. predict( ) 메서드 구현하기

predict( ) 메서드의 매개변수 값으로 입력값 x가 2차원 배열로 전달된다고 가정하고 구현하겠습니다. 예측값은 입력값을 선형 함수, 활성화 함수, 임계 함수 순서로 통과시키면 구할 수 있습니다. 앞에서 forpass( )와 activation( ) 메서드를 이미 구현했으니 predict( ) 메서드는 다음과 같이 간단하게 구현할 수 있습니다.

```
def predict(self, x):
    z = [self.forpass(x_i) for x_i in x]    # 선형 함수 적용
    a = self.activation(np.array(z))         # 활성화 함수 적용
    return a > 0.5                            # 계단 함수 적용
```

여기서는 z의 계산으로 파이썬의 리스트 내포(list comprehension) 문법을 사용했습니다. 리스트 내포란 대괄호([ ]) 안에 for문을 삽입하여 새 리스트를 만드는 간결한 문법입니다. x의 행을 하나씩 꺼내어 forpass( ) 메서드에 적용하고 그 결과를 이용하여 새 리스트(z)로 만드는 것이죠. z는 곧바로 넘파이 배열로 바꾸어 activation( ) 메서드에 전달합니다. 자, 이제 로지스틱 회귀가 구현되었습니다.

구현 내용 한눈에 보기

다음은 지금까지 구현한 LogisticNeuron 클래스를 한눈에 볼 수 있도록 다시 정리한 코드입니다.

```python
class LogisticNeuron:

    def __init__(self):
        self.w = None
        self.b = None

    def forpass(self, x):
        z = np.sum(x * self.w) + self.b    # 직선 방정식을 계산합니다.
        return z

    def backprop(self, x, err):
        w_grad = x * err                   # 가중치에 대한 그레이디언트를 계산합니다.
        b_grad = 1 * err                   # 절편에 대한 그레이디언트를 계산합니다.
        return w_grad, b_grad

    def activation(self, z):
        z = np.clip(z, -100, None)         # 안전한 np.exp( ) 계산을 위해
        a = 1 / (1 + np.exp(-z))           # 시그모이드 계산
        return a

    def fit(self, x, y, epochs=100):
        self.w = np.ones(x.shape[1])       # 가중치를 초기화합니다.
        self.b = 0                         # 절편을 초기화합니다.
        for i in range(epochs):            # epochs만큼 반복합니다.
            for x_i, y_i in zip(x, y):     # 모든 샘플에 대해 반복합니다.
                z = self.forpass(x_i)      # 정방향 계산
                a = self.activation(z)     # 활성화 함수 적용
                err = -(y_i - a)           # 오차 계산
                w_grad, b_grad = self.backprop(x_i, err)    # 역방향 계산
                self.w -= w_grad           # 가중치 업데이트
                self.b -= b_grad           # 절편 업데이트

    def predict(self, x):
        z = [self.forpass(x_i) for x_i in x]    # 정방향 계산
        a = self.activation(np.array(z))        # 활성화 함수 적용
        return a > 0.5
```

로지스틱 회귀 모델 훈련시키기

이제 준비한 데이터 세트를 사용하여 로지스틱 회귀 모델을 훈련해 보고 정확도도 측정해 보 겠습니다.

1. 모델 훈련하기

모델을 훈련하는 방법은 03장과 동일합니다. LogisticNeuron 클래스의 객체를 만든 다음 훈련 세트와 함께 fit( ) 메서드를 호출하면 됩니다.

```
neuron = LogisticNeuron( )
neuron.fit(x_train, y_train)
```

2. 테스트 세트 사용해 모델의 정확도 평가하기

위 코드를 통해 훈련이 끝난 모델에 테스트 세트를 사용해 예측값을 넣고 예측한 값이 맞는지 비교합니다.

```
np.mean(neuron.predict(x_test) == y_test)
0.8245614035087719
```

predict( ) 메서드의 반환값은 True나 False로 채워진 (m,) 크기의 배열이고 y_test는 0 또는 1로 채워진 (m,) 크기의 배열이므로 바로 비교할 수 있습니다. np.mean( ) 함수는 매개변수 값으로 전달한 비교문 결과(넘파이 배열)의 평균을 계산합니다. 즉, 계산 결과 0.82…는 올바르게 예측한 샘플의 비율이 됩니다. 이를 정확도(accuracy)라고 합니다.

☺ x_test와 y_test는 넘파이 배열이므로 == 연산자에 의해 각각의 요소를 비교하여 True와 False를 반환합니다.

☺ 파이썬은 True와 정수 1(또는 실수 1.0)은 같다고 판단합니다. 반대로 False는 0과 같다고 판단합니다.

로지스틱 회귀가 제대로 구현된 것 같네요. 아주 훌륭하진 않지만 82%의 정확도가 나왔네요. 사실 우리가 구현한 LogisticNeuron 클래스의 성능은 좋은 편이 아닙니다. 실전에서는 사이킷런과 같은 안정적인 패키지 사용을 권합니다. 지금은 학습을 위해 구현한 것이므로 성능은 신경 쓰지 않아도 됩니다. 이제 마지막으로 하나의 층(layer)을 가진 신경망을 구현해 보겠습니다.

✎ 잠깐! 다음으로 넘어가려면

☑ 전체 훈련 데이터 세트를 훈련 세트와 테스트 세트로 나눠야 모델을 훈련하고 평가할 수 있습니다.
☐ 훈련 세트와 테스트 세트로 나눌 때 훈련 데이터 세트의 클래스 비율이 그대로 유지되어야 합니다.
☐ 일반적으로 훈련 세트가 테스트 세트보다 더 많아야 합니다.

04-6 로지스틱 회귀 뉴런으로 단일층 신경망을 만듭니다

사실 우리는 이미 단일층 신경망을 구현했습니다! 로지스틱 회귀는 단일층 신경망(single layer neural network)과 동일하기 때문입니다. 하지만 지금까지는 층(layer)이라는 개념을 전혀 사용하지 않았습니다. 이제 신경망과 관련된 개념을 정리할 때가 된 것 같네요. 이 절을 읽고 나면 진짜로 신경망 알고리즘이란 무엇인지 알게 될 것입니다.

일반적인 신경망의 모습을 알아봅니다

일반적으로 신경망은 다음과 같이 표현합니다. 여기서 가장 왼쪽이 입력층(input layer), 가장 오른쪽이 출력층(output layer) 그리고 가운데 층들을 은닉층(hidden layer)이라고 부릅니다. 오른쪽에 작은 원으로 표시된 활성화 함수는 은닉층과 출력층의 한 부분으로 간주합니다.

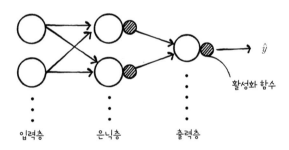

단일층 신경망의 모습을 알아봅니다

앞에서 배운 로지스틱 회귀는 은닉층이 없는 신경망이라고 볼 수 있습니다. 이런 입력층과 출력층만 가지는 신경망을 단일층 신경망이라고 부릅니다. 사실 입력층은 입력 그 자체여서 프로그램을 구현할 때는 겉으로 드러나지 않습니다. 이런 표현 방식이 처음에는 이해되지 않을 수도 있겠지만 오랫동안 많은 사람들이 사용하면서 굳어진 용어이므로 실전을 위해서는 용어를 이해하고 넘어가는 것이 좋습니다. 다음은 단일층 신경망을 그림으로 나타낸 것입니다. 이미 로지스틱 회귀를 공부하며 전체 구성 요소에 대해 공부했으므로 형태만 눈에 익히고 넘어갑시다.

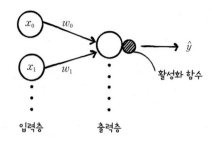

입력층　　　　출력층

단일층 신경망을 구현합니다

앞에서 구현한 LogisticNeuron 클래스는 이미 단일층 신경망의 역할을 할 수 있으므로 학습을 위해 단일층 신경망을 또 구현할 필요는 없습니다. 하지만 여기서 단일층 신경망을 다시 구현하는 이유는 몇 가지 유용한 기능을 추가하기 위해서입니다. 예를 들어 선형 회귀나 로지스틱 회귀는 모두 경사 하강법을 사용했습니다. 경사 하강법은 손실 함수(제곱 오차 손실 함수, 로지스틱 손실 함수)의 결괏값을 최소화하는 방향으로 가중치를 업데이트했죠. 만약 손실 함수의 결괏값이 줄어들지 않는다면 뭔가 잘못된 것이니 그 값을 관찰해 보기 바랍니다. 여기서는 이런 여러 기능들을 추가해 보겠습니다. LogisticNeruon 클래스를 복사하여 이름을 SingleLayer로 바꾼 후 코드를 작성하세요.

손실 함수의 결괏값 저장 기능 추가하기

__init__( ) 메서드에 손실 함수의 결괏값을 저장할 리스트 self.losses를 만듭니다. 그런 다음 샘플마다 손실 함수를 계산하고 그 결괏값을 모두 더한 다음 샘플 개수로 나눈 평균값을 self.losses 변수에 저장합니다. 그리고 self.activation( ) 메서드로 계산한 a는 np.log( )의 계산을 위해 한 번 더 조정합니다. 왜냐하면 a가 0에 가까워지면 np.log( ) 함수의 값은 음의 무한대가 되고 a가 1에 가까워지면 np.log( ) 함수의 값은 0이 되기 때문입니다. 손실값이 무한해지면 정확한 계산을 할 수 없으므로 a의 값이 $1 \times 10^{-10} \sim 1 - 1 \times 10^{-10}$ 사이가 되도록 np.clip( ) 함수로 조정해야 합니다. np.clip( ) 함수는 주어진 범위 밖의 값을 범위 양 끝의 값으로 잘라 냅니다.

```
def __init__(self):
    self.w = None
    self.b = None
    self.losses = []
    ...

def fit(self, x, y, epochs=100):
    ...                              # 이 부분은 잠시 후에 설명합니다.
```

```
for i in index:                              # 모든 샘플에 대해 반복합니다.
    z = self.forpass(x[i])                   # 정방향 계산
    a = self.activation(z)                   # 활성화 함수 적용
    err = -(y[i] - a)                        # 오차 계산
    w_grad, b_grad = self.backprop(x[i], err)  # 역방향 계산
    self.w -= w_grad                         # 가중치 업데이트
    self.b -= b_grad                         # 절편 업데이트
    # 안전한 로그 계산을 위해 클리핑한 후 손실을 누적합니다.
    a = np.clip(a, 1e-10, 1-1e-10)
    loss += -(y[i]*np.log(a)+(1-y[i])*np.log(1-a))
                                             # 에포크마다 평균 손실을 저장합니다.
self.losses.append(loss/len(y))
```

여러 가지 경사 하강법에 대해 알아봅니다

지금까지 사용한 경사 하강법은 샘플 데이터 1개에 대한 그레이디언트를 계산했습니다. 이를 확률적 경사 하강법(stochastic gradient descent)이라고 부릅니다.

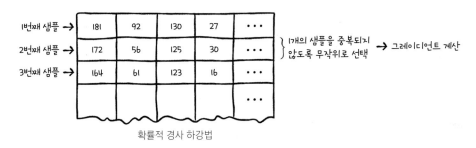

확률적 경사 하강법

그러면 확률적 경사 하강법만 있을까요? 아닙니다. 전체 훈련 세트를 사용하여 한 번에 그레이디언트를 계산하는 방식인 배치 경사 하강법(batch gradient descent)과 배치(batch) 크기를 작게 하여(훈련 세트를 여러 번 나누어) 처리하는 방식인 미니 배치 경사 하강법(mini-batch gradient descent)이 있습니다.

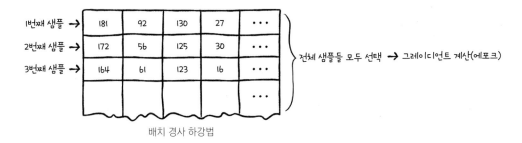

배치 경사 하강법

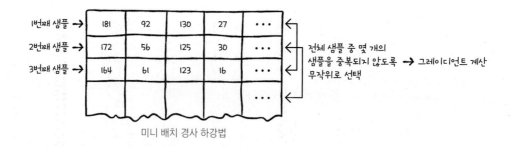

1번째 샘플 → | 181 | 92 | 130 | 27 | ... |
2번째 샘플 → | 172 | 56 | 125 | 30 | ... |
3번째 샘플 → | 164 | 61 | 123 | 16 | ... |

전체 샘플 중 몇 개의 샘플을 중복되지 않도록 무작위로 선택 → 그레이디언트 계산

미니 배치 경사 하강법

확률적 경사 하강법은 샘플 데이터 1개마다 그레이디언트를 계산하여 가중치를 업데이트하므로 계산 비용은 적은 대신 가중치가 최적값에 수렴하는 과정이 불안정합니다. 반면에 배치 경사 하강법은 전체 훈련 데이터 세트를 사용하여 한 번에 그레이디언트를 계산하므로 가중치가 최적값에 수렴하는 과정은 안정적이지만 그만큼 계산 비용이 많이 듭니다. 바로 이 둘의 장점을 절충한 것이 미니 배치 경사 하강법입니다. 다음은 확률적 경사 하강법, 배치 경사 하강법이 최적의 가중치(w1, w2)에 수렴하는 과정을 나타낸 그래프입니다. 미니 배치 경사 하강법은 확률적 경사 하강법보다는 매끄럽고 배치 경사 하강법보다는 덜 매끄러운 그래프가 그려집니다.

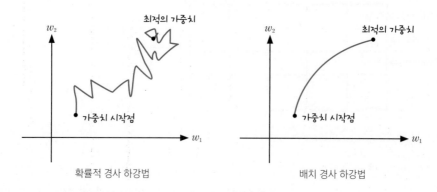

확률적 경사 하강법

배치 경사 하강법

매 에포크마다 훈련 세트의 샘플 순서를 섞어 사용하기

앞에서 살펴본 모든 경사 하강법들은 매 에포크마다 훈련 세트의 샘플 순서를 섞어 가중치의 최적값을 계산해야 합니다. 훈련 세트의 샘플 순서를 섞으면 가중치 최적값의 탐색 과정이 다양해져 가중치 최적값을 제대로 찾을 수 있기 때문입니다. 다음 그림은 첫 번째 에포크에서 사용한 샘플의 순서와 두 번째 에포크에서 사용한 샘플의 순서를 나타낸 것입니다.

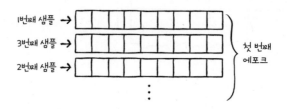

1번째 샘플 →
3번째 샘플 →
2번째 샘플 →

첫 번째 에포크

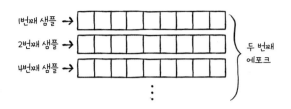

그림을 보면 첫 번째 에포크에 사용한 훈련 세트의 샘플 순서는 1, 3, 2이고 두 번째 에포크에 사용한 훈련 세트의 샘플 순서는 1, 2, 4인 것을 알 수 있습니다. 훈련 세트의 샘플 순서를 섞는 전형적인 방법은 넘파이 배열의 인덱스를 섞은 후 인덱스 순서대로 샘플을 뽑는 것입니다. 쉽게 말해 번호표를 따로 섞은 다음 번호표 순서대로 훈련 세트를 나열하는 것이죠. 이 방법이 훈련 세트 자체를 섞는 것보다 효율적이고 빠릅니다. np.random.permutation( ) 함수를 사용하면 이 방법을 구현할 수 있습니다. 다음 코드에서 두 번째 for문을 보면 indexes 배열을 이용합니다. indexes 배열에 [6, 2, 9, …]와 같은 무작위 번호표가 들어 있다고 생각하면 됩니다.

◎ 정방향 계산과 오차를 계산할 때 이 인덱스를 사용하여(x[i], y[i]) 샘플을 참조합니다.

```python
def fit(self, x, y, epochs=100):
    self.w = np.ones(x.shape[1])           # 가중치를 초기화합니다.
    self.b = 0                              # 절편을 초기화합니다.
    for i in range(epochs):                 # epochs만큼 반복합니다.
        loss = 0
        indexes = np.random.permutation(np.arange(len(x)))   # 인덱스를 섞습니다.
        for i in indexes:                   # 모든 샘플에 대해 반복합니다.
            z = self.forpass(x[i])          # 정방향 계산
            a = self.activation(z)          # 활성화 함수 적용
            err = -(y[i] - a)               # 오차 계산
            w_grad, b_grad = self.backprop(x[i], err) # 역방향 계산
            self.w -= w_grad                # 가중치 업데이트
            self.b -= b_grad                # 절편 업데이트
            a = np.clip(a, 1e-10, 1-1e-10)  # 안전한 로그 계산을 위해 클리핑한 후 손실을 누적합니다.
            loss += -(y[i]*np.log(a)+(1-y[i])*np.log(1-a)) # 에포크마다 평균 손실을 저장합니다.
        self.losses.append(loss/len(y))
```

score( ) 메서드 추가하기

마지막으로 정확도를 계산해 주는 score( ) 메서드를 추가하고 predict( ) 메서드도 조금 수정하겠습니다. score( ) 메서드는 정확도를 직접 계산할 때 사용했던 np.mean( ) 함수를 사용합니다.

```
def predict(self, x):
    z = [self.forpass(x_i) for x_i in x]        # 정방향 계산
    return np.array(z) > 0                       # 계단 함수 적용

def score(self, x, y):
    return np.mean(self.predict(x) == y)
```

시그모이드 함수의 출력값은 0~1 사이의 확률값이고 양성 클래스를 판단하는 기준은 0.5 이상입니다. 그런데 z가 0보다 크면 시그모이드 함수의 출력값은 0.5보다 크고 z가 0보다 작으면 시그모이드 함수의 출력값은 0.5보다 작습니다. 그래서 predict( ) 메서드에는 굳이 시그모이드 함수를 사용하지 않아도 됩니다. z가 0보다 큰지, 작은지만 따지면 되기 때문이죠. 그래서 predict( ) 메서드에는 로지스틱 함수를 적용하지 않고 z 값의 크기만 비교하여 결과를 반환했습니다.

이제 단일층 신경망 클래스가 완성되었습니다. 전체 코드는 다음과 같습니다. 이 클래스를 위스콘신 유방암 데이터 세트에 적용해 보겠습니다.

```
class SingleLayer:

    def __init__(self):
        self.w = None
        self.b = None
        self.losses = []

    def forpass(self, x):
        z = np.sum(x * self.w) + self.b            # 직선 방정식을 계산합니다.
        return z

    def backprop(self, x, err):
        w_grad = x * err                           # 가중치에 대한 그레이디언트를 계산합니다.
        b_grad = 1 * err                           # 절편에 대한 그레이디언트를 계산합니다.
        return w_grad, b_grad

    def activation(self, z):
        z = np.clip(z, -100, None)                 # 안전한 np.exp( ) 계산을 위해
        a = 1 / (1 + np.exp(-z))                    # 시그모이드 계산
        return a

    def fit(self, x, y, epochs=100):
        self.w = np.ones(x.shape[1])               # 가중치를 초기화합니다.
```

```
        self.b = 0                                 # 절편을 초기화합니다.
        for i in range(epochs):                    # epochs만큼 반복합니다.
            loss = 0
            indexes = np.random.permutation(np.arange(len(x)))  # 인덱스를 섞습니다.
            for i in indexes:                      # 모든 샘플에 대해 반복합니다.
                z = self.forpass(x[i])             # 정방향 계산
                a = self.activation(z)             # 활성화 함수 적용
                err = -(y[i] - a)                  # 오차 계산
                w_grad, b_grad = self.backprop(x[i], err)  # 역방향 계산
                self.w -= w_grad                   # 가중치 업데이트
                self.b -= b_grad                   # 절편 업데이트
                a = np.clip(a, 1e-10, 1-1e-10)     # 안전한 로그 계산을 위해 클리핑한 후 손실을
                                                     누적합니다.
                loss += -(y[i]*np.log(a)+(1-y[i])*np.log(1-a))   # 에포크마다 평균 손실을
            self.losses.append(loss/len(y))                        저장합니다.

    def predict(self, x):
        z = [self.forpass(x_i) for x_i in x]       # 정방향 계산
        return np.array(z) > 0                     # 스텝 함수 적용

    def score(self, x, y):
        return np.mean(self.predict(x) == y)
```

단일층 신경망 훈련하기

1. 단일층 신경망 훈련하고 정확도 출력하기

이전과 마찬가지로 SingleLayer 객체를 만들고 훈련 세트(x_train, y_train)로 이 신경망을 훈련한 다음 score( ) 메서드로 정확도를 출력해 보겠습니다.

```
layer = SingleLayer( )
layer.fit(x_train, y_train)
layer.score(x_test, y_test)
0.9298245614035088
```

정확도가 훨씬 좋아졌네요! LogisticNeuron과 마찬가지로 fit( ) 메서드의 에포크(epochs) 매개변수의 기본값 100을 그대로 사용했는데도 이렇게 성능이 좋아진 이유는 무엇일까요? 에포크마다 훈련 세트를 무작위로 섞어 손실 함수의 값을 줄였기 때문입니다.

2. 손실 함수 누적값 확인하기

정말 그런지 손실 함수의 값을 확인해 볼까요? layer 객체의 losses 속성에 손실 함수의 결괏
값을 저장했으므로 이 값을 그래프로 그려 확인해 보겠습니다.

```
plt.plot(layer.losses)
plt.xlabel('epoch')
plt.ylabel('loss')
plt.show( )
```

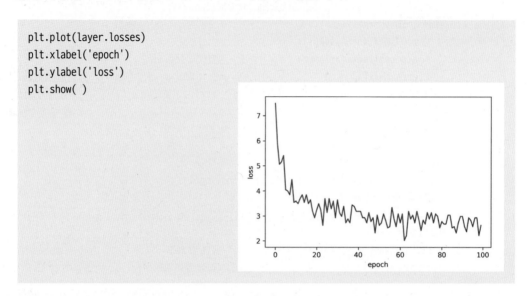

그래프를 그려보니 로지스틱 손실 함수의 값이 에포크가 진행됨에 따라 감소하고 있음을 확
인할 수 있습니다. 축하합니다! 성공적으로 가장 기초적인 신경망 알고리즘이 구현되었습니
다. 이 절에서 배운 것처럼 신경망 알고리즘은 로지스틱 회귀 알고리즘을 확장한 네트워크로
생각해도 좋습니다. 아직까지는 은닉층을 사용하지 않았기 때문에 이 단일층 신경망은 로지
스틱 회귀나 퍼셉트론 알고리즘과 매우 비슷합니다.

지금까지는 선형 회귀, 로지스틱 회귀 등 신경망 알고리즘들을 직접 구현했습니다. 하지만 사
이킷런에는 이런 알고리즘들이 미리 구현되어 있습니다. 사이킷런에 있는 SGDClassifier 클
래스를 사용해 보며 이 장을 마무리하겠습니다.

04-7 사이킷런으로 로지스틱 회귀를 수행합니다

사이킷런의 경사 하강법이 구현된 클래스는 SGDClassifier입니다. 이 클래스는 로지스틱 회귀 문제 외에도 여러 가지 문제에 경사 하강법을 적용할 수 있습니다. 여기서는 SGDClassifier 클래스를 통해 로지스틱 회귀 문제를 간단히 해결해 보 겠습니다.

◎ 회귀 문제에는 SGDRegressor를 사용 합니다.

사이킷런으로 경사 하강법 적용하기

1. 로지스틱 손실 함수 지정하기

SGDClassifier 클래스에 로지스틱 회귀를 적용하려면 loss 매개변수에 손실 함수로 log를 지정 합니다.

```
from sklearn.linear_model import SGDClassifier
sgd = SGDClassifier(loss='log', max_iter=100, tol=1e-3, random_state=42)
```

나머지 매개변수도 간단히 알아볼까요? max_iter를 통해 반복 횟수를 100으로 지정하고 반복 실행했을 때 결과를 동일하게 재현하기 위해 random_state를 통해 난수 초깃값을 42로 설정합니다. 반복할 때마다 로지스틱 손실 함수의 값이 tol에 지정한 값만큼 감소되지 않으면 반복을 중단하도록 설정합니다. 만약 tol의 값을 설정하지 않으면 max_iter의 값을 늘리라는 경고가 발생합니다. 이는 모델의 로지스틱 손실 함수의 값이 최적값으로 수렴할 정도로 충분한 반복 횟수를 입력했는지 사용자에게 알려주므로 유용합니다.

2. 사이킷런으로 훈련하고 평가하기

사이킷런의 SGDClassifier 클래스에는 지금까지 우리가 직접 구현한 메서드가 이미 준비되어 있습니다. 이름도 비슷하죠. 사이킷런의 fit( ) 메서드로 훈련하고 score( ) 메서드로 정확도를 계산하면 됩니다.

```
sgd.fit(x_train, y_train)
sgd.score(x_test, y_test)
0.8333333333333334
```

3. 사이킷런으로 예측하기

마찬가지로 SGDClassifier 클래스에는 예측을 위한 predict( ) 메서드도 구현되어 있습니다. 예시를 위해 테스트 세트에 대한 예측을 만들어보겠습니다. 이때 주의할 점은 사이킷런은 입력 데이터로 2차원 배열만 받아들입니다. 즉, 샘플 하나를 주입하더라도 2차원 배열로 만들어야 합니다. 여기서는 배열의 슬라이싱을 사용해 테스트 세트에서 10개의 샘플만 뽑아 예측을 만들어보겠습니다.

```
sgd.predict(x_test[0:10])
array([0, 1, 0, 0, 0, 0, 1, 0, 0, 0])
```

예측 결과와 실제 타깃이 잘 들어맞는지 여러분이 직접 비교해 보세요.

04장에서 꼭 기억해야 할 내용

이 장에서는 선형 회귀 알고리즘을 확장한 로지스틱 회귀를 배웠습니다. 두 알고리즘 모두 선형 함수를 사용합니다. 최적의 해를 찾는 방법은 여러 가지이지만 이전 장과 마찬가지로 경사 하강법을 사용했습니다. 로지스틱 회귀는 선형 함수의 결과를 로지스틱 함수를 통과시켜 0~1 사이의 값으로 압축합니다. 이를 확률로 해석하고 원하는 타깃에 맞도록 훈련했습니다.

기억 카드 01 | 분

이것은 머신러닝의 알고리즘 중 하나이며, 값을 예측하는 회귀와 달리 타깃의 여러 항목 중 하나를 고르는 문제에 적용합니다. 이 알고리즘이 해결하는 문제에서 타깃에 나타날 수 있는 범주를 클래스라고 부릅니다.

기억 카드 02 | 퍼

이것은 1957년 프랑크 로젠블라트가 만든 알고리즘으로, 로지스틱 회귀와 신경망 알고리즘의 기반이 됩니다. 이 알고리즘은 선형 함수의 결괏값에 계단 함수를 적용하여 2개의 클래스 중 하나를 고릅니다. 모델의 가중치 조정에는 계단 함수를 통과한 결괏값을 사용합니다.

기억 카드 03 | 활

이것은 로지스틱 회귀가 선형 함수의 결과를 확률로 바꾸기 위해 사용하는 시그모이드 함수와 같은 함수들을 말합니다. 이 함수를 사용하지 않으면 신경망의 각 층에서 수행되는 계산이 또 다른 선형 함수가 되므로 비선형 문제를 해결하기 위해서는 이 함수가 필요합니다.

115

05

훈련 노하우를 배웁니다

03장과 04장을 통해 공부한 내용은 딥러닝을 위한 핵심 알고리즘입니다. 이제는 알고리즘이 아니라 '훈련 노하우'를 공부해 보겠습니다. 여기에서 말하는 '훈련 노하우'란 모델을 안정적으로 훈련하기 위해 필요한 기법들을 말하며 모든 신경망과 머신러닝 알고리즘을 다룰 때 반드시 알아야 하는 내용입니다.

05-1 검증 세트를 나누고 전처리 과정을 배웁니다

04장에서 위스콘신 유방암 데이터 세트를 두 덩어리로 나눈 '훈련 세트'와 '테스트 세트'를 준
비했습니다. 훈련 세트는 fit( ) 메서드에 전달되어 모델을 훈련하는 데 사용하였고, 테스트
세트는 score( ) 메서드에 전달해 모델의 성능을 평가했죠. 여기서는 '테스트 세트'의 사용 방
법에 대해 조금 더 깊이 알아보려 합니다. 목표는 '어느 데이터 세트에만 치우친 모델을 만들
지 않는 것'입니다. 그럼 시작해 보겠습니다.

테스트 세트로 모델을 튜닝합니다

04장 마지막에서는 사이킷런의 SGDClassifier 클래스를 이용하여 로지스틱 회귀 문제에 경
사 하강법을 적용했습니다. 이때 loss 매개변수의 값을 log로 지정하여 로지스틱 손실 함수를
손실 함수로 지정했습니다.

로지스틱 회귀로 모델 훈련하고 평가하기

04장에서 했던 것처럼 cancer 데이터 세트를 읽어 들여 훈련 세트와 테스트 세트로 나눕니다.

```
from sklearn.datasets import load_breast_cancer
from sklearn.model_selection import train_test_split
cancer = load_breast_cancer( )
x = cancer.data
y = cancer.target
x_train_all, x_test, y_train_all, y_test = train_test_split(x, y, stratify=y,
                                               test_size=0.2, random_state=42)
```

그런 다음 SGDClassifier 클래스를 이용하여 로지스틱 회귀 모델을 훈련해 보겠습니다. fit( )
메서드에 x_train_all, y_train_all을 전달하여 모델을 훈련합니다. 그리고 score( ) 메서드
에 x_test, y_test를 전달하여 성능을 평가해 보겠습니다.

```
from sklearn.linear_model import SGDClassifier
sgd = SGDClassifier(loss='log', random_state=42)
sgd.fit(x_train_all, y_train_all)
sgd.score(x_test, y_test)
0.8333333333333334
```

테스트 세트에서 정확도는 약 83%입니다. 이 성능이 만족스럽지 않다면 다른 손실 함수를 사용해도 됩니다. 그런데 loss와 같은 매개변수의 값은 가중치나 절편처럼 알아서 학습되는 것이 아닙니다. 즉, 사용자가 직접 선택해야 합니다. 이런 값을 특별히 하이퍼파라미터(hyperparameter)라고 부릅니다. loss의 값을 바꾸면 성능이 정말 좋아지는지 확인해 보겠습니다.

서포트 벡터 머신으로 모델 훈련하고 평가하기

SGDClassifier 클래스의 loss 매개변수를 log에서 hinge로 바꾸면 선형 서포트 벡터 머신 (Support Vector Machine; SVM) 문제를 푸는 모델이 만들어집니다. 여기서 SVM이란 '훈련 데이터의 클래스를 구분하는 경계선을 찾는 작업' 정도로 이해하고 넘어가세요. ⓒ SVM이 무엇인지 자세히 설명하는 것은 이 책의 범위를 넘어서므로 간단히 설명했습니다.

```
from sklearn.linear_model import SGDClassifier
sgd = SGDClassifier(loss='hinge', random_state=42)
sgd.fit(x_train_all, y_train_all)
sgd.score(x_test, y_test)
0.9385964912280702
```

성능 평가 결과를 보니 93%입니다. 로지스틱 회귀로 만든 모델의 성능보다 더 좋아졌네요. 성능이 만족스럽지 않을 경우 이렇게 loss 매개변수에 다른 값을 적용했듯이 SGDClassifier 클래스의 다른 매개변수들을 바꿔보면 됩니다. 그리고 이런 작업을 '모델을 튜닝한다'고 합니다. 앞으로 '모델을 튜닝한다'라는 말을 많이 사용할 것입니다. 모델을 튜닝하여 테스트 세트에 대해 좋은 성능을 내는 모델을 만들어보았습니다. 그런데 이 모델은 실전에서 좋은 성능을 내지 못할 확률이 높습니다. 왜 그럴까요? 지금부터 그 이유에 대해 알아봅시다.

테스트 세트로 모델을 튜닝하면 실전에서 좋은 성능을 기대하기 어렵습니다

테스트 세트는 실전에 투입된 모델의 성능을 측정하기 위해 사용합니다. 그런데 테스트 세트로 모델을 튜닝하면 '테스트 세트에 대해서만 좋은 성능을 보여주는 모델'이 만들어집니다.

예를 들면 아이에게 덧셈 문제의 답안지를 외우게 한 것과 비슷합니다.

덧셈 문제 시험지

$1+1=2$

$7+3=10$

$5+3=8$

$4+2=6$

위의 시험지에 익숙해진 아이에게 같은 시험지를 주면 잘 풀 것입니다. 그런데 만약 문제를 바꾸면 어떻게 될까요? 아마 문제를 잘 풀지 못하겠죠. 테스트 세트로 튜닝한 모델도 마찬가지입니다. 테스트 세트에 대해서만 좋은 성능을 낼 수 있도록 모델을 튜닝하면 실전에서 같은 성능을 기대하기 어렵습니다. 이런 현상을 '테스트 세트의 정보가 모델에 새어 나갔다'라고 말합니다. 정리하면 테스트 세트로 모델을 튜닝하면 테스트 세트의 정보가 모델에 새어 나가므로 모델의 일반화 성능(generalization performance)이 왜곡됩니다.

ⓒ 머신러닝 분야에서는 낙관적으로 성능을 추정한다고도 말합니다.

검증 세트를 준비합니다

그럼 어떻게 해야 할까요? 모델을 튜닝할 때 테스트 세트를 사용하지 않으면 됩니다. 하지만 모델을 튜닝하려면 성능 점수가 필요합니다. 그러면 어떻게 해야 할까요? 테스트 세트는 모델 튜닝을 모두 마치고 실전에 투입하기 전에 딱 한 번만 사용하는 것이 좋습니다. 즉, 모델 튜닝을 위한 세트는 따로 준비해야 합니다. 모델을 튜닝하는 용도의 세트는 검증 세트(validation set)라고 하며 훈련 세트를 조금 떼어 만듭니다. 다음은 훈련 세트와 검증 세트 그리고 테스트 세트의 비율을 나타낸 그림입니다. 훈련 세트의 비중이 80%에서 60%로 줄어들고 검증 세트에 20%를 할당했습니다.

ⓒ 검증 세트는 개발 세트(dev set)라고도 부릅니다.

전체 데이터 세트를 훈련, 검증, 테스트 세트로 나누고 SGDClassifier 클래스로 만든 모델을 훈련해 보겠습니다. 여기서는 검증 세트로 간단히 훈련만 하고 이후 천천히 튜닝도 진행할 것입니다.

검증 세트를 위해 훈련 세트를 줄이면 학습을 위한 훈련 데이터가 부족할 수도 있겠지요. 이에 대한 해결 방법은 나중에 다시 설명하겠습니다.

1. 데이터 세트 준비하기

이번에도 위스콘신 유방암 데이터를 사용합니다.

```
from sklearn.datasets import load_breast_cancer
from sklearn.model_selection import train_test_split
cancer = load_breast_cancer( )
x = cancer.data
y = cancer.target
x_train_all, x_test, y_train_all, y_test = train_test_split(x, y, stratify=y,
                                           test_size=0.2, random_state=42)
```

2. 검증 세트 분할하기

앞에서 훈련, 검증, 테스트 세트는 6:2:2 정도로 분할한다고 했습니다. 하지만 실제 분할 작업은 처음부터 6:2:2 비율로 나누는 것이 아니라 전체 데이터 세트를 8:2로 나누어 훈련 세트와 테스트 세트를 만들고 다시 훈련 세트를 8:2로 나누어 훈련 세트와 검증 세트를 만듭니다(전체 데이터가 100이면 64:20:16으로 나눕니다). 과정 1에서 이미 전체 데이터 세트를 8:2로 나누었으니 훈련 세트를 다시 8:2로 나누면 됩니다.

```
x_train, x_val, y_train, y_val = train_test_split(x_train_all, y_train_all,
stratify=y_train_all, test_size=0.2, random_state=42)
print(len(x_train), len(x_val))
364 91
```

455개의 훈련 세트가 8:2 비율로 나누어져 훈련 세트(x_train)는 364개, 검증 세트(x_val)는 91개가 되었습니다.

3. 검증 세트 사용해 모델 평가하기

검증 세트로 모델을 평가해 보겠습니다. 결과를 보니 앞의 실습에서 얻은 평가 점수보다 조금 낮아졌습니다. 왜 그럴까요? 훈련 세트의 크기가 줄어들었기 때문입니다.

```
sgd = SGDClassifier(loss='log', random_state=42)
sgd.fit(x_train, y_train)
sgd.score(x_val, y_val)
0.6923076923076923
```

사실 위스콘신 유방암 데이터 세트의 샘플 개수는 적은 편입니다. 데이터 양이 적으니 검증 세트의 비율이나 random_state 매개변수의 값을 조금만 조절해도 성능 평가 점수가 크게 변하는 것이죠. 데이터 양이 너무 적은 경우에는 검증 세트를 나누지 않고 교차 검증(cross validation)이라는 방법을 사용하기도 합니다. 하지만 요즘은 대량의 훈련 데이터를 손쉽게 모을 수 있습니다. 일반적으로 10만 개 정도의 데이터가 있다면 8:1:1 정도로 분할합니다. 딥러닝은 이보다 더 많은 데이터를 사용하는 경우도 많습니다. 100만 개 이상의 데이터는 98:1:1 정도의 비율로 샘플을 나눕니다. 일반적으로 검증과 테스트 세트의 샘플 수를 1만 개 이상 확보할 수 있다면 훈련 세트에 많은 샘플을 할당하는 것이 좋습니다. 비록 성능은 낮아졌지만 검증 세트가 잘 준비되었네요. 여기서 잠깐 언급한 교차 검증에 대해서는 05-4절에서 자세히 설명하겠습니다.

데이터 전처리와 특성의 스케일을 알아봅니다

사이킷런과 같은 머신러닝 패키지에 준비되어 있는 데이터는 대부분 실습을 위한 것이므로 잘 가공되어 있습니다. 하지만 실전에서 수집된 데이터는 그렇지 않습니다. 누락된 값이 있을 수도 있고 데이터의 형태가 균일하지 않을 수도 있습니다. 이런 데이터들을 그대로 사용하면 제대로 된 결과를 얻을 수 없겠죠. 이런 경우 데이터를 적절히 가공하는 '데이터 전처리(data preprocessing)' 과정이 필요합니다. 이번에는 데이터 전처리에 대해 알아보겠습니다.

특성의 스케일은 알고리즘에 영향을 줍니다

아쉽게도 이 책에서는 제대로 가공되지 않은 데이터를 다루지 않습니다. 다만 잘 정리된 데이터도 전처리를 해야 하는 경우가 있는데, 이는 특성의 스케일(scale)이 다른 경우입니다. 특성의 스케일이란 어떤 특성이 가지고 있는 값의 범위를 말합니다. 예를 들면 다음과 같은 데이터는 형태도 균일하고 누락된 값도 없습니다. 하지만 특성의 스케일(값의 범위)이 다릅니다.

	당도	무게
사과 1	4	540
사과 2	8	700
사과 3	2	480

위의 표를 보면 사과의 당도 범위는 1~10이고 사과의 무게 범위는 500~1,000입니다. 바로 이런 경우 '두 특성의 스케일 차이가 크다'라고 말합니다. 어떤 알고리즘들은 스케일에 민감하여 모델의 성능에 영향을 주는데, 이 책에서 소개하는 신경망 알고리즘들은 모두 경사 하강법을 사용합니다. 경사 하강법은 스케일에 민감한 알고리즘이므로 특성의 스케일을 맞추는 등의 전처리를 해야 합니다. 이때 특성의 스케일을 전처리하는 것을 '스케일을 조정한다'라고 표현합니다. 그러면 특성의 스케일을 조정하면 어떤 이점이 있을까요? 다음 실습을 통해 천천히 알아봅시다.

스케일을 조정하지 않고 모델을 훈련해 볼까요?

지금부터는 특성의 스케일이 서로 다른 데이터를 이용하여 모델을 훈련하면 가중치가 어떻게 변하는지 살펴보겠습니다.

1. 훈련 데이터 준비하고 스케일 비교하기

이 실습에서는 위스콘신 유방암 데이터와 04장에서 만든 단일층 신경망 모델을 사용합니다. 특성의 스케일을 비교해야 하므로 유방암 데이터의 mean perimeter와 mean area 특성을 가져왔습니다. 그런 다음 박스 플롯을 그려서 두 특성의 스케일을 확인해 보겠습니다.

```
print(cancer.feature_names[[2,3]])
plt.boxplot(x_train[:, 2:4])
plt.xlabel('feature')
plt.ylabel('value')
plt.show( )
['mean perimeter' 'mean area']
```

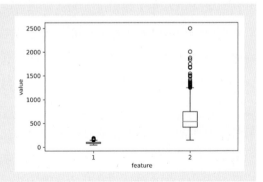

그래프로 보니 두 특성의 스케일은 차이가 큽니다. mean perimeter는 주로 100~200 사이에 값들이 위치한 반면에 mean area는 200~2,000 사이에 값들이 집중되어 있습니다. 이렇게 스케일이 다른 두 특성에 경사 하강법 알고리즘을 적용하면 가중치가 어떻게 변할까요?

2. 가중치를 기록할 변수와 학습률 파라미터 추가하기

SingleLayer 클래스에 인스턴스 변수를 추가하여 에포크마다 가중치의 값을 저장하여 가중치의 변화를 관찰할 때 사용하겠습니다. 또 학습률이라는 개념도 도입하겠습니다. 먼저 init( ) 메서드에서 인스턴스 변수 w_history를 만들고 학습률 파라미터 learning_rate를 추가합니다.

```python
def __init__(self, learning_rate=0.1):
    self.w = None
    self.b = None
    self.losses = []
    self.w_history = []
    self.lr = learning_rate
```

learning_rate는 하이퍼파라미터이며 변수 이름 그대로 '학습률'을 의미하는데, 이 값으로 가중치의 업데이트 양을 조절할 것입니다. 일반적으로 손실 함수는 복잡한 굴곡을 가진 다차원 공간의 초평면(hyperplane)입니다. 만약 가중치를 큰 폭으로 업데이트하여 손실 함수가 최소가 될 수 있는 지점인 전역 최솟값을 지나쳐 버리게 되면 최적의 해(최적의 가중치와 절편)를 구할 수 없습니다. 따라서 전역 최솟값을 놓치지 않도록 가중치의 업데이트 양을 조절할 필요가 있습니다. 다음 그림을 보면 학습률에 따라 손실 함수의 값이 어떻게 변하는지 알 수 있습니다.

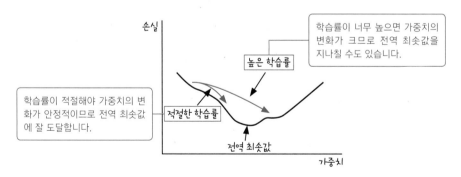

위 그림을 보면 높은 학습률을 적용한 모델은 가중치가 큰 폭으로 업데이트되어 전역 최솟값을 그냥 지나쳐버렸음을 한눈에 알 수 있습니다. 반대로 적절한 학습률을 적용한 모델은 가중치가 적절한 폭으로 업데이트되므로 천천히 전역 최솟값을 찾습니다. 이때 위의 그림을 보고

'손실 함수의 표면을 천천히 이동하며 전역 최솟값을 찾는다'라고 말하기도 합니다. 주어진 문제마다 적절한 학습률은 다르지만 보통 0.001, 0.01 등의 로그 스케일로 학습률을 지정하여 테스트합니다.

3. 가중치 기록하고 업데이트 양 조절하기

이제 fit( ) 메서드에서 가중치가 바뀔 때마다 w_history 리스트에 가중치를 기록하겠습니다. 넘파이 배열을 리스트에 추가하면 실제 값이 복사되는 것이 아니라 배열을 참조하기 때문에 가중치 변수 self.w의 값이 바뀔 때마다 그 값을 복사하여 w_history 리스트에 추가해야 합니다. 또 w_grad에 학습률 self.lr을 곱하는 연산이 추가되어 가중치 업데이트 양을 조절합니다.

```python
def fit(self, x, y, epochs=100):
    self.w = np.ones(x.shape[1])          # 가중치를 초기화합니다.
    self.b = 0                            # 절편을 초기화합니다.
    self.w_history.append(self.w.copy( )) # 가중치를 기록합니다.
    np.random.seed(42)                    # 무작위로 시드를 지정합니다.
    for i in range(epochs):               # epochs만큼 반복합니다.
        loss = 0
        # 인덱스를 섞습니다.
        indexes = np.random.permutation(np.arange(len(x)))
        for i in indexes:                 # 모든 샘플에 대해 반복합니다.
            z = self.forpass(x[i])        # 정방향 계산
            a = self.activation(z)        # 활성화 함수 적용
            err = -(y[i] - a)             # 오차 계산
            w_grad, b_grad = self.backprop(x[i], err) # 역방향 계산
            self.w -= self.lr * w_grad    # 가중치 업데이트(학습률 적용)
            self.b -= self.lr * b_grad    # 절편 업데이트
            # 가중치를 기록합니다.
            self.w_history.append(self.w.copy( ))
            # 안전한 로그 계산을 위해 클리핑한 후 손실을 누적합니다.
            a = np.clip(a, 1e-10, 1-1e-10)
            loss += -(y[i]*np.log(a)+(1-y[i])*np.log(1-a))
        # 에포크마다 평균 손실을 저장합니다.
        self.losses.append(loss/len(y))
```

4. 모델 훈련하고 평가하기

이제 스케일을 조정하지 않은 훈련 세트를 사용하여 모델을 훈련하고 모델의 성능 점수를 확인해 보겠습니다. 성능 점수를 보니 약 91%의 정확도를 보이고 있네요.

```
layer1 = SingleLayer( )
layer1.fit(x_train, y_train)
layer1.score(x_val, y_val)
0.9120879120879121
```

5. layer1 객체의 인스턴스 변수 **w_history**에는 100번의 에포크 동안 변경된 가중치가 모두 기록되어 있습니다. 이때 세 번째, 네 번째 요소(w[2], w[3])는 각각 mean perimeter와 mean area 특성에 대한 가중치입니다. 이 요소로 그래프를 그려보겠습니다. 또 최종으로 결정된 가중치는 점으로 표시하겠습니다.

```
w2 = []
w3 = []
for w in layer1.w_history:
    w2.append(w[2])
    w3.append(w[3])
plt.plot(w2, w3)
plt.plot(w2[-1], w3[-1], 'ro')
plt.xlabel('w[2]')
plt.ylabel('w[3]')
plt.show( )
```

그래프를 보면 mean perimeter에 비해 mean area의 스케일이 크므로 w3 값이 학습 과정에서 큰 폭으로 흔들리며 변화하고 있습니다. 반면에 w2 값은 0부터 시작하여 조금씩 최적값에 가까워집니다. 이 그래프의 현상을 'w3에 대한 그레이디언트가 크기 때문에 w3 축을 따라 가중치가 크게 요동치고 있다'라고 말합니다. 즉, 가중치의 최적값에 도달하는 동안 w3 값이 크게 요동치므로 모델이 불안정하게 수렴한다는 것을 알 수 있습니다. 이런 현상을 어떻게 줄일 수 있을까요? 바로 스케일을 조정하면 됩니다.

스케일을 조정해 모델을 훈련합니다

스케일을 조정하는 방법은 많지만 신경망에서 자주 사용하는 스케일 조정 방법 중 하나는 표준화(standardization)입니다. 표준화는 특성값에서 평균을 빼고 표준 편차로 나누면 됩니다. 표준화를 하면 평균이 0이고 분산이 1인 특성이 만들어지죠. 표준화 공식은 다음과 같습니다.

$$z = \frac{x - \mu}{s}$$

리키의 팁 메모 | **표준 편차의 공식이 궁금해요**

표준 편차(standard deviation)는 데이터가 얼마나 흩어져 있는지를 나타내는 지표로, 분산(variance)의 제곱근입니다. 표준 편차의 공식은 다음과 같습니다.

$$s = \sqrt{\frac{1}{m} \sum_{i=0}^{m} (x_i - \mu)^2}$$

여기에서 m은 샘플의 수이고 μ는 평균입니다.

사이킷런에는 표준화를 위한 StandardScaler 클래스가 준비되어 있지만 여기서는 학습을 위해 직접 표준화를 구현해 보겠습니다.

1. 넘파이로 표준화 구현하기

넘파이의 mean( ), std( ) 함수를 사용하여 평균과 표준 편차를 계산하면 표준화를 쉽게 구현할 수 있습니다. 표준화를 구현한 다음에는 특성별로 스케일을 조정합니다. mean( )과 std( ) 함수의 **axis** 매개변수를 0으로 지정하면 2차원 배열의 열을 기준으로 통계치를 계산하여 하나의 행 벡터로 반환해 줍니다. 그런 다음 훈련 세트 x_train에서 평균을 빼고 표준 편차로 나누면 됩니다. ☺ 넘파이 브로드캐스팅으로 모든 원소에 산술 연산이 적용됩니다.

```
train_mean = np.mean(x_train, axis=0)
train_std = np.std(x_train, axis=0)
x_train_scaled = (x_train - train_mean) / train_std
```

2. 모델 훈련하기

이제 스케일을 조정한 데이터 세트로 단일층 신경망을 다시 훈련시키고 가중치를 그래프로 그려보겠습니다.

```
layer2 = SingleLayer( )
layer2.fit(x_train_scaled, y_train)
w2 = []
w3 = []
for w in layer2.w_history:
    w2.append(w[2])
    w3.append(w[3])
plt.plot(w2, w3)
plt.plot(w2[-1], w3[-1], 'ro')
```

```
plt.xlabel('w[2]')
plt.ylabel('w[3]')
plt.show( )
```

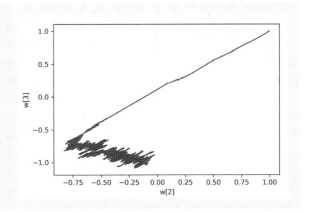

이전 그래프와는 확실히 다른 결과를 보여줍니다. w2와 w3의 변화 비율이 비슷하기 때문에 대각선 방향으로 가중치가 이동되었습니다. 또한 두 특성의 스케일을 비슷하게 맞추었으므로 최적값에 빠르게 근접하고 있음을 알 수 있습니다. 이처럼 경사 하강법에서는 서로 다른 특성의 스케일을 맞추는 것이 아주 중요합니다. 이제 검증 세트를 통해 이 모델을 평가해 보겠습니다.

3. 모델 성능 평가하기

검증 세트에서 모델의 성능을 평가해 보겠습니다.

```
layer2.score(x_val, y_val)
0.37362637362637363
```

4. 앗! 성능이 매우 좋지 않네요. 무슨 일이 일어난 것일까요? 이 모델은 훈련 세트와 검증 세트의 스케일이 비슷할 것이라고 기대합니다. 하지만 검증 세트의 스케일을 바꾸지 않았기 때문에 성능이 좋지 않은 것입니다. 검증 세트도 표준화 전처리를 적용해 보겠습니다.

```
val_mean = np.mean(x_val, axis=0)
val_std = np.std(x_val, axis=0)
x_val_scaled = (x_val - val_mean) / val_std
layer2.score(x_val_scaled, y_val)
0.967032967032967
```

검증 세트에 대한 정확도가 약 96%입니다. 나쁘지 않네요. 하지만 여기에는 아직 여러분이 조심해야 할 교묘한 함정이 숨어 있습니다. 계속해서 그 함정을 파헤쳐봅시다.

스케일을 조정한 다음에 실수하기 쉬운 함정을 알아봅니다

앞에서 언급한 함정이란 '훈련 세트와 검증 세트가 다른 비율로 스케일이 조정된 경우'를 말합니다. 이해를 돕기 위해 원본 훈련 세트와 검증 세트, 전처리된 훈련 세트와 검증 세트에서 데이터를 50개씩 뽑아 산점도를 그린 다음 산점도를 비교해 보며 이 함정에 대해 설명하겠습니다.

1. 원본 훈련 세트와 검증 세트로 산점도 그리기

다음은 원본 훈련 세트와 검증 세트로 산점도를 그린 것입니다. 여러분의 **화면으로 볼 때 파란** **점이 훈련 세트이고 빨간 점이 검증 세트입니다.**

```
plt.plot(x_train[:50, 0], x_train[:50, 1], 'bo')
plt.plot(x_val[:50, 0], x_val[:50, 1], 'ro')
plt.xlabel('feature 1')
plt.ylabel('feature 2')
plt.legend(['train set', 'val. set'])
plt.show( )
```

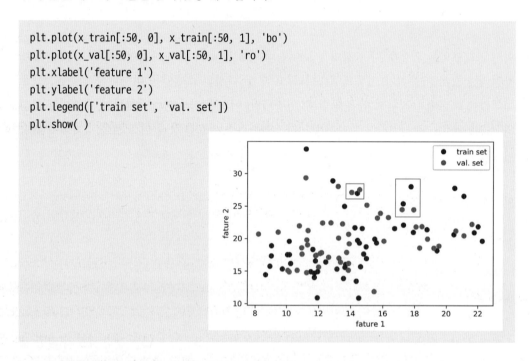

2. 전처리한 훈련 세트와 검증 세트로 산점도 그리기

이어서 전처리한 훈련 세트와 검증 세트로 산점도를 그립니다.

```
plt.plot(x_train_scaled[:50, 0], x_train_scaled[:50, 1], 'bo')
plt.plot(x_val_scaled[:50, 0], x_val_scaled[:50, 1], 'ro')
plt.xlabel('fature 1')
plt.ylabel('fature 2')
plt.legend(['train set', 'val. set'])
plt.show( )
```

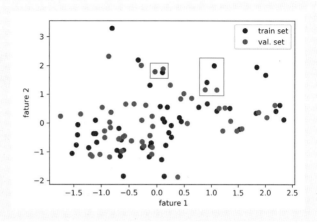

과정 **1**과 그의 산점도를 자세히 비교해 보면 조금 미세하지만 훈련 세트와 검증 세트가 각각 다른 비율로 변환되었음을 알 수 있습니다(박스로 표시한 지점을 자세히 살펴보세요). 즉, 원본 훈련 세트와 검증 세트의 점과 점 사이의 거리가 변환된 이후에 그대로 유지되지 않았습니다. 데이터를 제대로 전처리했다면(스케일을 조정했다면) 훈련 세트와 검증 세트의 거리가 그대로 유지되어야 합니다. 점과 점 사이의 거리가 달라진 이유는 훈련 세트와 검증 세트를 각각 다른 비율로 전처리했기 때문입니다.

3. 올바르게 검증 세트 전처리하기

검증 세트의 스케일이 훈련 세트의 스케일과 다른 비율로 조정되면 모델에 적용된 알고리즘들이 검증 세트의 샘플 데이터를 잘못 인식합니다. 따라서 검증 세트를 훈련 세트와 같은 비율로 전처리해야 합니다. 테스트 세트와 모델을 실전에 투입하여 새로운 샘플을 처리할 때도 마찬가지입니다. 실전에서는 샘플 하나에 대한 예측값을 만들기 때문에 전처리를 위해 평균이나 표준 편차를 계산할 수도 없습니다. 어떻게 하면 훈련 세트와 같은 비율로 검증 세트를 변환할 수 있을까요? 바로 훈련 세트의 평균, 표준 편차를 사용하여 검증 세트를 변환하면 됩니다.

```
x_val_scaled = (x_val - train_mean) / train_std
plt.plot(x_train_scaled[:50, 0], x_train_scaled[:50, 1], 'bo')
plt.plot(x_val_scaled[:50, 0], x_val_scaled[:50, 1], 'ro')
plt.xlabel('feature 1')
plt.ylabel('feature 2')
plt.legend(['train set', 'val. set'])
plt.show( )
```

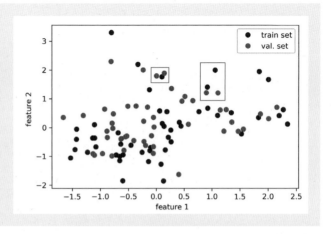

이제 원본 데이터의 산점도와 스케일 조정 이후의 산점도가 같아졌습니다. 즉, 검증 세트와 훈련 세트가 동일한 비율로 변환되었습니다.

4. 모델 평가하기

이 검증 세트로 모델의 성능을 평가해 보겠습니다. 이 예제에서 사용하는 위스콘신 유방암 데이터 세트는 크지 않기 때문에 검증 세트를 전처리하기 전과 후의 성능이 동일합니다. 즉, 동일한 개수의 샘플을 올바르게 예측했습니다. 만약 검증 세트가 클 경우 성능에 차이가 나타날 수 있습니다.

```
layer2.score(x_val_scaled, y_val)
0.967032967032967
```

지금까지 검증 세트와 전처리의 필요성에 대해 알아보았습니다. 실전에 투입될 새로운 데이터에도 같은 전처리를 적용해야 한다는 것도 알았습니다. 계속해서 훈련 세트, 검증 세트와 깊은 연관이 있는 과대적합과 과소적합에 대해 알아보겠습니다.

✏️ **잠깐! 다음으로 넘어가려면**

☑ 모델을 튜닝하려면 테스트 세트 대신 검증 세트를 사용합니다.
☐ 데이터를 전처리할 때 훈련 세트의 통계값으로 검증 세트와 테스트 세트를 변환해야 합니다.

05-2 과대적합과 과소적합을 알아봅니다

여기서는 훈련 세트와 검증 세트에 대한 모델의 성능에 대해 조금 더 깊이 고찰해 보겠습니다. 훈련 세트와 검증 세트는 모델의 과대적합(overfitting), 과소적합(underfitting)이라는 문제와 깊은 연관이 있습니다. 과대적합, 과소적합이란 무엇일까요?

학습 곡선을 통해 과대적합과 과소적합을 알아봅니다

과대적합이란 모델이 훈련 세트에서는 좋은 성능을 내지만 검증 세트에서는 낮은 성능을 내는 경우를 말합니다. 구체적인 예로 분류 문제에서 훈련 세트의 정확도가 99%이고 검증 세트의 정확도가 80% 수준이라면 과대적합을 의심할 수 있습니다. 반면에 과소적합은 훈련 세트와 검증 세트의 성능에는 차이가 크지 않지만 모두 낮은 성능을 내는 경우입니다.

훈련 세트의 크기와 과대적합, 과소적합 분석하기

훈련 세트의 크기에 따라 과대적합과 과소적합이 어떻게 나타나는지 그래프를 통해 알아보겠습니다. 다음과 같은 그래프를 학습 곡선(learning curve)이라고 부릅니다.

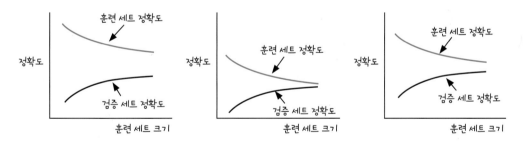

첫 번째 학습 곡선은 과대적합의 전형적인 모습입니다. 훈련 세트와 검증 세트에서 측정한 성능의 간격이 큽니다. 그래서 과대적합된 모델을 '분산이 크다(high variance)'라고도 말합니다. 과대적합의 주요 원인 중 하나는 훈련 세트에 충분히 다양한 패턴의 샘플이 포함되지 않은 경우입니다. 훈련 세트에 다양한 패턴의 샘플이 없으니 검증 세트에 제대로 적응하지 못한 것입니다. 이런 경우에는 더 많은 훈련 샘플을 모아 검증 세트의 성능을 향상시킬 수 있습니다. 현실적인 한계로 훈련 샘플을 더 많이 모을 수 없는 경우도 있습니다. 이런 경우에는 모델이 훈련 세트에 집착하지 않도록 가중치를 제한할 수 있습니다. 이를 '모델의 복잡도를 낮춘다'라고 말하기도 합니다. 가중치를 제한하여 모델의 복잡도를 낮추는 방법은 05-3절에서 알아볼 것이므로 지금은 과대적합과 과소적합의 현상만 살펴보겠습니다. 두 번째 학습 곡선은 전형적인 과소적합의 모습입니다. 훈련 세트와 검증 세트에서 측정한 성능의 간격은 점점 가까워지지만 성능 자체가 낮습니다. 그래서 과소적합된 모델을 '편향이 크다(high bias)'라고도 말합니다. 과소적합은 모델이 충분히 복잡하지 않아 훈련 데이터에 있는 패턴을 모두 잡아내지 못하는 현상입니다. 과소적합을 해결하는 대표적인 방법은 복잡도가 더 높은 모델을 사용하거나 가중치의 규제를 완화하는 것입니다. 마지막으로 세 번째 학습 곡선은 과대적합과 과소적합 사이에서 절충점을 찾은 모습입니다.

에포크와 손실 함수의 그래프로 과대적합과 과소적합 분석하기

04장에서 살펴본 에포크에 대한 손실 함수의 그래프를 사용하여 과대적합과 과소적합을 분석하기도 합니다. 그래서 에포크에 대한 손실 함수의 그래프를 학습 곡선이라고 부르는 경우도 종종 있습니다. 다음은 에포크와 손실 함수에 대한 그래프와 에포크와 정확도에 대한 그래프입니다. 이 그래프를 통해 과대적합과 과소적합을 분석해 봅시다.

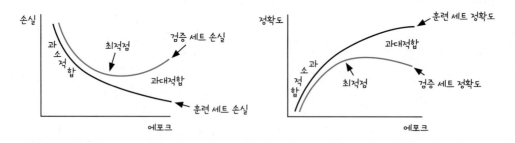

위의 왼쪽 그래프는 검증 세트의 손실과 훈련 세트의 손실을 나타낸 것입니다. 훈련 세트의 손실은 에포크가 진행될수록 감소하지만 검증 세트의 손실은 에포크의 횟수가 최적점을 지나면 오히려 상승합니다. 최적점 이후에도 계속해서 훈련 세트로 모델을 학습시키면 모델이 훈련 세트의 샘플에 더 밀착하여 학습하기 때문입니다. 즉, 모델이 과대적합되기 시작합니다. 반대로 최적점 이전에는 훈련 세트와 검증 세트의 손실이 비슷한 간격을 유지하면서 함께 줄어드는데, 이 영역에서 학습을 중지하면 과소적합된 모델이 만들어집니다. 오른쪽 그래프는 세로 축에 손실 대신 정확도를 사용했습니다. 왼쪽 그래프와 비교해 보면 그래프가 뒤집혔을 뿐 해석은 동일함을 알 수 있습니다.

모델 복잡도와 손실 함수의 그래프로 과대적합과 과소적합 분석하기

그리고 가끔 가로 축에 에포크 대신 모델 복잡도를 넣어 그래프를 표현하기도 합니다.

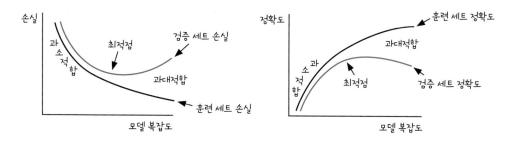

모델 복잡도란 모델이 가진 학습 가능한 가중치 개수를 말하는데, 층의 개수나 유닛의 개수가 많아지면 복잡도가 높은 모델이 만들어집니다. 모델이 복잡해지면 무조건 좋을 것 같지만 실제로는 그렇지 않습니다. 예를 들어 모델이 훈련 세트에만 잘 맞는 형태로 만들어지면 훈련 세트에서만 좋은 성능을 내기 때문입니다. 과대적합이 바로 그런 경우입니다.

여기에서는 과대적합과 과소적합에 대한 개념을 다양한 학습 곡선을 통해 설명했습니다. 위 내용을 바탕으로 좋은 성능을 내는 모델을 만들기 위해서는 여러 조건이 필요하다는 것을 알 수 있습니다. 지금은 훈련 세트의 크기나 모델의 복잡도를 변화시키기 어려우므로 적절한 에포크 횟수를 찾아보겠습니다.

적절한 편향-분산 트레이드오프를 선택합니다

앞에서 과소적합된 모델은 '편향되었다'라고 하고 과대적합된 모델은 '분산이 크다'라고 한다고 했습니다. 과소적합된 모델(편향)과 과대적합된 모델(분산) 사이의 관계를 편향-분산 트레이드오프(bias-variance tradeoff)라고 합니다. 트레이드오프라는 말이 들어간 이유는 '하나를 얻기 위해서는 다른 하나를 희생해야 하기 때문'입니다. 즉, 편향-분산 트레이드오프란 편향을 줄이면(훈련 세트의 성능을 높이면) 분산이 커지고(검증 세트와 성능 차이가 커지고) 반대로 분산을 줄이면(검증 세트와 성능 차이를 줄이면) 편향이 커지는(훈련 세트의 성능이 낮아진다는) 것을 말합니다. 따라서 우리는 분산이나 편향이 너무 커지지 않도록 적절한 중간 지점을 선택해야 합니다. 그리고 이런 행위를 '적절한 편향-분산 트레이드오프를 선택했다'라고 합니다. 여기서는 경사 하강법의 에포크 횟수에 대한 모델의 손실을 그래프로 그려 '적절한 편향-분산 트레이드오프'를 선택해 보겠습니다.

1. 검증 손실을 기록하기 위한 변수 추가하기

훈련 세트의 손실을 기록했듯이 검증 세트에 대한 손실을 기록한 다음 기록한 값으로 그래프를 그려보겠습니다. 이를 위해 SingleLayer 클래스의 __init__( ) 메서드에 self.val_losses 인스턴스 변수를 추가합니다.

```python
def __init__(self, learning_rate=0.1):
    self.w = None
    self.b = None
    self.losses = []
    self.val_losses = []
    self.w_history = []
    self.lr = learning_rate
```

2. 그런 다음 fit( ) 메서드에 검증 세트를 전달받을 수 있도록 x_val, y_val 매개변수를 추가합니다.

```python
def fit(self, x, y, epochs=100, x_val=None, y_val=None):
    self.w = np.ones(x.shape[1])              # 가중치를 초기화합니다.
    self.b = 0                                # 절편을 초기화합니다.
    self.w_history.append(self.w.copy( ))     # 가중치를 기록합니다.
    np.random.seed(42)                        # 무작위로 시드를 지정합니다.
    for i in range(epochs):                   # epochs만큼 반복합니다.
        loss = 0
        # 인덱스를 섞습니다.
        indexes = np.random.permutation(np.arange(len(x)))
        for i in indexes:                     # 모든 샘플에 대해 반복합니다.
            z = self.forpass(x[i])            # 정방향 계산
            a = self.activation(z)            # 활성화 함수 적용
            err = -(y[i] - a)                 # 오차 계산
            w_grad, b_grad = self.backprop(x[i], err) # 역방향 계산
            self.w -= self.lr * w_grad        # 가중치 업데이트
            self.b -= b_grad                  # 절편 업데이트
            # 가중치를 기록합니다.
            self.w_history.append(self.w.copy( ))
            # 안전한 로그 계산을 위해 클리핑한 후 손실을 누적합니다.
            a = np.clip(a, 1e-10, 1-1e-10)
            loss += -(y[i]*np.log(a)+(1-y[i])*np.log(1-a))
        # 에포크마다 평균 손실을 저장합니다.
        self.losses.append(loss/len(y))
        # 검증 세트에 대한 손실을 계산합니다.
        self.update_val_loss(x_val, y_val)
```

3. 검증 손실 계산하기

검증 세트의 손실은 다음과 같이 update_val_loss( ) 메서드에서 계산합니다.

```python
def update_val_loss(self, x_val, y_val):
    if x_val is None:
        return
    val_loss = 0
    for i in range(len(x_val)):
        z = self.forpass(x_val[i])        # 정방향 계산
        a = self.activation(z)            # 활성화 함수 적용
        a = np.clip(a, 1e-10, 1-1e-10)
        val_loss += -(y_val[i]*np.log(a)+(1-y_val[i])*np.log(1-a))
    self.val_losses.append(val_loss/len(y_val))
```

이 계산은 fit( ) 메서드에서 훈련 세트의 손실을 계산하는 방식과 동일합니다. 이 과정을 간단히 설명하면 먼저 검증 세트 샘플을 정방향으로 계산한 다음 활성화 함수를 통과시켜 출력값을 계산합니다. 이 값을 사용하여 로지스틱 손실 함수의 값을 계산해서 val_losses 리스트에 추가합니다. 그다음 검증 세트에 대한 손실 함수 값을 계산하기 위해 fit( ) 메서드에서 에포크마다 1번씩 update_val_loss( ) 메서드를 호출합니다.

4. 모델 훈련하기

이제 모델의 수정을 완료했으므로 표준화(전처리)된 훈련 세트와 검증 세트를 이용하여 단일층 신경망을 훈련해 보겠습니다.

```python
layer3 = SingleLayer( )
layer3.fit(x_train_scaled, y_train, x_val=x_val_scaled, y_val=y_val)
```

5. 손실값으로 그래프 그려 에포크 횟수 지정하기

과정 1에서 fit( ) 메서드를 수정하여 에포크마다 훈련 세트와 검증 세트의 손실값을 인스턴스 변수 self.val_losses에 저장하도록 만들었습니다. 이 값을 이용하여 그래프를 그려보겠습니다.

```
plt.ylim(0, 0.3)
plt.plot(layer3.losses)
plt.plot(layer3.val_losses)
plt.ylabel('loss')
plt.xlabel('epoch')
plt.legend(['train_loss', 'val_loss'])
plt.show( )
```

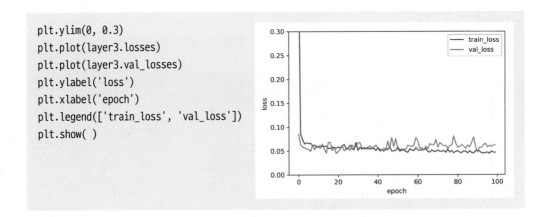

이 그래프를 보면 검증 손실이 대략 20번째 에포크 이후에 훈련 세트보다 높아지는 것을 알 수 있습니다. 조금 더 자세히 말하면 에포크가 진행됨에 따라 가중치는 훈련 세트에 잘 맞게 되지만 검증 세트에는 잘 맞지 않게 되는 것이죠. 이 모델은 20번의 에포크 이후에는 훈련할 필요가 없을 것 같습니다.

6. 훈련 조기 종료하기

이렇게 훈련을 일찍 멈추는 기법을 조기 종료(early stopping)라고 부릅니다. 20번의 에포크까지 모델을 훈련한 다음 검증 세트의 성능을 확인해 보겠습니다.

```
layer4 = SingleLayer( )
layer4.fit(x_train_scaled, y_train, epochs=20)
layer4.score(x_val_scaled, y_val)
0.978021978021978
```

과대적합되기 전에 훈련을 멈추었으므로 검증 세트의 성능이 0.967에서 0.978로 조금 더 향상되었습니다.

05-3 규제 방법을 배우고 단일층 신경망에 적용합니다

05-2절에서 과대적합을 설명하며 과대적합을 해결하는 대표적인 방법 중 하나로 가중치 규제(regularization)를 소개했습니다. 가중치 규제란 말 그대로 가중치의 값이 커지지 않도록 제한하는 기법입니다. 가중치를 규제하면 모델의 일반화 성능이 올라갑니다. 다음 그림을 보면서 모델의 일반화 성능에 대해 알아봅시다. 아래에 간단한 샘플 데이터와 모델 2개를 그래프로 나타내었습니다. 이 그래프를 보며 가중치 규제를 알아보겠습니다.

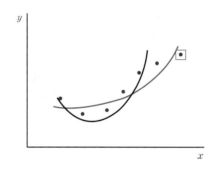

두 그래프 모두 점을 어느 정도 잘 표현하고 있습니다. 그러면 둘 중 어떤 그래프의 성능이 더 좋을까요? 이 경우 경사가 급한 그래프보다는 경사가 완만한 그래프가 성능이 좋다고 평가합니다. 경사가 높은 그래프보다 경사가 낮은 그래프가 박스로 표시한 샘플 데이터를 더 잘 표현하기 때문입니다. 그러면 샘플 데이터에 딱 맞는 그래프는 어떨까요? 더 좋은 성능을 가졌다고 할 수 있을까요? 다음 그래프는 샘플 데이터를 정확히 관통하는 모델을 표현한 것입니다. 이 경우에는 샘플 데이터 6개에 너무 집착한 나머지 박스로 표시한 샘플 데이터를 제대로 표현하지 못하고 있습니다.

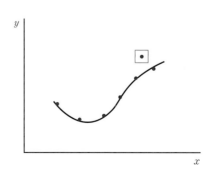

모델이 몇 개의 데이터에 집착하면 새로운 데이터에 적응하지 못하므로 좋은 성능을 가졌다고 할 수 없습니다. 바로 이것을 '모델이 일반화되지 않았다'라고 말합니다. 이럴 때 규제를 사용하여 가중치를 제한하면 모델이 몇 개의 데이터에 집착하지 않게 되므로 일반화 성능을 높일 수 있습니다. 여기서는 대표적인 규제 기법인 L1 규제와 L2 규제를 살펴보고 두 기법을 앞에서 구현한 SingleLayer 클래스에 적용해 보겠습니다. 또 규제를 적용하면 손실 함수의 그래프가 어떻게 변하는지도 분석해 보겠습니다.

L1 규제를 알아봅니다

L1 규제는 손실 함수에 가중치의 절댓값인 L1 노름(norm)을 추가합니다. L1 노름은 다음과 같이 정의됩니다.

$$||w||_1 = \sum_{i=1}^{n} |w_i|$$

소문자 알파벳(w)은 벡터를 의미합니다. 앞으로 소문자로 쓴 알파벳은 벡터라고 이해해 주세요. 또 이 수식에는 아직 사용되지 않았지만 볼드로 된 대문자 알파벳은 행렬을 의미합니다. 앞으로 수식을 읽을 때 참고하기 바랍니다. 다시 L1 규제 설명으로 돌아오겠습니다. 여기에서 L1 노름의 n은 가중치의 개수를 의미하므로 L1 규제를 '가중치의 절댓값을 손실 함수에 더한 것'으로 이해해도 괜찮습니다. 다음은 로지스틱 손실 함수입니다. 이 함수에 L1 규제를 적용해 보겠습니다.

$$L = -(ylog(a) + (1-y)log(1-a))$$

앞에서 말했듯이 손실 함수에 L1 노름을 더하면 L1 규제가 만들어집니다. 이때 L1 노름을 그냥 더하지 않고 규제의 양을 조절하는 파라미터 α를 곱한 후 더합니다.

$$L = -(ylog(a) + (1-y)log(1-a)) + \alpha \sum_{i=1}^{n} |w_i|$$

α는 L1 규제의 양을 조절하는 하이퍼파라미터입니다. 예를 들어 α 값이 크면 전체 손실 함수의 값이 커지지 않도록 w 값의 합이 작아져야 합니다. 이것을 보고 규제가 강해졌다고 합니다(가중치가 작아졌으므로). 반대로 α 값이 작으면 w의 합이 커져도 손실 함수의 값이 큰 폭으로 커지지 않습니다. 즉, 규제가 약해집니다. 경사 하강법으로 가중치를 업데이트하기 위하여 L1 규제를 적용한 로지스틱 손실 함수를 미분해 보겠습니다.

L1 규제의 미분

04장에서 로지스틱 손실 함수는 이미 미분해 보았으므로 L1 규제만 미분해 보겠습니다. 절댓값 $|w|$를 w에 대해 미분하면 w 값의 부호만 남기 때문에(w가 양수이면 $+1$, 음수이면 -1) w 값을 미분한 결과인 w의 부호라는 의미로 $sign(w)$이라고 표현합니다. L1 규제를 적용한 손실 함수의 도함수는 다음과 같습니다.

$$\frac{\partial}{\partial w}L = -(y-a)x + \alpha \times sign(w)$$

여기에서는 가중치 벡터 w에 대한 미분으로 확장하여 식을 전개했습니다. 이 식을 가중치 업데이트 식에 적용하면 다음과 같습니다. L1 규제에 05-1절에서 배운 학습률도 적용해 보겠습니다. L1 규제를 적용한 손실 함수의 도함수에 학습률을 곱하면 됩니다. 다음 수식에서 η가 학습률입니다.

$$w = w - \eta\frac{\partial L}{\partial w} = w + \eta((y-a)x - \alpha \times sign(w))$$

위 수식을 보니 L1 규제를 추가한 로지스틱 손실 함수를 경사 하강법으로 최적화하는 것도 어렵지 않을 것 같습니다. 규제 하이퍼파라미터 α와 가중치의 부호를 곱해서 업데이트할 그레이디언트에 더해 주면 됩니다. 파이썬 코드로 작성하면 다음과 같습니다.

```
w_grad += alpha * np.sign(w)
```

여기에서 alpha 변수가 규제 하이퍼파라미터입니다. np.sign( ) 함수는 배열 요소의 부호를 반환합니다. 위 식에서 주의 깊게 볼 것이 하나 있습니다. 바로 절편에 대해 규제를 하지 않는 다는 점입니다. 절편은 모델에 영향을 미치는 방식이 가중치와 다르기 때문입니다. 절편을 규제하면 모델을 어떤 방향으로 이동시킬 뿐 복잡도에는 영향을 주지 않습니다. SGDClassifier 클래스에서는 penalty 매개변수 값을 l1으로 지정하는 방법으로 L1 규제를 적용할 수 있습니다. 또 규제의 강도를 제어하는 하이퍼파라미터 α를 위한 alpha 매개변수를 제공합니다.

회귀 모델에 L1 규제를 추가한 것을 라쏘 모델이라 합니다

회귀 모델에도 같은 원리를 적용하여 손실 함수(제곱 오차)에 L1 규제를 적용할 수 있습니다. 이런 모델을 라쏘(Lasso)라고 부릅니다. 라쏘는 가중치를 줄이다 못해 일부 가중치를 0으로 만들 수도 있습니다. 가중치가 0인 특성은 모델에서 사용할 수 없다는 것과 같은 의미이므로 특성을 선택하는 효과를 얻을 수 있습니다. 사이킷런에서는 `sklearn.linear_model.Lasso` 클래스에서 라쏘 모델을 제공합니다. 미분 결과에서 알 수 있듯이 L1 규제는 규제 하이퍼파라미터 α에 많이 의존합니다. 즉, 가중치의 크기에 따라 규제의 양이 변하지 않으므로 규제 효과가 좋다고 할 수 없습니다. 이번에는 규제 효과가 좋아 널리 사용하는 L2 규제에 대해 알아보겠습니다.

L2 규제를 알아봅니다

L2 규제는 손실 함수에 가중치에 대한 L2 노름(norm)의 제곱을 더합니다. L2 노름은 다음과 같이 정의됩니다.

$$||w||_2 = \sqrt{\sum_{i=1}^{n}|w_i|^2}$$

손실 함수에 L2 노름의 제곱을 더하면 L2 규제가 됩니다. 이때 α는 L1 규제와 마찬가지로 규제의 양을 조절하기 위한 하이퍼파라미터이고 $\frac{1}{2}$은 미분 결과 를 보기 좋게 하기 위하여 추가했습니다.

⊚ 여기서도 로지스틱 손실 함수를 사용했습니다.

$$L = -(y log(a) + (1-y)log(1-a)) + \frac{1}{2}\alpha\sum_{i=1}^{n}|w_i|^2$$

L2 규제의 미분

로지스틱 손실 함수의 미분은 이전과 동일하게 진행합니다. L2 규제를 미분하면 간단히 가중치 벡터 w만 남습니다.

$$\frac{\partial}{\partial w}L = -(y-a)x + \alpha \times w$$

이 결과를 가중치 업데이트 식에 대입해 보겠습니다. η는 L1 규제에서 설명했던 학습률 하이퍼파라미터입니다.

$$w = w - \eta\frac{\partial L}{\partial w} = w + \eta((y-a)x - \alpha \times w)$$

L2 규제를 경사 하강법 알고리즘에 적용하는 것도 아주 쉽습니다. 그레이디언트에 α와 가중치의 곱을 더하면 됩니다.

```
w_grad += alpha * w
```

L2 규제는 그레이디언트 계산에 가중치의 값 자체가 포함되므로 가중치의 부호만 사용하는 L1 규제보다 조금 더 효과적입니다. 또 L2 규제는 가중치를 완전히 0으로 만들지 않습니다. 가중치를 완전히 0으로 만들면 특성을 제외하는 효과는 있지만 모델의 복잡도가 떨어집니다. 이런 이유로 L2 규제를 널리 사용합니다.

회귀 모델에 L2 규제를 적용한 것을 릿지 모델이라 합니다

회귀 모델에 L2 규제를 적용한 것을 릿지(Ridge) 모델이라고 합니다. 사이킷런에서는 릿지 모델을 `sklearn.linear_model.Ridge` 클래스로 제공합니다. `SGDClassifier` 클래스에서는 `penalty` 매개변수를 `l2`로 지정하여 L2 규제를 추가할 수 있습니다. 두 클래스 모두 규제의 강도는 `alpha` 매개변수로 제어합니다.

L1 규제와 L2 규제 정리

경사 하강법에 규제를 추가하는 방법은 어렵지 않습니다. 다음은 L1, L2 규제를 경사 하강법에 추가하는 방법을 정리한 것입니다.

L1 규제

그레이디언트에서 `alpha`에 가중치의 부호를 곱하여 그레이디언트에 더합니다.

```
w_grad += alpha * np.sign(w)
```

L2 규제

그레이디언트에서 `alpha`에 가중치를 곱하여 그레이디언트에 더합니다.

```
w_grad += alpha * w
```

이제 `SingleLayer` 클래스에 L1 규제와 L2 규제를 추가하여 실제로 어떤 효과를 얻었는지 살펴보겠습니다.

로지스틱 회귀에 규제를 적용합니다

여러분이 이미 04장에서 만든 SingleLayer 클래스에 L1 규제와 L2 규제를 적용하기 위한 코드를 추가하고 위스콘신 유방암 데이터 세트에서 두 규제가 적용된 로지스틱 회귀 모델을 훈련해 보겠습니다. 보통 실무에서는 규제 효과가 뛰어난 L2 규제를 주로 사용합니다. 여기에서는 L1 규제와 L2 규제의 차이점을 알아보기 위해 두 규제를 모두 구현해 보겠습니다.

1. 그레이디언트 업데이트 수식에 페널티 항 반영하기

먼저 __init__( ) 메서드에 L1 규제와 L2 규제의 강도를 조절하는 매개변수 l1과 l2를 추가합니다. l1과 l2의 기본값은 0이고 이때는 규제를 적용하지 않습니다.

```python
def __init__(self, learning_rate=0.1, l1=0, l2=0):
    self.w = None
    self.b = None
    self.losses = []
    self.val_losses = []
    self.w_history = []
    self.lr = learning_rate
    self.l1 = l1
    self.l2 = l2
```

2. fit( ) 메서드에서 역방향 계산을 수행할 때 그레이디언트에 페널티 항의 미분값을 더합니다. 이때 L1 규제와 L2 규제를 따로 적용하지 않고 하나의 식으로 작성했습니다. 즉, L1 규제와 L2 규제를 동시에 수행할 수도 있습니다.

```python
def fit(self, x, y, epochs=100, x_val=None, y_val=None):
    self.w = np.ones(x.shape[1])          # 가중치를 초기화합니다.
    self.b = 0                            # 절편을 초기화합니다.
    self.w_history.append(self.w.copy( )) # 가중치를 기록합니다.
    np.random.seed(42)                    # 무작위로 시드를 지정합니다.
    for i in range(epochs):               # epochs만큼 반복합니다.
        loss = 0
        # 인덱스를 섞습니다.
        indexes = np.random.permutation(np.arange(len(x)))
        for i in indexes:                 # 모든 샘플에 대해 반복합니다.
            z = self.forpass(x[i])        # 정방향 계산
            a = self.activation(z)        # 활성화 함수 적용
            err = -(y[i] - a)             # 오차 계산
            w_grad, b_grad = self.backprop(x[i], err) # 역방향 계산
```

```
# 그레이디언트에서 페널티 항의 미분값을 더합니다.
w_grad += self.l1 * np.sign(self.w) + self.l2 * self.w
self.w -= self.lr * w_grad          # 가중치 업데이트
self.b -= b_grad                    # 절편 업데이트
# 가중치를 기록합니다.
self.w_history.append(self.w.copy( ))
# 안전한 로그 계산을 위해 클리핑한 후 손실을 누적합니다.
a = np.clip(a, 1e-10, 1-1e-10)
loss += -(y[i]*np.log(a)+(1-y[i])*np.log(1-a))
# 에포크마다 평균 손실을 저장합니다.
self.losses.append(loss/len(y) + self.reg_loss( ))
# 검증 세트에 대한 손실을 계산합니다.
self.update_val_loss(x_val, y_val)
```

3. 로지스틱 손실 함수 계산에 페널티 항 추가하기

로지스틱 손실 함수를 계산할 때 페널티 항에 대한 값을 더해야 합니다. 이를 위해 reg_loss( ) 메서드를 SinlgeLayer 클래스에 추가합니다. 이 함수는 훈련 세트의 로지스틱 손실 함수의 값과 검증 세트의 로지스틱 손실 함수의 값을 계산할 때 모두 호출됩니다.

```
def reg_loss(self):
    return self.l1 * np.sum(np.abs(self.w)) + self.l2 / 2 * np.sum(self.w**2)
```

4. 마지막으로 검증 세트의 손실을 계산하는 update_val_loss( ) 메서드에서 reg_loss( )를 호출하도록 수정합니다.

```
def update_val_loss(self, x_val, y_val):
    if x_val is None:
        return
    val_loss = 0
    for i in range(len(x_val)):
        z = self.forpass(x_val[i])        # 정방향 계산
        a = self.activation(z)            # 활성화 함수 적용
        a = np.clip(a, 1e-10, 1-1e-10)
        val_loss += -(y_val[i]*np.log(a)+(1-y_val[i])*np.log(1-a))
    self.val_losses.append(val_loss/len(y_val) + self.reg_loss( ))
```

이제 규제를 추가하여 로지스틱 회귀 모델을 훈련해 보겠습니다. 먼저 L1 규제를 적용합니다.

5. cancer 데이터 세트에 L1 규제 적용하기

L1 규제의 강도에 따라 모델의 학습 곡선과 가중치가 어떻게 바뀌는지 확인해 보겠습니다. 규제 강도는 0.0001, 0.001, 0.01 이 세 가지를 선택해 보죠. 다음에 for문을 사용하여 각각 다른 강도의 하이퍼파라미터로 모델을 만들고 학습 곡선과 가중치를 그래프로 나타내었습니다.

```
l1_list = [0.0001, 0.001, 0.01]

for l1 in l1_list:
    lyr = SingleLayer(l1=l1)
    lyr.fit(x_train_scaled, y_train, x_val=x_val_scaled, y_val=y_val)

    plt.plot(lyr.losses)
    plt.plot(lyr.val_losses)
    plt.title('Learning Curve (l1={})'.format(l1))
    plt.ylabel('loss')
    plt.xlabel('epoch')
    plt.legend(['train_loss', 'val_loss'])
    plt.ylim(0, 0.3)
    plt.show( )

    plt.plot(lyr.w, 'bo')
    plt.title('Weight (l1={})'.format(l1))
    plt.ylabel('value')
    plt.xlabel('weight')
    plt.ylim(-4, 4)
    plt.show( )
```

그래프를 보기 좋게 만들기 위하여 맷플롯립의 title( ) 함수로 제목을 넣고 ylim( ) 함수로 y축의 범위를 제한했습니다. 코드를 실행하면 다음과 같은 그래프가 그려집니다. 왼쪽은 학습 곡선 그래프이고, 오른쪽은 가중치에 대한 그래프입니다.

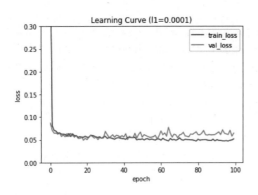
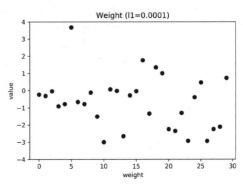

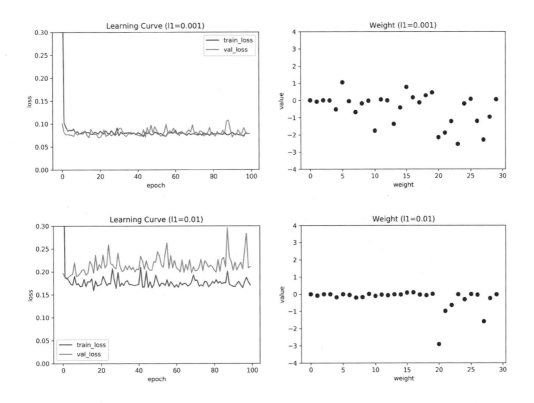

학습 곡선 그래프를 보면 규제가 더 커질수록 훈련 세트의 손실과 검증 세트의 손실이 모두 높아집니다. 즉, 과소적합 현상이 나타납니다. 가중치 그래프를 보면 규제 강도 l1 값이 커질수록 가중치의 값이 0에 가까워지는 것을 볼 수 있습니다. 그래프를 보면 적절한 l1 하이퍼파라미터 값은 0.001 정도인 것 같습니다. 이 값을 사용하여 모델의 성능을 확인해 보겠습니다.

```
layer5 = SingleLayer(l1=0.001)
layer5.fit(x_train_scaled, y_train, epochs=20)
layer5.score(x_val_scaled, y_val)
0.978021978021978
```

결과를 보니 규제를 적용하지 않고 검증 세트로 성능을 평가했을 때의 값과 동일합니다. 이 데이터 세트는 작기 때문에 규제 효과가 크게 나타나지 않습니다. 이제 L2 규제를 적용해 보겠습니다.

6. cancer 데이터 세트에 L2 규제 적용하기

여기서도 과정 5와 같은 방법으로 L2 규제의 강도를 조절하고 모델을 훈련하여 학습 곡선과 가중치를 그래프로 그린 후 확인해 보겠습니다.

```python
l2_list = [0.0001, 0.001, 0.01]

for l2 in l2_list:
    lyr = SingleLayer(l2=l2)
    lyr.fit(x_train_scaled, y_train, x_val=x_val_scaled, y_val=y_val)

    plt.plot(lyr.losses)
    plt.plot(lyr.val_losses)
    plt.title('Learning Curve (l2={})'.format(l2))
    plt.ylabel('loss')
    plt.xlabel('epoch')
    plt.legend(['train_loss', 'val_loss'])
    plt.ylim(0, 0.3)
    plt.show( )

    plt.plot(lyr.w, 'bo')
    plt.title('Weight (l2={})'.format(l2))
    plt.ylabel('value')
    plt.xlabel('weight')
    plt.ylim(-4, 4)
    plt.show( )
```

코드를 실행하여 얻은 그래프는 다음과 같습니다. 마찬가지로 왼쪽이 학습 곡선 그래프이고 오른쪽이 가중치 그래프입니다.

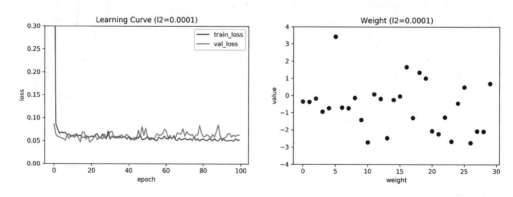

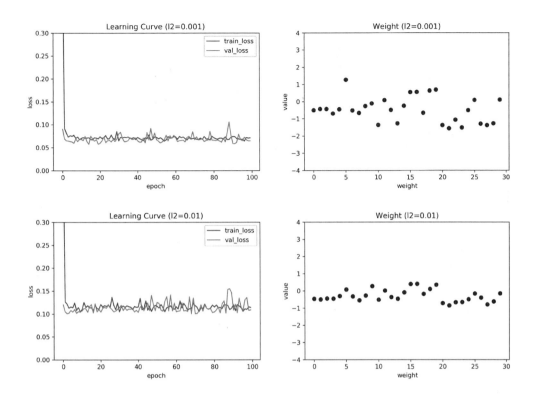

두 그래프를 보면 L2 규제도 L1 규제와 비슷한 양상을 보입니다. 하지만 마지막 학습 곡선 그래프를 보면 L2 규제는 규제 강도가 강해져도(l2=0.01) L1 규제만큼 과소적합이 심해지지는 않습니다. 가중치 그래프를 보아도 가중치가 0에 너무 가깝게 줄어들지 않는다는 것도 알 수 있습니다. L2 규제를 적용한 모델 역시 50번의 에포크 횟수만큼 훈련하고 성능을 평가해 보겠습니다.

```
layer6 = SingleLayer(l2=0.01)
layer6.fit(x_train_scaled, y_train, epochs=50)
layer6.score(x_val_scaled, y_val)
0.978021978021978
```

결과를 보니 L1 규제와 동일합니다. 사실 cancer 데이터 세트의 샘플 개수는 아주 적어서 L1 규제를 적용한 모델과 L2 규제를 적용한 모델의 성능에는 큰 차이가 없습니다. 다시 말해 두 모델은 모두 검증 샘플에 대하여 옳게 예측한 샘플의 개수가 동일합니다. 여기에서는 91개 검증 샘플 중 89개의 샘플을 올바르게 예측했습니다.

```
np.sum(layer6.predict(x_val_scaled) == y_val)
89
```

하지만 L1 규제를 사용했을 때보다 에포크가 크게 늘어났습니다. L1 규제를 적용할 때는 20번의 에포크 동안 훈련을 했지만 L2 규제를 적용할 때는 50번의 에포크 동안 훈련을 했네요. 가중치를 강하게 제한했기 때문에 검증 세트의 손실값을 일정한 수준으로 유지하면서 알고리즘이 전역 최솟값을 찾는 과정을 오래 반복할 수 있었던 것입니다.

7. SGDClassifier에서 규제 사용하기

사이킷런의 SGDClassifier 클래스도 L1 규제, L2 규제를 지원합니다. penalty 매개변수에 L1이나 l2를 매개변수 값으로 전달하고 alpha 매개변수에 규제의 강도를 지정하면 됩니다. 여기서는 cancer 데이터 세트를 사용하여 SGDClassifier 모델에 L2 규제를 적용해 보겠습니다.

```
sgd = SGDClassifier(loss='log', penalty='l2', alpha=0.001, random_state=42)
sgd.fit(x_train_scaled, y_train)
sgd.score(x_val_scaled, y_val)
0.978021978021978
```

결괏값은 SingleLayer 클래스의 결과와 동일합니다.

사이킷런에는 SGDClassifier 클래스 이외에도 L1 규제와 L2 규제를 지원하는 모델이 많습니다. 예를 들면 LogisticRegression, SVC, LinearSVC 클래스 등이 있는데, 이 클래스들은 페널티 항 대신 주손실 함수의 크기를 조절하기 위해 하이퍼파라미터 C를 곱해 줍니다. SDGClassifier 클래스의 매개변수 alpha를 사용하여 규제를 제어한 것과 비슷하게 매개변수 C를 사용하여 규제를 제어하는 것이죠. 이때 C는 alpha와 반대의 역할을 합니다. 즉, 매개변수 C가 커지면 규제가 줄어들고 C가 작으면 규제가 강해집니다. 지금까지 훈련 세트, 검증 세트와 과대적합, 과소적합의 관계를 알아보고 과대적합 문제를 다루기 위한 대표적인 규제 방법을 배웠습니다. 마지막으로 전체 데이터 세트의 샘플 개수가 적을 때 유용하게 사용할 수 있는 또 다른 검증 방법인 교차 검증을 살펴보겠습니다.

05-4 교차 검증을 알아보고 사이킷런으로 수행해 봅니다

05-1절에서는 전체 데이터 세트의 샘플 개수가 많지 않을 때 검증 세트를 훈련 세트에서 분리하느라 훈련 세트의 샘플 개수가 줄어들어 모델을 훈련시킬 데이터가 부족해지는 경우를 경험했습니다. 교차 검증(cross validation)은 이런 경우에 사용하면 좋습니다.

교차 검증의 원리를 알아봅니다

교차 검증은 훈련 세트를 작은 덩어리로 나누어 다음과 같이 진행하는데, 이때 훈련 세트를 나눈 작은 덩어리를 '폴드'라고 부릅니다.

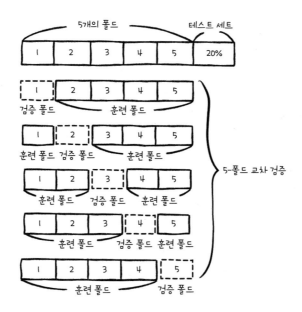

위 그림을 보면 교차 검증을 쉽게 이해할 수 있습니다. 교차 검증은 전체 데이터 세트를 8:2로 나눈 다음 8에 해당하는 훈련 세트를 다시 5개의 작은 덩어리로 나눕니다. 그런 다음 작은 덩어리를 1번씩 검증에 사용하고 나머지 덩어리를 훈련에 사용합니다. 아주 간단하죠? 다음은 교차 검증 과정을 정리한 것입니다.

이때 교차 검증은 훈련 세트를 k개의 폴드로 나누는 특징이 있으므로 k-폴드 교차 검증이라고 부릅니다. k-폴드 교차 검증은 모든 훈련 세트가 평가에 1번씩 사용되므로 검증 점수가 안정적입니다. 그리고 기존의 훈련 방법보다 더 많은 데이터로 훈련할 수 있습니다. 예를 들어 k가 10이면 10개의 폴드가 생기므로 90% 샘플을 훈련에 사용하게 됩니다. 기존의 6:2:2로 훈련, 검증, 테스트 세트를 나누는 방법과 비교하면 약 30% 정도 더 많은 데이터로 훈련할 수 있는 것이죠. 그러면 지금부터 교차 검증을 직접 만들어보며 알아보겠습니다.

k-폴드 교차 검증을 구현합니다

k-폴드 교차 검증은 훈련 세트를 동일한 크기의 폴드가 k개가 되도록 나눕니다. 그런 다음 각 폴드를 검증 세트로, 나머지 폴드를 훈련 세트로 사용합니다. 이 과정을 k번 반복하여 모델을 만들고 평가하면 됩니다.

1. 훈련 세트 사용하기

기존의 방식은 전체 데이터 세트를 8:2의 비율로 나누어 훈련 세트와 테스트 세트를 얻었습니다. 그런 다음 다시 훈련 세트를 8:2의 비율로 나누어 훈련 세트와 검증 세트를 얻었습니다. 즉, 훈련, 검증, 테스트 세트를 완전히 나누었습니다. 하지만 k-폴드 교차 검증은 검증 세트가 훈련 세트에 포함됩니다. 따라서 전체 데이터 세트를 다시 훈련 세트와 테스트 세트로 1번만 나눈 x_train_all과 y_train_all을 훈련과 검증에 사용하겠습니다. 또 각 폴드의 검증 점수를 저장하기 위한 validation_scores 리스트를 정의합니다. validation_scores 리스트의 값을 평균하여 최종 검증 점수를 계산합니다.

```
validation_scores = []
```

2. k-폴드 교차 검증 구현하기

이제 k-폴드 교차 검증을 위한 반복문을 구현하겠습니다. 여기서는 k를 10으로 지정합니다. 한 폴드에 들어갈 샘플의 개수는 전체 훈련 세트의 샘플 개수를 k로 나눈 것이므로 그 값을 bins 변수에 저장합니다. 그런 다음 bins 변수의 개수만큼 건너뛰며 검증 폴드와 훈련 폴드를 구분하여 모델을 훈련시키겠습니다. 전체 코드는 다음과 같습니다. 성능 평가의 평균 점수도 눈여겨보기 바랍니다.

```
k = 10
bins = len(x_train_all) // k

for i in range(k):
    start = i*bins
    end = (i+1)*bins
    val_fold = x_train_all[start:end]
    val_target = y_train_all[start:end]

    train_index = list(range(0, start))+list(range(end, len(x_train_all)))
    train_fold = x_train_all[train_index]
    train_target = y_train_all[train_index]

    train_mean = np.mean(train_fold, axis=0)
    train_std = np.std(train_fold, axis=0)
    train_fold_scaled = (train_fold - train_mean) / train_std
    val_fold_scaled = (val_fold - train_mean) / train_std

    lyr = SingleLayer(l2=0.01)
    lyr.fit(train_fold_scaled, train_target, epochs=50)
    score = lyr.score(val_fold_scaled, val_target)
    validation_scores.append(score)

print(np.mean(validation_scores))
0.9711111111111113
```

start와 end는 각각 검증 폴드 샘플의 시작과 끝 인덱스입니다. 나머지 부분이 바로 훈련 폴드 샘플의 인덱스가 되겠죠. 다음 그림처럼 train_index에 list( ) 함수를 이용하여 훈련 폴드의 인덱스를 모아두었습니다. 이렇게 만든 훈련 폴드 샘플의 인덱스로 train_fold와 train_target 을 만듭니다.

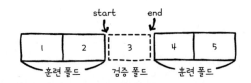

이 코드에서 특히 신경 써서 봐야 할 부분은 훈련 데이터의 표준화 전처리를 폴드를 나눈 후에 수행한다는 점입니다. 만약 폴드를 나누기 전에 전체 훈련 데이터를 전처리한다면 검증 폴드의 정보를 누설하게 되는 셈입니다. 반복문을 진행하며 10개의 검증 폴드로 측정한 성능 점수는 validation_scores 리스트에 저장됩니다. 성능 점수들의 평균을 내기 위해 np.mean( ) 함수를 사용합니다. 이 점수는 이전의 방법(1번만 훈련, 검증 세트로 나눈 것)으로 검증하여 얻은 점수보다 안정적이므로 조금 더 신뢰할 수 있습니다. k-폴드 교차 검증의 구현이 어렵지는 않지만 보통은 사이킷런에 준비되어 있는 함수를 사용하는 것이 편리합니다. 이번에는 사이킷런을 이용하여 교차 검증을 구현해 보겠습니다.

사이킷런으로 교차 검증을 합니다

사이킷런의 model_selection 모듈에는 교차 검증을 위한 cross_validate( ) 함수가 있습니다. 우리가 만든 SingleLayer 클래스와 cross_validate( ) 함수를 같이 사용하려면 SingleLayer 클래스에 몇 가지 기능을 추가해야 합니다. 그런데 지금까지 SingleLayer 클래스를 구현한 이유는 '완전한 기능을 갖춘 패키지를 만들기 위해서'가 아니라 '학습을 위해서'라는 목적이 더 컸습니다. cross_validate( ) 함수를 사용하기 위해 여러 기능을 구현하는 것은 이 책의 범위를 벗어나므로 여기서는 모든 내용을 구현하지 않습니다. 대신 SGDClassifier 클래스와 cross_validate( ) 함수를 어떻게 사용하는지에 대해서만 알아보겠습니다.

1. cross_validate( ) 함수로 교차 검증 점수 계산하기

cross_validate( ) 함수를 사용하는 방법은 간단합니다. 이 함수의 매개변수 값으로 교차 검증을 하고 싶은 모델의 객체와 훈련 데이터, 타깃 데이터를 전달하고 cv 매개변수에 교차 검증을 수행할 폴드 수를 지정하면 됩니다. 앞에서 만들었던 SGDClassifier 모델과 동일한 매개변수를 사용하여 모델 객체를 만들고 교차 검증을 수행해 보겠습니다.

ⓒ cv의 기본값은 3이지만 사이킷런 0.22 버전부터는 5로 바뀔 예정입니다.

```
from sklearn.model_selection import cross_validate
sgd = SGDClassifier(loss='log', penalty='l2', alpha=0.001, random_state=42)
scores = cross_validate(sgd, x_train_all, y_train_all, cv=10)
print(np.mean(scores['test_score']))
0.850096618357488
```

cross_validate( ) 함수는 파이썬 딕셔너리를 반환합니다. 검증 점수는 scores['test_score']
에 저장되어 있습니다. 교차 검증의 평균 점수는 약 85%로 낮은 편입니다. 왜 이렇게 낮을까
요? 아차! 표준화 전처리를 수행하지 않았기 때문입니다.

전처리 단계 포함해 교차 검증을 수행합니다

훈련 세트를 표준화 전처리하기 전에 생각해 볼 것이 있습니다. 앞에서는 교차 검증을 구현할
때 폴드를 나눈 후에 훈련 폴드의 통계치(평균, 표준편차)로 검증 폴드를 전처리했습니다. 검증
폴드가 전처리 단계에서 누설되면 안 되기 때문이죠. 만약 훈련 세트 전체를 전처리한 후에
cross_validate( ) 함수에 매개변수 값으로 전달하면 검증 폴드가 표준화 전처리 단계에서
누설됩니다. 그래서 새로운 방법을 찾아야 합니다.

Pipeline 클래스 사용해 교차 검증 수행하기

사이킷런은 검증 폴드가 전처리 단계에서 누설되지 않도록 전처리 단계와 모델 클래스를 하나
로 연결해 주는 Pipeline 클래스를 제공합니다. 실제로 Pipeline 클래스와 SGDClassifier 클
래스는 어떻게 작동할까요? 먼저 표준화 전처리 단계(평균, 표준 편차를 계산)와 SGDClassifier
클래스 객체를 Pipeline 클래스로 감싸 cross_validate( ) 함수에 전달합니다. 그러면
cross_validate( ) 함수는 훈련 세트를 훈련 폴드와 검증 폴드로 나누기만 하고 전처리 단계
와 SGDClassifier 클래스 객체의 호출은 Pipeline 클래스 객체에서 이뤄집니다. 이렇게 하면
검증 폴드가 전처리 단계에서 누설되지 않게 됩니다. 물론 Pipeline 클래스 객체를 직접 만들
수도 있습니다. 하지만 사이킷런은 Pipeline 클래스 객체를 만들어주는 헬퍼 함수도 제공하
므로 이 방법을 사용하겠습니다. make_pipeline( ) 함수에 전처리 단계와 모델 객체를 전달하
면 파이프라인 객체를 만들 수 있습니다. 사이킷런에서 표준화 전처리를 수행하는 클래스는
preprocessing 모듈 밑에 있는 StandardScaler 클래스입니다. StandardScaler 클래스의 객체
와 앞에서 만든 SGDClassifier 클래스의 객체(sgd)를 make_pipeline( ) 함수에 전달하여 파
이프라인 객체를 만들어보겠습니다. 그런 다음 다시 교차 검증 점수를 출력해 보겠습니다.

```
from sklearn.pipeline import make_pipeline
from sklearn.preprocessing import StandardScaler
pipe = make_pipeline(StandardScaler( ), sgd)
scores = cross_validate(pipe, x_train_all, y_train_all, cv=10, return_train_score=True)
print(np.mean(scores['test_score']))
0.9694202898550724
```

평균 검증 점수가 높아졌습니다. 표준화 전처리 단계가 훈련 폴드와 검증 폴드에 올바르게 적용된 것 같습니다. 추가로 cross_validate( ) 함수에 return_train_score 매개변수를 True로 설정하면 훈련 폴드의 점수도 얻을 수 있습니다.

```
print(np.mean(scores['train_score']))
0.9875478561631581
```

지금까지 단일층 신경망을 만들어봤고 유용한 훈련 방법도 배웠습니다. 다음 장에서는 여러 개의 층이 있는 신경망 구조인 '다층 신경망 알고리즘'을 구현해 보겠습니다.

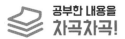
05장에서 꼭 기억해야 할 내용

이 장에서는 신경망 알고리즘을 훈련시킬 때 알아야 할 중요 개념을 배웠습니다. 테스트 세트를 사용하여 모델을 튜닝하면 일반화 성능을 낙관적으로 추정하게 되므로 훈련 세트에서 샘플을 조금 떼내어 검증 세트로 모델을 튜닝하고 마지막에 테스트 세트로 일반화 성능을 측정했습니다. 또한 과대적합과 과소적합에 대해 알아보고 대표적인 규제 방법을 소개했습니다. 마지막으로 안정적인 검증 점수를 얻기 위해 k-폴드 교차 검증을 설명했습니다.

기억 카드 01 〔 검 〕

이것은 모델을 튜닝할 때 사용하는 데이터입니다. 훈련 세트로 모델을 훈련하고 테스트 세트를 사용해 모델을 튜닝하면 점점 테스트 세트에 잘 맞는 모델이 만들어집니다. 모델을 실전에 투입했을 때 얻을 수 있는 일반화 성능을 올바르게 예측하기 위해 테스트 세트를 사용하지 않고 이것을 사용해 모델을 조정합니다.

기억 카드 02 〔 규 〕

이것은 모델의 복잡도를 제한하기 위한 방법 중 대표적인 방법입니다. 훈련 세트에만 좋은 성능을 내고 테스트 세트에는 좋지 못한 성능을 내는 모델이 있을 경우 모델의 복잡도를 낮추기 위해 가중치를 제한할 수 있습니다. 손실 함수에 L1 노름이나 L2 노름을 추가하여 가중치가 높은 모델에 일종의 벌칙을 주는 방법입니다.

기억 카드 03 〔 교 〕

이것은 모델의 성능을 안정적으로 측정하는 방법입니다. 훈련 데이터 양이 적을 경우 훈련 세트 중 일부를 떼내어 모델을 튜닝할 수 있는데 그러면 모델에 사용되는 훈련 데이터가 줄어듭니다. 이 경우 어떤 데이터를 떼내었는지에 따라 모델의 성능이 크게 달라질 수 있습니다. 이 방법은 훈련 세트를 여러 개의 폴드로 나누고 각 폴드를 한 번씩 평가에 사용하므로 훈련 세트를 효율적으로 사용할 수 있습니다.

155

06

2개의 층을 연결합니다
— 다층 신경망

지금까지 선형 회귀, 로지스틱 회귀, 단일층 신경망을 직접 구현해 보고 이 알고리즘들이 경사 하강법을 통해 어떻게 가중치와 절편을 찾아내는지 살펴봤습니다. 또 과대적합과 과소적합을 살펴보고 과대적합을 줄이기 위해 사용하는 대표적인 기법인 L1, L2 규제를 알아봤습니다. 이번에는 앞에서 배운 모든 내용을 응용하고 확장하여 여러 층이 있는 모델을 만들어보겠습니다.

06-1 신경망 알고리즘을 벡터화하여 한 번에 전체 샘플을 사용합니다

사이킷런의 예제 데이터 세트는 2차원 배열로 저장되어 있습니다. 머신러닝에서는 이렇게 훈련 데이터를 2차원 배열로 표현하는 경우가 많습니다. 2차원 배열은 행을 샘플, 열을 특성으로 생각하면 행렬로 이해할 수 있습니다. 이번에는 행렬 개념을 신경망 알고리즘에 도입해 보겠습니다.

벡터화된 연산은 알고리즘의 성능을 올립니다

넘파이, 머신러닝, 딥러닝 패키지들은 다차원 배열의 계산을 빠르게 수행할 수 있습니다. 즉, 행렬 연산을 빠르게 수행할 수 있습니다. 이런 기능을 벡터화(vectorization)된 연산이라고 하며, 이 벡터화된 연산을 사용하면 알고리즘의 성능을 높일 수 있습니다. 그러면 벡터화된 연산은 SingleLayer 클래스에 어떻게 적용해야 할까요? 배치 경사 하강법을 SingleLayer 클래스에 적용하면 벡터화된 연산을 사용할 수 있습니다.

배치 경사 하강법으로 성능을 올립니다

지금까지 사용한 경사 하강법 알고리즘들(선형 회귀, 로지스틱 회귀)은 알고리즘을 1번 반복할 때 1개의 샘플을 사용하는 '확률적 경사 하강법'을 사용했습니다. SingleLayer 클래스에도 확률적 경사 하강법을 사용했습니다. 확률적 경사 하강법은 가중치를 1번 업데이트할 때 1개의 샘플을 사용하므로 손실 함수의 전역 최솟값을 불안정하게 찾습니다. 하지만 배치 경사 하강법은 가중치를 1번 업데이트할 때 전체 샘플을 사용하므로 손실 함수의 전역 최솟값을 안정적으로 찾습니다. 단, 배치 경사 하강법은 가중치를 1번 업데이트할 때 사용되는 데이터의 개수가 많으므로 알고리즘 1번 수행당 계산 비용이 많이 든다는 점에 주의해야 합니다. 그래서 전체 데이터 세트의 크기가 너무 크면 배치 경사 하강법을 사용하지 못하는 경우도 있습니다. 지금부터 배치 경사 하강법을 사용하기 위한 벡터화된 연산의 기초를 알아보겠습니다.

벡터 연산과 행렬 연산을 알아봅니다

벡터화된 연산을 제대로 사용하려면 벡터 연산과 행렬 연산을 알아야 합니다. 여기서는 신경망에서 자주 사용하는 벡터 연산 중 하나인 점 곱(스칼라 곱)과 행렬 곱셈에 대해 알아봅니다.

점 곱을 알아봅니다

다음 그림은 단일층 신경망을 나타낸 것으로, 이 그림을 이용해 점 곱에 대해 설명하겠습니다.

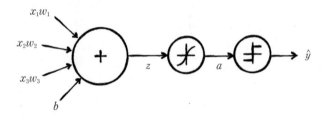

단일층 신경망에서 z를 구했던 방법을 떠올려봅시다. 가중치($w_1, w_2, \cdots$)와 입력($x_1, x_2, \cdots$)을 각각 곱하여 더했습니다(물론 절편도 더합니다). 그리고 이 계산을 04장의 SingleLayer 클래스 안에 있는 forpass( ) 메서드에 다음과 같이 구현했습니다.

```
z = np.sum(x * self.w) + self.b
```

위의 식에서 입력과 가중치의 곱을 x * self.w로 간단하게 표현할 수 있는 이유는 넘파이의 원소별 곱셈 기능 덕분입니다. 다음의 원리로 가중치와 입력의 곱에 대한 합을 한 번에 계산할 수 있었던 것이죠.

```
x = [x₁, x₂, …, xₙ]
w = [w₁, w₂, …, wₙ]
x * w = [x₁*w₁, x₂*w₂, …, xₙ*wₙ]
```

이때 $\boldsymbol{x}(x_1, x_2, \cdots)$와 $\boldsymbol{w}(w_1, w_2, \cdots)$는 벡터라고 부르고 벡터는 볼드로 표기합니다. 그리고 위의 두 벡터를 곱하여 합을 구하는 계산(np.sum(x * self.w))을 점 곱(dot product) 또는 스칼라 곱(scalar product)이라고 합니다. 앞으로는 두 용어 중 점 곱이라는 말을 사용하겠습니다. 그리고 수학에서 벡터 $\boldsymbol{a}, \boldsymbol{b}$에 대한 점 곱은 $\boldsymbol{a} \cdot \boldsymbol{b}$와 같이 표기합니다. 다음은 단일층 신경망에 점 곱을 적용하여 다시 그린 것입니다.

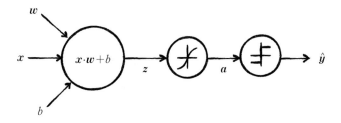

점 곱을 행렬 곱셈으로 표현합니다

점 곱을 행렬 곱셈으로 표현하면 행 방향으로 놓인 첫 번째 벡터와 열 방향으로 놓인 두 번째 벡터의 원소를 각각 곱한 후 모두 더하는 것과 같습니다. 다음 그림을 보면 행렬의 곱셈 방식을 알 수 있습니다.

$$XW = \begin{bmatrix} x_1 \ x_2 \ x_3 \end{bmatrix} \begin{bmatrix} w_1 \\ w_2 \\ w_3 \end{bmatrix} = w_1 \times x_1 + w_2 \times x_2 + w_3 \times x_3$$

x_1은 w_1, x_2는 w_2, x_3는 w_3와 곱하여 모두 더합니다. 앞에서 본 np.sum(x * self.w)의 계산과 정확히 일치합니다. 행렬의 곱셈을 계산하는 넘파이의 np.dot( ) 함수를 사용하면 np.sum (x * self.w)를 다음과 같이 수정할 수 있습니다.

```
z = np.dot(x, self.w) + self.b
```

위 행렬의 곱셈 원리를 훈련 데이터의 전체 샘플에 대해 적용하면 배치 경사 하강법을 구현할 수 있습니다.

전체 샘플에 대한 가중치 곱의 합을 행렬 곱셈으로 구합니다

이제 훈련 데이터의 전체 샘플에 대한 가중치 곱의 합을 행렬 곱셈으로 표현해 보겠습니다. 훈련 데이터의 샘플은 각 샘플이 하나의 행으로 이루어져 있으므로 행렬 곱셈을 적용하면 샘플의 특성과 가중치를 곱하여 더한 행렬을 얻을 수 있습니다. 다음은 전체 훈련 데이터 행렬 X를 가중치 W와 곱하는 예입니다. 행렬 곱셈을 강조하기 위해 소문자 알파벳이 아니라 대문자 알파벳으로 X와 W를 사용했습니다.

$$XW = \begin{bmatrix} x_1^{(1)} & x_2^{(1)} & x_3^{(1)} \\ x_1^{(2)} & x_2^{(2)} & x_3^{(2)} \\ & \vdots & \\ x_1^{(m)} & x_2^{(m)} & x_3^{(m)} \end{bmatrix} \begin{bmatrix} w_1 \\ w_2 \\ w_3 \end{bmatrix} = \begin{bmatrix} x_1^{(1)}w_1 + x_2^{(1)}w_2 + x_3^{(1)}w_3 \\ x_1^{(2)}w_1 + x_2^{(2)}w_2 + x_3^{(2)}w_3 \\ \vdots \\ x_1^{(m)}w_1 + x_2^{(m)}w_2 + x_3^{(m)}w_3 \end{bmatrix}$$

위 그림을 보면 m개의 샘플에 대하여 특성 x_1, x_2, x_3에 가중치 w_1, w_2, w_3를 곱한 다음 더한 값들로 행렬이 만들어졌다는 것을 알 수 있습니다. 여기서 행렬 곱셈의 결과 행렬의 크기도 쉽게 파악할 수 있습니다. 행렬 곱셈을 통해 만들어지는 결과 행렬의 크기는 첫 번째 행렬의 행과 두 번째 행렬의 열이 됩니다. 일반적으로 행렬 곱셈을 통해 만들어지는 결과 행렬의 크기는 다음과 같이 표기합니다.

$$(m, n) \cdot (n, k) = (m, k)$$

이것을 통해 첫 번째 행렬의 열(n)과 두 번째 행렬의 행(n) 크기는 반드시 같아야 한다는 점도 알 수 있습니다. 위의 행렬 곱셈은 앞에서 보았듯이 넘파이의 `np.dot( )` 함수를 사용하면 간단히 계산할 수 있습니다.

```
np.dot(x, w)
```

이제 행렬 연산을 사용하여 `SingleLayer` 클래스에 배치 경사 하강법을 적용해 보겠습니다.

SingleLayer 클래스에 배치 경사 하강법 적용하기

1. 이번에 사용할 데이터도 위스콘신 유방암 데이터입니다. 먼저 넘파이와 맷플롯립을 임포트합니다.

```
import numpy as np
import matplotlib.pyplot as plt
```

2. 위스콘신 유방암 데이터 세트를 훈련, 검증, 테스트 세트로 나누고 데이터 살펴보기
위스콘신 유방암 데이터 세트를 cancer 변수에 대입하고 데이터 세트를 훈련, 검증, 테스트 세트로 나눕니다.

```
from sklearn.datasets import load_breast_cancer
from sklearn.model_selection import train_test_split

cancer = load_breast_cancer( )
x = cancer.data
y = cancer.target
x_train_all, x_test, y_train_all, y_test = train_test_split(x, y, stratify=y,
                                                 test_size=0.2, random_state=42)
x_train, x_val, y_train, y_val = train_test_split(x_train_all, y_train_all,
                              stratify=y_train_all, test_size=0.2, random_state=42)
```

3. 이미 잘 알고 있겠지만 cancer 데이터 세트의 특성 개수는 30개입니다. 그래도 시작하기 전에 사용할 데이터의 크기를 확인하는 것은 좋은 습관입니다. 훈련 세트와 검증 세트의 크기를 확인해 보겠습니다.

```
print(x_train.shape, x_val.shape)
(364, 30) (91, 30)
```

4. 정방향 계산을 행렬 곱셈으로 표현하기

다음은 정방향 계산을 행렬 곱셈으로 표현한 것입니다. 훈련 세트와 가중치를 곱한 다음 절편을 더합니다.

$$XW+b=\overset{364}{\left\{\begin{bmatrix} x_1^{(1)} & \cdots & x_{30}^{(1)} \\ \vdots & & \vdots \\ x_1^{(364)} & \cdots & x_{30}^{(364)} \end{bmatrix}\right.}\underset{30}{\underbrace{\phantom{x_1^{(1)} \cdots x_{30}^{(1)}}}}\overset{30}{\begin{bmatrix} w_1 \\ w_2 \\ \vdots \\ w_{30} \end{bmatrix}}+\overset{364}{\begin{bmatrix} b \\ \vdots \\ b \end{bmatrix}}=\overset{364}{\begin{bmatrix} z^{(1)} \\ z^{(2)} \\ \vdots \\ z^{(364)} \end{bmatrix}}$$

넘파이를 사용하면 절편을 더하는 계산을 위해 (364, 1) 크기의 행렬을 따로 만들 필요가 없습니다. 행렬에 스칼라 값을 더하면 자동으로 행렬의 각 요소에 스칼라 값을 더해 줍니다. 다음 그림을 보면 벡터와 스칼라의 덧셈 연산을 이해할 수 있을 것입니다.

ⓒ 스칼라(scalar)는 하나의 실숫값을 의미합니다. 스칼라가 여러 개 모이면 벡터가 만들어집니다.

$$\begin{bmatrix} x_1^{(1)} & \cdots & x_{30}^{(1)} \\ & \vdots & \\ x_1^{(364)} & \cdots & x_{30}^{(364)} \end{bmatrix} \begin{bmatrix} w_1 \\ w_2 \\ \vdots \\ w_{30} \end{bmatrix} + b = \begin{bmatrix} x_1^{(1)}w_1 + x_2^{(1)}w_2 + \cdots + x_{30}^{(1)}w_{30} \\ \vdots \\ x_1^{(364)}w_1 + x_2^{(364)}w_2 + \cdots + x_{30}^{(364)}w_{30} \end{bmatrix} + b$$

$$= \begin{bmatrix} x_1^{(1)}w_1 + x_2^{(1)}w_2 + \cdots + x_{30}^{(1)}w_{30} + b \\ \vdots \\ x_1^{(364)}w_1 + x_2^{(364)}w_2 + \cdots + x_{30}^{(364)}w_{30} + b \end{bmatrix}$$

5. 그레이디언트 계산 이해하기

과정 **4**를 통해 정방향 계산을 구하는 방법을 알았습니다. 가중치를 업데이트하기 위한 그레이디언트는 어떻게 계산할 수 있을까요? 그레이디언트는 오차와 입력 데이터의 곱이므로 다음과 같은 행렬 곱셈으로 표현할 수 있습니다. 여기에서 X^T는 X를 전치한 것이고 E는 오차들을 모은 것입니다.

$$X^T E = 30 \left\{ \overbrace{\begin{bmatrix} x_1^{(1)} & & x_1^{(364)} \\ x_2^{(1)} & & x_2^{(364)} \\ \vdots & \cdots & \vdots \\ x_{30}^{(1)} & & x_{30}^{(364)} \end{bmatrix}}^{364} \begin{bmatrix} e^{(1)} \\ e^{(2)} \\ \vdots \\ e^{(364)} \end{bmatrix} \right\} 364 = \begin{bmatrix} g_1 \\ g_2 \\ \vdots \\ g_{30} \end{bmatrix}$$

행렬을 전치하면 행과 열이 바뀌므로 샘플의 각 특성들을 오차에 곱할 수 있는 형태가 됩니다. 행렬 X의 크기는 $(364, 30)$이므로 전치하면 $(30, 364)$ 크기의 행렬이 됩니다. 행렬의 계산은 $(30, 364) \cdot (364, 1) = (30, 1)$와 같습니다. g_1은 모든 샘플의 첫 번째 특성$(x_1^{(1)}, x_1^{(2)} \cdots x_1^{(364)})$과 오차$(e^{(1)}, e^{(2)}, \cdots, e^{(364)})$를 곱하여 더한 값이므로 이후 그레이디언트 평균값을 계산할 때 이 값을 다시 전체 샘플 수로 나눕니다.

6. forpass( ), backprop( ) 메서드에 배치 경사 하강법 적용하기

과정 **3~5**를 통해 공부한 계산 방식을 forpass( ) 메서드와 backprop( ) 메서드에 적용해 보겠습니다. forpass( ) 메서드는 np.sum( ) 함수 대신 행렬 곱셈을 해 주는 np.dot( ) 함수를 사용합니다. backprop( ) 메서드는 과정 **5**에서 설명했듯이 행렬 곱셈을 적용한 결과가 그레이디언트들의 합이므로 전체 샘플 개수로 나눠 평균 그레이디언트를 구합니다.

```python
def forpass(self, x):
    z = np.dot(x, self.w) + self.b        # 선형 출력을 계산합니다.
    return z

def backprop(self, x, err):
    m = len(x)
    w_grad = np.dot(x.T, err) / m          # 가중치에 대한 평균 그레이디언트를 계산합니다.
    b_grad = np.sum(err) / m               # 절편에 대한 평균 그레이디언트를 계산합니다.
    return w_grad, b_grad
```

파이썬의 len( ) 함수는 넘파이 배열의 행 크기를 반환하므로 이 값을 이용하여 그레이디언트의 평균을 계산합니다. 절편의 그레이디언트는 오차이므로 오차 행렬의 평균값을 계산합니다.

7. fit( ) 메서드 수정하기

그 다음 가장 큰 변화가 있는 메서드는 fit( ) 메서드입니다. 이 메서드에는 에포크를 위한 for문과 훈련 세트를 순회하기 위한 for문이 있었습니다. 배치 경사 하강법에서는 forpass( ) 메서드와 backprop( ) 메서드에서 전체 샘플을 한꺼번에 계산하므로 두 번째 for문이 삭제됩니다. fit( ) 메서드의 코드는 다음과 같습니다.

```python
def fit(self, x, y, epochs=100, x_val=None, y_val=None):
    y = y.reshape(-1, 1)                   # 타깃을 열 벡터로 바꿉니다.
    y_val = y_val.reshape(-1, 1)           # 검증용 타깃을 열 벡터로 바꿉니다.
    m = len(x)                             # 샘플 개수를 저장합니다.
    self.w = np.ones((x.shape[1], 1))      # 가중치를 초기화합니다.
    self.b = 0                             # 절편을 초기화합니다.
    self.w_history.append(self.w.copy( ))  # 가중치를 기록합니다.
    # epochs만큼 반복합니다.
    for i in range(epochs):
        z = self.forpass(x)                # 정방향 계산을 수행합니다.
        a = self.activation(z)             # 활성화 함수를 적용합니다.
        err = -(y - a)                     # 오차를 계산합니다.
        # 오차를 역전파하여 그레이디언트를 계산합니다.
        w_grad, b_grad = self.backprop(x, err)
        # 그레이디언트에 페널티 항의 미분값을 더합니다.
        w_grad += (self.l1 * np.sign(self.w) + self.l2 * self.w) / m
        # 가중치와 절편을 업데이트합니다.
        self.w -= self.lr * w_grad
        self.b -= self.lr * b_grad
```

```
# 가중치를 기록합니다.
self.w_history.append(self.w.copy( ))
# 안전한 로그 계산을 위해 클리핑합니다.
a = np.clip(a, 1e-10, 1-1e-10)
# 로그 손실과 규제 손실을 더하여 리스트에 추가합니다.
loss = np.sum(-(y*np.log(a) + (1-y)*np.log(1-a)))
self.losses.append((loss + self.reg_loss( )) / m)
# 검증 세트에 대한 손실을 계산합니다.
self.update_val_loss(x_val, y_val)
```

전체 구조는 확률적 경사 하강법과 비슷하지만 for문이 한 단계 삭제되어 코드가 훨씬 간단해 졌습니다. 활성화 출력 a가 열 벡터이므로 이에 맞추어 타깃값을 $(m, 1)$ 크기의 열 벡터로 변 환하였고 평균 손실을 구하기 위해 np.sum( ) 함수로 각 샘플의 손실을 더한 후 전체 샘플의 개수로 나눴습니다.

8. 나머지 메서드 수정하기

predict( ) 메서드에서 사용했던 리스트 내포와 update_val_loss( ) 메서드도 더 간단해졌습 니다. 두 메서드의 코드는 다음과 같습니다.

```
def predict(self, x):
    z = self.forpass(x)                         # 정방향 계산을 수행합니다.
    return z > 0                                # 스텝 함수를 적용합니다.

def update_val_loss(self, x_val, y_val):
    z = self.forpass(x_val)                     # 정방향 계산을 수행합니다.
    a = self.activation(z)                      # 활성화 함수를 적용합니다.
    a = np.clip(a, 1e-10, 1-1e-10)              # 출력값을 클리핑합니다.
    # 로그 손실과 규제 손실을 더하여 리스트에 추가합니다.
    val_loss = np.sum(-(y_val*np.log(a) + (1-y_val)*np.log(1-a)))
    self.val_losses.append((val_loss + self.reg_loss( )) / len(y_val))
```

과정 **7**과 마찬가지로 update_val_loss( ) 메서드에서도 검증 손실 val_loss를 계산할 때 np.sum( ) 함수를 적용했습니다. 이 외의 다른 코드는 05장과 거의 동일합니다. 지금까지 배치 경사 하강법을 적용한 SingleLayer 클래스의 전체 코드는 다음과 같습니다.

```python
class SingleLayer:

    def __init__(self, learning_rate=0.1, l1=0, l2=0):
        self.w = None                    # 가중치
        self.b = None                    # 절편
        self.losses = []                 # 훈련 손실
        self.val_losses = []             # 검증 손실
        self.w_history = []              # 가중치 기록
        self.lr = learning_rate          # 학습률
        self.l1 = l1                     # L1 손실 하이퍼파라미터
        self.l2 = l2                     # L2 손실 하이퍼파라미터

    def forpass(self, x):
        z = np.dot(x, self.w) + self.b   # 선형 출력을 계산합니다.
        return z

    def backprop(self, x, err):
        m = len(x)
        w_grad = np.dot(x.T, err) / m    # 가중치에 대한 그레이디언트를 계산합니다.
        b_grad = np.sum(err) / m         # 절편에 대한 그레이디언트를 계산합니다.
        return w_grad, b_grad

    def activation(self, z):
        z = np.clip(z, -100, None)       # 안전한 np.exp( ) 계산을 위해
        a = 1 / (1 + np.exp(-z))         # 시그모이드 계산
        return a

    def fit(self, x, y, epochs=100, x_val=None, y_val=None):
        y = y.reshape(-1, 1)             # 타깃을 열 벡터로 바꿉니다.
        y_val = y_val.reshape(-1, 1)     # 검증용 타깃을 열 벡터로 바꿉니다.
        m = len(x)                       # 샘플 개수를 저장합니다.
        self.w = np.ones((x.shape[1], 1)) # 가중치를 초기화합니다.
        self.b = 0                       # 절편을 초기화합니다.
        self.w_history.append(self.w.copy( )) # 가중치를 기록합니다.
        # epochs만큼 반복합니다.
        for i in range(epochs):
            z = self.forpass(x)          # 정방향 계산을 수행합니다.
            a = self.activation(z)       # 활성화 함수를 적용합니다.
            err = -(y - a)               # 오차를 계산합니다.
            # 오차를 역전파하여 그레이디언트를 계산합니다.
            w_grad, b_grad = self.backprop(x, err)
            # 그레이디언트에 페널티 항의 미분값을 더합니다.
            w_grad += (self.l1 * np.sign(self.w) + self.l2 * self.w) / m
            # 가중치와 절편을 업데이트합니다.
            self.w -= self.lr * w_grad
```

```
                self.b -= self.lr * b_grad
                # 가중치를 기록합니다.
                self.w_history.append(self.w.copy( ))
                # 안전한 로그 계산을 위해 클리핑합니다.
                a = np.clip(a, 1e-10, 1-1e-10)
                # 로그 손실과 규제 손실을 더하여 리스트에 추가합니다.
                loss = np.sum(-(y*np.log(a) + (1-y)*np.log(1-a)))
                self.losses.append((loss + self.reg_loss( )) / m)
                # 검증 세트에 대한 손실을 계산합니다.
                self.update_val_loss(x_val, y_val)

    def predict(self, x):
        z = self.forpass(x)          # 정방향 계산을 수행합니다.
        return z > 0                 # 스텝 함수를 적용합니다.

    def score(self, x, y):
        # 예측과 타깃 열 벡터를 비교하여 True의 비율을 반환합니다.
        return np.mean(self.predict(x) == y.reshape(-1, 1))

    def reg_loss(self):
        # 가중치에 규제를 적용합니다.
        return self.l1 * np.sum(np.abs(self.w)) + self.l2 / 2 * np.sum(self.w**2)

    def update_val_loss(self, x_val, y_val):
        z = self.forpass(x_val)            # 정방향 계산을 수행합니다.
        a = self.activation(z)             # 활성화 함수를 적용합니다.
        a = np.clip(a, 1e-10, 1-1e-10)     # 출력값을 클리핑합니다.
        # 로그 손실과 규제 손실을 더하여 리스트에 추가합니다.
        val_loss = np.sum(-(y_val*np.log(a) + (1-y_val)*np.log(1-a)))
        self.val_losses.append((val_loss + self.reg_loss( )) / len(y_val))
```

9. 훈련 데이터 표준화 전처리하기

안정적인 학습을 위하여 05장에서 살펴보았던 사이킷런의 StandardScaler 클래스를 사용해
데이터 세트의 특성을 평균이 0, 표준 편차가 1이 되도록 변환해 보겠습니다. StandardScaler
클래스 외에도 데이터 전처리에 관련된 클래스들은 sklearn.preprocessing 모듈 아래에 있
으며 이런 클래스들을 변환기(transformer)라고 부릅니다.

```
import numpy as np
import matplotlib.pyplot as plt
from sklearn.preprocessing import StandardScaler
```

```
scaler = StandardScaler( )
scaler.fit(x_train)
x_train_scaled = scaler.transform(x_train)
x_val_scaled = scaler.transform(x_val)
```

StandardScaler 클래스로 scaler 객체를 만든 다음 fit( ) 메서드를 통해 변환 규칙을 익히고 transform( ) 메서드로 데이터를 표준화 전처리합니다. 그런 다음 훈련 세트와 검증 세트에 표준화를 적용하여 x_train_scaled, x_val_scaled를 준비합니다.

10. 이제 이 데이터를 SingleLayer 클래스 객체에 전달하여 배치 경사 하강법을 적용해 보겠습니다.

```
single_layer = SingleLayer(l2=0.01)
single_layer.fit(x_train_scaled, y_train,
                 x_val=x_val_scaled, y_val=y_val, epochs=10000)
single_layer.score(x_val_scaled, y_val)
0.978021978021978
```

05장의 결과와 비교하기 위해 L2 규제 매개변수의 값을 0.01로 지정했으며 에포크 매개변수 (epochs)의 기본값을 100에서 10,000으로 크게 늘렸습니다. 에포크를 늘린 이유는 확률적 경사 하강법과 배치 경사 하강법은 에포크마다 가중치 업데이트를 하는 횟수에 차이가 있기 때문입니다. 예를 들어 훈련 세트의 샘플 개수가 364개일 때 확률적 경사 하강법은 100번의 에포크를 수행하면 총 36,400번의 가중치 업데이트가 일어납니다. 그래서 확률적 경사 하강법을 그래프로 그리면 흔들리는 형태로 나오지만 목표를 향해 빠르게 전진합니다. 반면에 배치 경사 하강법은 전체 훈련 세트를 한 번에 계산한 다음 오차를 역전파하기 때문에 100번의 에포크를 수행하면 가중치는 100번만 업데이트됩니다. 따라서 확률적 경사 하강법보다 에포크 횟수를 크게 늘려주어야 합니다.

11. 검증 세트로 성능 측정하고 그래프로 비교하기
score( ) 메서드에서 출력된 검증 세트의 점수는 05장과 동일하지만 손실 함수 값의 변화는 다를 것입니다. 정말 그런지 훈련 손실과 검증 손실을 그래프로 출력하여 확률적 경사 하강법과 비교해 보겠습니다.

```
plt.ylim(0, 0.3)
plt.plot(single_layer.losses)
plt.plot(single_layer.val_losses)
plt.ylabel('loss')
plt.xlabel('epoch')
plt.legend(['train_loss', 'val_loss'])
plt.show( )
```

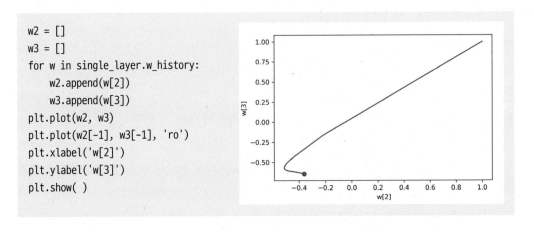

05장에서 그린 확률적 경사 하강법의 손실 그래프는 변동이 심했던 것을 기억하나요? 샘플을 선택하는 순서에 따라 에포크마다 계산된 손실값이 들쭉날쭉했습니다. 배치 경사 하강법은 전체 샘플을 사용하여 가중치를 업데이트하기 때문에 손실값이 안정적으로 감소합니다.

12. 왜 이런 결과가 나오는지 가중치의 변화를 그래프로 나타내보면 더 잘 이해할 수 있을 것입니다.

```
w2 = []
w3 = []
for w in single_layer.w_history:
    w2.append(w[2])
    w3.append(w[3])
plt.plot(w2, w3)
plt.plot(w2[-1], w3[-1], 'ro')
plt.xlabel('w[2]')
plt.ylabel('w[3]')
plt.show( )
```

배치 경사 하강법을 적용하니 가중치를 찾는 경로가 다소 부드러운 곡선의 형태를 띠는 것 같습니다. 가중치의 변화가 연속적이므로 손실값도 안정적으로 수렴됩니다. 하지만 앞에서도 말했듯이 배치 경사 하강법은 매번 전체 훈련 세트를 사용하므로 연산 비용이 많이 들고 최솟값에 수렴하는 시간도 많이 걸립니다. 지금까지 단일층 신경망을 놓고 배치 경사 하강법을 적용하는 방법에 대해 알아보았습니다. 다음에는 2개의 층을 가진 신경망을 만들어보겠습니다.

☑ 넘파이, 머신러닝, 딥러닝 패키지들은 벡터화된 연산을 통해 빠른 연산 속도를 제공합니다.

☐ 확률적 경사 하강법은 1개의 샘플을 이용하여 가중치를 업데이트하므로 n개의 샘플이 있으면 1에포크당 n번의 가중치 업데이트를 수행합니다.

☐ 배치 경사 하강법은 전체 샘플을 이용하여 가중치를 업데이트하므로 n개의 샘플이 있어도 1에포크당 1번의 가중치 업데이트를 수행합니다.

06-2 2개의 층을 가진 신경망을 구현합니다

지금까지는 하나의 층에 하나의 뉴런을 사용한 신경망 알고리즘으로 문제를 해결했습니다. 지금부터는 하나의 층을 추가해 보고 층에 있는 뉴런의 개수도 늘려보겠습니다. 또한 앞에서 배운 행렬 연산으로 여러 개의 뉴런을 어떻게 표현하는지, 그리고 신경망의 구조는 어떻게 달라지는지 그림과 함께 천천히 설명해 보겠습니다. 그다음 2개 이상의 층을 가지는 신경망에 경사 하강법을 적용해 보고 각 층에 오차가 어떻게 역전파되는지도 알아보겠습니다.

하나의 층에 여러 개의 뉴런을 사용합니다

하나의 층에 여러 개의 뉴런을 사용하면 신경망이 어떻게 달라질까요? 입력층에서 전달되는 특성이 각 뉴런에 모두 전달될 것입니다. 다음 그림을 통해 여러 개의 뉴런이 있을 때 어떻게 정방향 계산이 진행되는지 알아보겠습니다. 다음 그림은 3개의 특성과 2개의 뉴런이 있는 경우를 가정했으며 지금부터는 입력값이 나열된 부분을 특별히 입력층이라고 부르겠습니다.

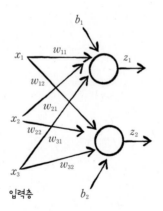

위 그림에서 3개의 특성은 각각 2개의 뉴런에 모두 전달되어 z_1, z_2를 출력합니다. z_1을 계산할 때 x_1, x_2, x_3와 곱해지는 가중치 3개가 필요하고 z_2를 계산할 때도 가중치 3개가 필요합니다. 또한 뉴런마다 절편이 하나씩 필요합니다. 이때 가중치를 입력 특성 번호와 뉴런의 번호로 표현하면 다음과 같은 계산식이 나옵니다.

$$x_1 w_{11} + x_2 w_{21} + x_3 w_{31} + b_1 = z_1$$
$$x_1 w_{12} + x_2 w_{22} + x_3 w_{32} + b_2 = z_2$$

뉴런이 2개이므로 출력도 2개입니다. 이 출력값을 편의상 z_1, z_2라고 부르겠습니다. 이 선형 방정식을 행렬 곱셈으로 바꾸면 다음과 같습니다.

$$[x_1\ x_2\ x_3] \begin{bmatrix} w_{11} & w_{21} \\ w_{21} & w_{22} \\ w_{31} & w_{32} \end{bmatrix} + [b_1\ b_2] = [z_1\ z_2]$$

출력은 (1, 2) 크기의 행렬입니다. 여기에서 기억할 점은 여러 개의 뉴런을 사용함으로써 가중치가 1개의 열을 가진 벡터가 아닌 2차원 행렬이 되었다는 사실입니다. 이 예에서 가중치 행렬의 크기는 (3, 2)이며 가중치 오른쪽 아래에 있는 숫자의 의미는 다음 표를 보면 쉽게 이해할 수 있습니다.

	첫 번째 특성에 대한	두 번째 특성에 대한	세 번째 특성에 대한
첫 번째 뉴런 가중치	w_{11}	w_{21}	w_{31}
두 번째 뉴런 가중치	w_{21}	w_{22}	w_{32}

가중치 행렬의 크기는 (입력의 개수, 출력의 개수)로 생각하면 됩니다. 지금은 2개의 뉴런을 사용하고 있으므로 출력의 개수는 2개입니다. 하나의 뉴런만 사용한 경우 출력의 개수가 1이므로 가중치는 열 벡터가 됩니다. 가중치 행렬의 크기 구하는 방법을 꼭 기억해 두세요. 나중에 더 복잡한 신경망을 다룰 때 가중치 행렬을 쉽게 떠올릴 수 있을 것입니다. 위의 수식은 샘플 1개에 대한 것입니다. 샘플 전체에 대하여 수식을 전개하면 다음과 같습니다.

$$\boldsymbol{XW}_1 + \boldsymbol{b}_1 = \boldsymbol{Z}_1$$

이때 $\boldsymbol{W}_1$은 첫 번째 층의 가중치 행렬이란 의미로 첨자 1을 사용했습니다. 조금 뒤에 나올 두 번째 층의 가중치 행렬은 첨자 2를 사용합니다. 그리고 절편은 가중치와 구분하여 1차원 배열이라는 뜻을 강조하기 위해 소문자 $\boldsymbol{b}_1$으로 표시했습니다.

출력을 하나로 모읍니다

위스콘신 유방암 데이터 세트로 우리가 해결할 문제는 악성 종양인지 정상 종양인지 구분하는 것입니다. 즉, 이진 분류 문제이므로 각 뉴런에서 출력된 값($z_1, z_2, \cdots$)을 하나의 뉴런으로 다시 모아야 합니다. 유방암 데이터 1개의 샘플에 있는 여러 특성의 값을 각 뉴런에 통과시키면 여러 개의 출력값($a_1, a_2, \cdots$)이 나오는데, 이 값들 중 하나만 골라 이진 분류에 사용할 수는 없는 노릇이죠. 그래서 출력값을 다시 모아 이진 분류를 수행할 기준값(z)을 만드는 것입니다.

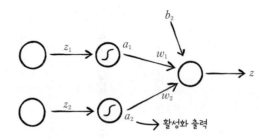

z_1, z_2는 마지막 뉴런으로 모으기 전의 출력값이고 a_1, a_2는 활성화 함수에 통과시킨 값입니다. 편의상 이 값을 그냥 출력이 아니라 활성화 출력이라 부르겠습니다. 2개의 활성화 출력이 마지막 뉴런에 입력되고 여기에 절편이 더해져 z가 만들어집니다. 이 그림은 앞서 단일층 신경망의 그림과 비슷합니다. 이 과정을 선형 방정식과 행렬 곱셈 표현으로 바꾸면 다음과 같습니다.

$$a_1 w_1 + a_2 w_2 + b_2 = z \ (\text{선형 방정식})$$

$$[a_1 \ a_2] \begin{bmatrix} w_1 \\ w_2 \end{bmatrix} + b_2 = z \ (\text{행렬 곱셈})$$

이제 이런 표현이 익숙해졌을 것입니다. 그런데 위 식은 샘플 1개에 대한 수식입니다. 샘플 전체에 대한 행렬 곱셈 표현은 다음과 같습니다.

$$\boldsymbol{A}_1 \boldsymbol{W}_2 + \boldsymbol{b}_2 = \boldsymbol{Z}_2$$

행렬 $\boldsymbol{A}_1$의 크기는 (전체 샘플 수, 2)이므로 $(m, 2)$이고 $\boldsymbol{W}_2$의 크기는 (입력의 크기, 출력의 크기)이므로 $(2, 1)$입니다.

은닉층이 추가된 신경망을 알아봅니다

이제 앞에서 살펴본 구조를 하나로 연결해 보겠습니다. 전체 구조는 다음과 같습니다.

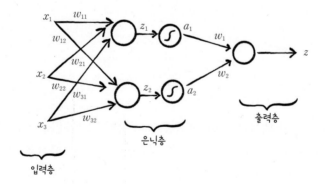

2개의 뉴런과 2개의 층을 가진 신경망이 만들어졌습니다. 이때 입력값이 모여 있는 층은 입력층이라 부르는데, 보통 입력층은 층의 개수에 포함시키지 않습니다. 입력층의 값들은 출력층으로 전달되기 전에 2개의 뉴런으로 구성된 은닉층을 통과합니다. 그런 다음 은닉층을 통과한 값들이 출력층에서 하나로 합쳐집니다. 참고로 이 그림에서는 은닉층에 절편을 표시하지 않았습니다. 종종 번거로움을 피하기 위해 절편을 표시하지 않는 경우가 많습니다. 하지만 절편이 각 뉴런의 계산에 포함된다는 점을 잊지 마세요.

입력과 출력은 행렬로 표기합니다

휴! 그림에 개별 값들이 그대로 쓰여 있으니 조금 복잡하네요. 앞 그림의 값들을 행렬로 표기하면 훨씬 간단해집니다.

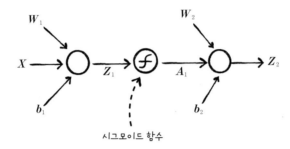

시그모이드 함수

2개의 층을 가진 신경망은 입력 행렬 X, 첫 번째 층의 가중치 행렬 W_1과 절편 b_1, 첫 번째 층의 출력 Z_1, 첫 번째 층의 활성화 출력 A_1, 두 번째 층의 가중치 행렬 W_2와 절편 b_2, 두 번째 층의 출력 Z_2로 나타낼 수 있습니다. 물론 최종 예측을 위해서는 두 번째 층의 출력을 다시 시그모이드 함수에 통과시켜 확률값을 얻어야 하지만 지금은 이 구조만 이해해도 충분합니다. 이렇게 행렬을 사용하면 여러 개의 뉴런이 있는 다층 신경망을 손쉽게 표현할 수 있습니다. 신경망에서 하나의 층을 행렬로, 하나의 뉴런을 행렬의 열로 생각하면 신경망과 행렬의 관계를 쉽게 이해할 수 있을 것입니다. 층을 많이 쌓은 신경망은 행렬의 개수가 많으므로 행렬 연산도 많이 수행해야 합니다. 지금까지 뉴런이 2개이고 층이 2개인 다층 신경망 알고리즘을 그림과 수식을 이용해 알아보았습니다.

다층 신경망의 개념을 정리합니다

보통 다층 신경망의 각 층은 2개 이상의 뉴런으로 구성합니다. 앞에서 본 다층 신경망의 은닉층의 뉴런 개수를 2개가 아니라 n개로 늘려 생각해 보겠습니다. 이때 활성화 함수는 뉴런 오른쪽에 작은 원으로 붙여서 표현합니다.

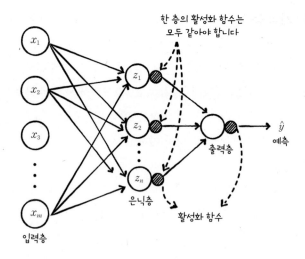

그림을 보면 m개의 입력이 n개의 뉴런으로 입력됩니다. 그리고 은닉층을 통과한 값들은 다시 출력층으로 모입니다. 바로 이것이 딥러닝입니다. 드디어 다층 신경망의 구조에 대한 설명을 모두 마쳤습니다. 마지막으로 다층 신경망에서 알아야 할 주의 사항과 개념을 정리해 보겠습니다.

활성화 함수는 층마다 다를 수 있지만 한 층에서는 같아야 합니다

각 층은 하나 이상의 뉴런을 가지는데, 은닉층과 출력층에 있는 모든 뉴런에는 활성화 함수가 필요하며 문제에 맞는 활성화 함수를 사용해야 합니다. 단, 같은 층에 있는 뉴런은 모두 같은 활성화 함수를 사용해야 합니다. 예를 들어 이진 분류 문제에는 출력층의 활성화 함수로 시그모이드 함수를 사용해야 합니다. 07장 이후 층 마다 다른 종류의 활성화 함수를 적용하는 방법을 알아보겠습니다.

모든 뉴런이 연결되어 있으면 완전 연결 신경망이라고 합니다

위의 신경망은 입력층과 은닉층, 은닉층과 출력층 사이의 뉴런들이 모두 연결되어 있기 때문에 완전 연결(fully-connected) 신경망이라고 부릅니다. 완전 연결 신경망은 인공신경망의 한 종류이며, 가장 기본적인 신경망 구조입니다. 이렇게 뉴런이 모두 연결되어 있는 층을 완전 연결층이라고도 부릅니다. 이 외에도 신경망의 종류는 다양합니다. 데이터 흐름이 순환되는 순환 신경망, 정방향으로 데이터가 흐르지만 완전히 연결되어 있지 않은 합성곱 신경망도 있습니다. 이 내용들은 08장과 09장에서 살펴봅니다.

리키의 팁 메모 | 완전 연결 신경망을 칭하는 용어는 다양합니다

완전 연결 신경망은 다층 퍼셉트론이라고도 부릅니다. 뉴런들이 빠짐 없이 연결되어 있어 밀집 연결(densely-connected) 신경망 또는 층과 층 사이의 데이터 흐름이 한쪽 방향으로만 진행되는 특징이 있어 피드 포워드(feed foward) 신경망이라고 부르기도 합니다.

다층 신경망에 경사 하강법을 적용합니다

그럼 다층 신경망에는 경사 하강법이 어떻게 적용될까요? 이번에는 층이 2개인 다층 신경망에 데이터와 가중치, 손실 함수를 표시하고 구조를 설명한 다음 경사 하강법이 다층 신경망에 어떻게 적용되는지 알아보겠습니다.

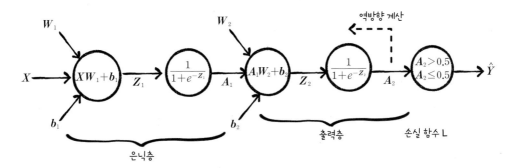

그림을 보면 입력 데이터 X와 가중치 W_1을 곱하고 절편 b_1을 더해 Z_1이 됩니다. Z_1은 활성화 함수(시그모이드 함수)를 통과하여 A_1이 됩니다. 여기까지의 내용이 2개의 뉴런을 가진 첫 번째 은닉층에 해당합니다. 첫 번째 은닉층의 활성화 출력 A_1과 출력층의 가중치 W_2를 곱하고 절편 b_2를 더해 Z_2를 만듭니다. 그런 다음 Z_2는 다시 활성화 함수(시그모이드 함수)를 통과하여 A_2가 됩니다. 여기까지의 내용이 출력층에 해당합니다. A_2의 값을 보고 0.5보다 크면 양성, 그렇지 않으면 음성으로 예측합니다($\hat{Y}$).

앞에서 살펴본 신경망에 경사 하강법을 적용하려면 W_2와 b_2 그리고 W_1, b_1에 대한 손실 함수 L의 도함수를 구해야 됩니다. 이제 각 층의 가중치와 절편에 대하여 손실 함수를 미분하겠습니다. 미분 순서는 출력층에서 은닉층 방향이며 손실 함수 L은 로지스틱 손실 함수입니다.

가중치에 대하여 손실 함수를 미분합니다(출력층)

W_2에 대한 손실 함수의 미분을 연쇄 법칙으로 풀어 쓰면 다음과 같습니다.

$$\frac{\partial L}{\partial W_2} = \frac{\partial L}{\partial Z_2} \frac{\partial Z_2}{\partial W_2}$$

위 식을 신경망에 적용하면 다음과 같습니다.

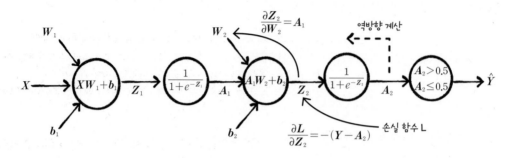

이 그림은 04장에서 살펴본 손실 함수의 미분을 행렬로 확장한 것입니다. 즉, 다음 식을 행렬로 표현하면 됩니다.

$$\frac{\partial L}{\partial w_i} = \frac{\partial L}{\partial z} \frac{\partial z}{\partial w_i} = -(y-a)x_i$$

위 식에서 $-(y-a)$는 $-(Y-A_2)$에 해당합니다.

$$\frac{\partial L}{\partial Z_2} = -(Y - A_2) = \begin{bmatrix} 0.7 \\ 0.3 \\ \vdots \\ 0.6 \end{bmatrix} \Big\} m개$$

x_i는 이전 층의 출력인 A_1으로 생각하면 됩니다.

$$\frac{\partial Z_2}{\partial W_2} = A_1 = \begin{bmatrix} -1.37 & & 0.96 \\ & \vdots & \\ 2.10 & & -0.17 \end{bmatrix} \Big\} m개$$

이제 행렬로 표현된 도함수를 곱해 봅시다.

도함수를 곱합니다(출력층)

$-(Y-A_2)$와 A_1은 그냥 곱하면 안 됩니다. 행렬의 크기와 순서에 주의하며 곱해야 하죠. 각 행렬의 크기를 알아볼까요? $-(Y-A_2)$의 행렬 크기는 Y가 $(m, 1)$이고, A_2도 $(m, 1)$ 크

기이므로 $(m, 1)$입니다. 각 샘플의 타깃과 활성화 값의 차이를 행 방향으로 늘어뜨린 모양을 상상해 보세요.

A_1은 다음과 같습니다.

$$\frac{\partial Z_2}{\partial W_2} = A_1 = \begin{bmatrix} -1.37 & 0.96 \\ & \vdots & \\ 2.10 & -0.17 \end{bmatrix} \Big\} m \text{개}$$

첫 번째 뉴런의 활성화 출력

두 번째 뉴런의 활성화 출력

A_1의 첫 번째 열은 첫 번째 뉴런의 활성화 출력입니다. 이 열을 각 샘플이 만든 오차와 곱한 다음 모두 더하면 첫 번째 뉴런에 대한 그레이디언트의 총 합이 됩니다. 마찬가지로 A_1의 두 번째 열은 모든 샘플에 대한 두 번째 뉴런의 활성화 출력이므로 샘플의 오차와 곱하면 두 번째 뉴런에 대한 그레이디언트의 총 합이 됩니다.

행렬의 구성을 보니 A_1의 크기는 $(m, 2)$이고 $-(Y - A_2)$의 크기는 $(m, 1)$이므로 A_1을 전치하여 $-(Y - A_2)$와 곱해야 합니다. 그 결과 W_2와 같은 $(2, 1)$ 크기의 그레이디언트 행렬을 얻을 수 있습니다.

$$\frac{\partial L}{\partial W_2} = \frac{\partial L}{\partial Z_2} \frac{\partial Z_2}{\partial W_2} = A_1^T(-(Y - A_2)) = \begin{bmatrix} -1.37 & \cdots & 2.10 \\ 0.96 & & -0.17 \end{bmatrix} \begin{bmatrix} 0.7 \\ 0.3 \\ \vdots \\ 0.6 \end{bmatrix} = \begin{bmatrix} -0.12 \\ 0.36 \end{bmatrix}$$

그레이디언트의 총 합

타깃과 예측의 차이

현재 구한 그레이디언트 행렬은 모든 샘플에 대한 그레이디언트의 총 합이므로 가중치 행렬을 업데이트하기 위해서는 평균 그레이디언트를 구해야 합니다. 그런 다음 적절한 학습률을 곱하여 가중치 행렬 W_2를 업데이트하면 되는 것이죠. 이제 절편에 대하여 손실 함수를 미분해 보겠습니다.

절편에 대하여 손실 함수를 미분합니다(출력층)

신경망에 절편에 대한 손실 함수의 미분까지 표시하면 다음과 같습니다.

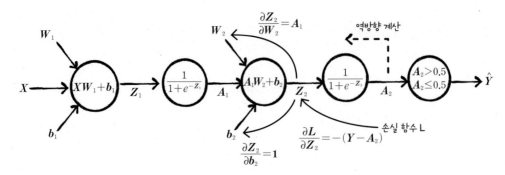

Z_2를 절편에 대하여 미분하면 **1**입니다. 그림에는 모든 원소가 1인 벡터 행렬을 강조하기 위하여 **1**을 볼드로 표기했습니다. 결국 절편 b_2에 대한 손실 함수의 도함수는 연쇄 법칙으로 다음과 같이 나타낼 수 있습니다.

$$\frac{\partial L}{\partial b_2} = \frac{\partial L}{\partial Z_2} \frac{\partial Z_2}{\partial b_2} = \mathbf{1}^T(-(Y-A_2)) = [\underbrace{1 \cdots 1}_{m \text{개}}] \begin{bmatrix} 0.7 \\ 0.3 \\ \vdots \\ 0.6 \end{bmatrix} = 0.18$$

타깃과 예측의 차이

여기서 구한 값 역시 모든 샘플에 대한 그레이디언트의 합입니다. 이 값 역시 전체 샘플의 개수로 나눠 평균 그레이디언트를 구하면 됩니다. 이렇게 해서 출력층에서 그레이디언트를 구하는 작업이 끝났습니다. 이제 은닉층의 그레이디언트를 구해 보겠습니다.

가중치에 대하여 손실 함수를 미분합니다(은닉층)

이제 가중치 W_1에 대하여 손실 함수를 미분해 보겠습니다. W_1에 대한 손실 함수의 미분을 연쇄 법칙으로 나타내면 다음과 같습니다.

$$\frac{\partial L}{\partial W_1} = \frac{\partial L}{\partial Z_2} \frac{\partial Z_2}{\partial A_1} \frac{\partial A_1}{\partial Z_1} \frac{\partial Z_1}{\partial W_1}$$

꽤 복잡해 보이네요. 하지만 그림을 보면서 도함수를 하나씩 맞춰보면 그렇게 복잡하지 않다는 것을 알 수 있습니다. 신경망 그림에 위 연쇄 법칙에 있는 도함수를 그림으로 나타내면 다음과 같습니다.

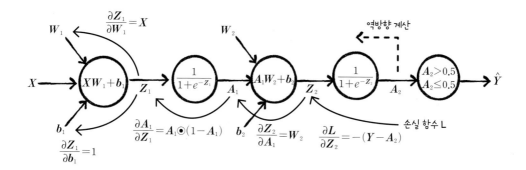

연쇄 법칙의 $\dfrac{\partial \boldsymbol{Z}_1}{\partial \boldsymbol{W}_1}$부터 살펴보겠습니다. $\boldsymbol{Z}_1 = \boldsymbol{X}\boldsymbol{W}_1 + \boldsymbol{b}_1$이므로 $\dfrac{\partial \boldsymbol{Z}_1}{\partial \boldsymbol{W}_1}$은 $\boldsymbol{X}$입니다. 예를 들어 입력의 특성이 3개인 경우 $(m, 3)$ 크기의 행렬을 생각하면 됩니다.

$$\frac{\partial \boldsymbol{Z}_1}{\partial \boldsymbol{W}_1} = \boldsymbol{X} = \left.\begin{bmatrix} 3 & 6 & 2 \\ 1 & 10 & 7 \\ & \vdots & \\ 4 & 8 & 1 \end{bmatrix}\right\} m개$$

그 다음은 $\dfrac{\partial \boldsymbol{A}_1}{\partial \boldsymbol{Z}_1}$입니다. 04-3에서 시그모이드 함수의 도함수가 $a(1-a)$임을 배웠으므로 $\dfrac{\partial \boldsymbol{A}_1}{\partial \boldsymbol{Z}_1}$의 도함수는 $\boldsymbol{A}_1 \odot (1-\boldsymbol{A}_1)$가 됩니다. 원소별 곱셈은 $\odot$ 기호를 사용합니다. $\boldsymbol{A}_1 \odot (1-\boldsymbol{A}_1)$의 크기는 $(m, 2)$가 됩니다.

$$\frac{\partial \boldsymbol{A}_1}{\partial \boldsymbol{Z}_1} = \boldsymbol{A}_1 \odot (1-\boldsymbol{A}_1) = \left.\begin{bmatrix} 2.37 & & 6.10 \\ & \vdots & \\ 1.81 & & 4.82 \end{bmatrix}\right\} m개$$

🦫 **리키의 팁 메모 | 행렬의 원소별 곱셈**

행렬의 원소별 곱셈은 단순히 동일한 위치에 있는 원소끼리 곱합니다. 예를 들면 다음과 같습니다.

같은 위치 원소끼리 곱합니다.

$$\begin{bmatrix} ① & 6 \\ 4 & 2 \end{bmatrix} \odot \begin{bmatrix} ⑫ & 2 \\ 3 & 6 \end{bmatrix} = \begin{bmatrix} ⑫ & 12 \\ 12 & 12 \end{bmatrix}$$

$\dfrac{\partial \boldsymbol{Z}_2}{\partial \boldsymbol{A}_1}$는 $\boldsymbol{Z}_2 = \boldsymbol{A}_1 \boldsymbol{W}_2 + \boldsymbol{b}_2$이므로 $\boldsymbol{A}_1$에 대해 미분하면 출력층의 가중치 $\boldsymbol{W}_2$만 남습니다. 이 행렬의 크기는 은닉층의 뉴런 개수와 같으므로 $(2, 1)$입니다.

$$\frac{\partial Z_2}{\partial A_1} = W_2 = \begin{bmatrix} 0.02 \\ 0.16 \end{bmatrix}$$

마지막으로 $\dfrac{\partial L}{\partial Z_2}$입니다. $\dfrac{\partial L}{\partial Z_2}$는 앞에서 구한 것과 동일합니다.

$$\frac{\partial L}{\partial Z_2} = -(Y - A_2) = \left.\begin{bmatrix} 0.7 \\ 0.3 \\ \vdots \\ 0.6 \end{bmatrix}\right\} m \text{개}$$

도함수를 곱합니다(은닉층)

이제 이 도함수들을 곱해 보겠습니다. 도함수를 곱하는 순서는 신경망의 역방향 순서로 진행합니다. 먼저 $\dfrac{\partial L}{\partial Z_2}$과 $\dfrac{\partial Z_2}{\partial A_1}$를 곱합니다. 각 도함수는 $-(Y - A_2)$와 W_2이고 $-(Y - A_2)$의 모든 요소를 W_2와 곱하기 위해 W_2를 전치합니다. 각 행렬의 크기는 $(m, 1)$, $(1, 2)$이므로 결과 행렬의 크기는 $(m, 2)$입니다.

$$\frac{\partial L}{\partial Z_2}\frac{\partial Z_2}{\partial A_1} = -(Y - A_2)W_2^T = \begin{bmatrix} 0.7 \\ 0.3 \\ \vdots \\ 0.6 \end{bmatrix} \begin{bmatrix} 0.02 & 0.16 \end{bmatrix} = \left.\begin{bmatrix} 0.014 & 0.112 \\ & \vdots \\ 0.012 & 0.096 \end{bmatrix}\right\} m \text{개}$$

두 도함수를 곱하는 것은 각 샘플이 만든 오차를 은닉층에 있는 2개의 뉴런에 반영시킨다는 의미입니다. 그런 다음 $\dfrac{\partial A_1}{\partial Z_1}$를 곱하면 됩니다. $\dfrac{\partial A_1}{\partial Z_1}$는 $A_1 \odot (1 - A_1)$이고 $-(Y - A_2)W_2^T$의 크기와 같으므로 $\dfrac{\partial L}{\partial Z_2}\dfrac{\partial Z_2}{\partial A_1}\dfrac{\partial A_1}{\partial Z_1}$를 계산하기 위해 원소별 곱셈을 할 수 있습니다.

$$\begin{aligned} \frac{\partial L}{\partial Z_2}\frac{\partial Z_2}{\partial A_1}\frac{\partial A_1}{\partial Z_1} &= -(Y - A_2)W_2^T \odot A_1 \odot (1 - A_1) \\[2mm] &= \begin{bmatrix} 0.014 & 0.112 \\ & \vdots \\ 0.012 & 0.096 \end{bmatrix} \odot \begin{bmatrix} 2.37 & 6.10 \\ & \vdots \\ 1.81 & 4.82 \end{bmatrix} \odot \left(1 - \begin{bmatrix} 2.37 & 6.10 \\ & \vdots \\ 1.81 & 4.82 \end{bmatrix}\right) \\[2mm] &= \left.\begin{bmatrix} -0.045 & -3.48 \\ & \vdots \\ -0.018 & -1.768 \end{bmatrix}\right\} m \text{개} \end{aligned}$$

이제 오차 그레이디언트가 은닉층의 활성화 함수를 통과했습니다. 이 오차 그레이디언트를 W_1에 적용하는 방법은 앞에서 W_2에 그레이디언트를 적용했던 방법과 유사합니다. $\dfrac{\partial Z_1}{\partial W_1}$는 X이므로 앞에서 구한 식에 간단히 X를 곱합니다. X의 크기는 $(m, 3)$이고 $\dfrac{\partial L}{\partial Z_2}\dfrac{\partial Z_2}{\partial A_1}\dfrac{\partial A_1}{\partial Z_1}$의 크기는 $(m, 2)$이므로 X를 전치하여 곱하면 $(3, m)\cdot(m, 2)=(3, 2)$ 크기의 그레이디언트 행렬을 얻을 수 있습니다.

$$
\frac{\partial L}{\partial W_1}=\frac{\partial L}{\partial Z_2}\frac{\partial Z_2}{\partial A_1}\frac{\partial A_1}{\partial Z_1}\frac{\partial Z_1}{\partial W_1}=X^T(-(Y-A_2)W_2^T\odot A_1\odot(1-A_1))
$$

$$
=\overset{m\text{개}}{\begin{bmatrix} 3 & 1 & & 4 \\ 6 & 10 & \cdots & 8 \\ 2 & 7 & & 1 \end{bmatrix}}\left.\begin{bmatrix} -0.045 & -3.48 \\ & \vdots & \\ -0.018 & -1.768 \end{bmatrix}\right\}m\text{개}
$$

$$
=\begin{bmatrix} 1.20 & 0.012 \\ -0.001 & -0.3080 \\ 0.27 & 0.119 \end{bmatrix}
$$

최종으로 구한 그레이디언트 행렬은 전체 샘플에 대한 그레이디언트의 합이므로 전체 샘플 개수로 나누어 평균을 구해야 합니다. 그런 다음 W_1을 업데이트하는 데 사용합니다.

절편에 대하여 손실 함수를 미분하고 도함수를 곱합니다

절편 b_1의 그레이디언트를 구하는 방법은 앞에서 절편 b_2를 통해 알아본 것과 동일하므로 설명을 생략합니다.

$$
\frac{\partial L}{\partial b_1}=\frac{\partial L}{\partial Z_2}\frac{\partial Z_2}{\partial A_1}\frac{\partial A_1}{\partial Z_1}\frac{\partial Z_1}{\partial b_1}=1^T(-(Y-A_2)W_2^T\odot A_1\odot(1-A_1))
$$

$$
=\begin{bmatrix} 1 & 1 & \cdots & 1 \end{bmatrix}\left.\begin{bmatrix} -0.045 & -3.48 \\ & \vdots & \\ -0.018 & -1.768 \end{bmatrix}\right\}m\text{개}
$$

$$
=\begin{bmatrix} 0.121 & -0.034 \end{bmatrix}
$$

지금까지 다층 완전 연결 신경망의 경사 하강법 공식을 모두 유도해 보았습니다. 미분의 연쇄 법칙을 적용하니 출력층에서부터 입력층까지 오차를 거꾸로 전파하는 모습이 제대로 보이네요. 이제 이 알고리즘을 DualLayer 클래스로 구현해 보겠습니다.

2개의 층을 가진 신경망 구현하기

앞 절에서 설명한 2개의 층을 가진 신경망을 구현해 보겠습니다. 새로 만들 DualLayer 클래스는 SingleLayer 클래스의 은닉층 부분의 계산을 제외하면 대부분 비슷한 기능을 가지고 있으므로 SingleLayer 클래스를 상속하여 DualLayer 클래스를 만들고 필요한 메서드만 재정의하겠습니다.

1. SingleLayer 클래스를 상속한 DualLayer 클래스 만들기

파이썬에서 클래스를 상속하는 방법은 매우 간단합니다. 클래스 이름 뒤에 소괄호로 상속하고자 하는 부모 클래스 이름을 감싸면 됩니다. DualLayer 클래스의 초기화 메서드에는 은닉층의 뉴런 개수를 지정하는 units 매개변수가 추가되었습니다. 다음은 클래스 상속과 초기화 메서드 __init__를 구현한 것입니다.

```python
class DualLayer(SingleLayer):

    def __init__(self, units=10, learning_rate=0.1, l1=0, l2=0):
        self.units = units            # 은닉층의 뉴런 개수
        self.w1 = None                # 은닉층의 가중치
        self.b1 = None                # 은닉층의 절편
        self.w2 = None                # 출력층의 가중치
        self.b2 = None                # 출력층의 절편
        self.a1 = None                # 은닉층의 활성화 출력
        self.losses = []              # 훈련 손실
        self.val_losses = []          # 검증 손실
        self.lr = learning_rate       # 학습률
        self.l1 = l1                  # L1 손실 하이퍼파라미터
        self.l2 = l2                  # L2 손실 하이퍼파라미터
```

DualLayer는 은닉층과 출력층의 가중치와 절편을 각각 w1, b1과 w2, b2에 저장합니다. 은닉층의 활성화 출력은 역방향을 계산할 때 필요하므로 a1 변수에 저장합니다. SingleLayer 클래스는 학습 과정을 이해하기 쉽도록 하기 위해 w_history 변수에 가중치의 변화를 기록했습니다. DualLayer 클래스에서는 가중치 변화를 기록하지 않겠습니다.

2. forpass( ) 메서드 수정하기

forpass( ) 메서드에는 은닉층과 출력층의 정방향 계산을 수행합니다. 먼저 코드를 확인해 보겠습니다.

```
def forpass(self, x):
    z1 = np.dot(x, self.w1) + self.b1      # 첫 번째 층의 선형식을 계산합니다
    self.a1 = self.activation(z1)          # 활성화 함수를 적용합니다
    z2 = np.dot(self.a1, self.w2) + self.b2  # 두 번째 층의 선형식을 계산합니다.
    return z2
```

이 메서드는 은닉층의 활성화 함수를 통과한 a1과 출력층의 가중치 w2를 곱하고 b2를 더하여 최종 출력 z2를 반환합니다. 이때 활성화 함수를 계산하는 activation( ) 메서드는 SingleLayer 클래스로부터 상속 받았습니다.

3. backprop( ) 메서드 수정하기

다음은 그레이디언트를 계산하는 backprop( ) 메서드입니다. 이 메서드는 모델 훈련에서 오차를 역전파하는 역할을 하므로 특별히 주의해서 구현해야 합니다.

```
def backprop(self, x, err):
    m = len(x)          # 샘플 개수
    # 출력층의 가중치와 절편에 대한 그레이디언트를 계산합니다.
    w2_grad = np.dot(self.a1.T, err) / m
    b2_grad = np.sum(err) / m
    # 시그모이드 함수까지 그레이디언트를 계산합니다.
    err_to_hidden = np.dot(err, self.w2.T) * self.a1 * (1 - self.a1)
    # 은닉층의 가중치와 절편에 대한 그레이디언트를 계산합니다.
    w1_grad = np.dot(x.T, err_to_hidden) / m
    b1_grad = np.sum(err_to_hidden, axis=0) / m
    return w1_grad, b1_grad, w2_grad, b2_grad
```

출력층의 가중치(w2_grad)와 절편(b2_grad)의 계산 공식은 다음과 같았습니다. 이 공식을 위 코드에 그대로 구현합니다.

$$\frac{\partial L}{\partial W_2} = \frac{\partial L}{\partial Z_2}\frac{\partial Z_2}{\partial W_2} = A_1^T(\underbrace{-(Y-A_2)}_{err}) \qquad \frac{\partial L}{\partial b_2} = \frac{\partial L}{\partial Z_2}\frac{\partial Z_2}{\partial b_2} = 1^T(\underbrace{-(Y-A_2)}_{err})$$

b2_grad는 **1**벡터를 사용하는 대신 넘파이 sum( ) 함수로 간단하게 전체 오차의 합을 계산합니다. 그런 다음 샘플 개수(m)로 나누어 그레이디언트의 평균값을 구합니다. err_to_hidden 변수는 은닉층의 그레이디언트를 쉽게 구하기 위하여 다음 수식을 미리 계산해 놓은 것입니다.

$$\frac{\partial L}{\partial Z_2}\frac{\partial Z_2}{\partial A_1}\frac{\partial A_1}{\partial Z_1} = -(Y-A_2)W_2^T \odot A_1 \odot (1-A_1)$$

w1_grad와 b1_grad는 w2_grad와 b2_grad를 구할 때와 비슷하게 계산할 수 있습니다. 여기에서도 b1_grad는 간단히 넘파이 sum( ) 함수를 사용했습니다. w1_grad와 b1_grad는 다음의 수식을 계산한 것입니다.

$$\frac{\partial L}{\partial W_1} = \frac{\partial L}{\partial Z_2}\frac{\partial Z_2}{\partial A_1}\frac{\partial A_1}{\partial Z_1}\frac{\partial Z_1}{\partial W_1} = X^T(\overbrace{-(Y-A_2)W_2^T\odot A_1\odot(1-A_1)}^{err\_to\_hidden})$$

$$\frac{\partial L}{\partial b_1} = \frac{\partial L}{\partial Z_2}\frac{\partial Z_2}{\partial A_1}\frac{\partial A_1}{\partial Z_1}\frac{\partial Z_1}{\partial b_1} = 1^T(\overbrace{-(Y-A_2)W_2^T\odot A_1\odot(1-A_1)}^{err\_to\_hidden})$$

4. fit( ) 메서드 수정하기

다음은 모델 훈련을 담당하는 fit( ) 메서드입니다. 코드의 길이는 길어졌지만 fit( ) 메서드가 해야 하는 작업은 SingleLayer 클래스의 fit( ) 메서드와 동일합니다. 은닉층과 출력층의 가중치, 절편을 초기화하고 에포크마다 정방향 계산을 수행하여 오차를 계산합니다. 그런 다음 오차를 역전파하여 가중치와 절편의 그레이디언트를 계산합니다. 마지막으로 손실을 계산하여 누적합니다. SingleLayer에서는 fit( ) 메서드를 한 덩어리로 작성했지만 DualLayer 클래스의 fit( ) 메서드는 3개의 작은 메서드로 쪼개겠습니다.

5. 먼저 fit( ) 메서드에 있던 가중치 초기화 부분을 init_weights( ) 메서드로 분리합니다. 이 메서드는 입력 특성의 개수를 지정하는 n_features 매개변수 하나를 가집니다.

```python
def init_weights(self, n_features):
    self.w1 = np.ones((n_features, self.units))   # (특성 개수, 은닉층의 크기)
    self.b1 = np.zeros(self.units)                 # 은닉층의 크기
    self.w2 = np.ones((self.units, 1))             # (은닉층의 크기, 1)
    self.b2 = 0
```

6. fit( ) 메서드의 for문 안에 있는 코드 중 일부를 training( ) 메서드로 분리합니다.

```python
def fit(self, x, y, epochs=100, x_val=None, y_val=None):
    y = y.reshape(-1, 1)              # 타깃을 열 벡터로 바꿉니다.
    y_val = y_val.reshape(-1, 1)
    m = len(x)                        # 샘플 개수를 저장합니다.
    self.init_weights(x.shape[1])     # 은닉층과 출력층의 가중치를 초기화합니다.
    # epochs만큼 반복합니다.
    for i in range(epochs):
        a = self.training(x, y, m)
        # 안전한 로그 계산을 위해 클리핑합니다.
        a = np.clip(a, 1e-10, 1-1e-10)
```

```
                    # 로그 손실과 규제 손실을 더하여 리스트에 추가합니다.
                    loss = np.sum(-(y*np.log(a) + (1-y)*np.log(1-a)))
                    self.losses.append((loss + self.reg_loss()) / m)
                    # 검증 세트에 대한 손실을 계산합니다.
                    self.update_val_loss(x_val, y_val)

    def training(self, x, y, m):
        z = self.forpass(x)              # 정방향 계산을 수행합니다.
        a = self.activation(z)           # 활성화 함수를 적용합니다.
        err = -(y - a)                   # 오차를 계산합니다.
        # 오차를 역전파하여 그레이디언트를 계산합니다.
        w1_grad, b1_grad, w2_grad, b2_grad = self.backprop(x, err)
        # 그레이디언트에서 페널티 항의 미분값을 뺍니다.
        w1_grad += (self.l1 * np.sign(self.w1) + self.l2 * self.w1) / m
        w2_grad += (self.l1 * np.sign(self.w2) + self.l2 * self.w2) / m
        # 은닉층의 가중치와 절편을 업데이트합니다.
        self.w1 -= self.lr * w1_grad
        self.b1 -= self.lr * b1_grad
        # 출력층의 가중치와 절편을 업데이트합니다.
        self.w2 -= self.lr * w2_grad
        self.b2 -= self.lr * b2_grad
        return a
```

정방향 계산과 그레이디언트를 업데이트하는 코드를 training( ) 메서드로 옮겼습니다. 이 메서드는 훈련 데이터 x, y와 훈련 샘플의 개수 m을 매개변수로 받고 마지막 출력층의 활성화 출력 a를 반환합니다.

7. reg_loss( ) 메서드 수정하기

reg_loss( ) 메서드는 은닉층과 출력층의 가중치에 대한 L1, L2 손실을 계산합니다.

```
def reg_loss(self):
    # 은닉층과 출력층의 가중치에 규제를 적용합니다.
    return self.l1 * (np.sum(np.abs(self.w1)) + np.sum(np.abs(self.w2))) + \
           self.l2 / 2 * (np.sum(self.w1**2) + np.sum(self.w2**2))
```

나머지 메서드는 SingleLayer 클래스와 동일합니다. 이렇게 해서 DualLayer 클래스를 모두 구현했습니다.

모델 훈련하기

이번에는 DualLayer 클래스로 다층 신경망 모델을 훈련해 보겠습니다. 이번에 사용되는 데이터도 위스콘신 유방암 데이터입니다.

1. 다층 신경망 모델 훈련하고 평가하기

다음과 같이 다층 신경망 모델을 훈련하고 모델을 평가하겠습니다. L2 규제는 0.01만큼, 에포크는 20,000번으로 지정합니다. 평가 점수는 SingleLayer 클래스로 훈련한 모델(L2 규제 0.01, 에포크 10,000)과 동일합니다. 평가 점수가 동일한 이유는 해결하려는 문제가 간단하기 때문입니다. 문제가 더 복잡했다면 DualLayer 클래스의 평가 점수가 더 좋았을 것입니다.

```
dual_layer = DualLayer(l2=0.01)
dual_layer.fit(x_train_scaled, y_train, x_val=x_val_scaled, y_val=y_val, epochs=20000)
dual_layer.score(x_val_scaled, y_val)
0.978021978021978
```

2. 훈련 손실과 검증 손실 그래프 분석하기

이제 훈련 손실과 검증 손실 그래프를 분석해 보겠습니다. 훈련 손실 그래프는 훈련 데이터로 손실 함수의 최솟값을 찾아가는 과정을 보여주고 검증 손실 그래프는 검증 데이터로 손실 함수의 최솟값을 찾아가는 과정을 보여줍니다.

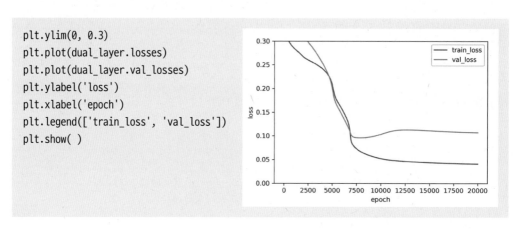

```
plt.ylim(0, 0.3)
plt.plot(dual_layer.losses)
plt.plot(dual_layer.val_losses)
plt.ylabel('loss')
plt.xlabel('epoch')
plt.legend(['train_loss', 'val_loss'])
plt.show( )
```

손실 그래프가 이전보다 천천히 감소하고 있습니다. SingleLayer 클래스보다 가중치의 개수가 훨씬 많아져 학습하는 데 시간이 오래 걸리기 때문입니다. 위스콘신 유방암 데이터의 특성이 30개이므로 SingleLayer 클래스를 사용했을 때는 가중치 30개와 절편 1개가 필요합니다.

DualLayer 클래스에서는 은닉층의 뉴런이 10개였으므로 30 × 10개의 가중치와 10개의 절편이 필요하고 출력층 역시 10개의 가중치와 1개의 절편이 필요합니다. 즉, 이 DualLayer 모델은 총 321개의 가중치를 학습해야 합니다.

가중치 초기화 개선하기

손실 그래프를 보니 초기 손실값이 감소하는 곡선이 매끄럽지 않습니다. 아마도 손실 함수가 감소하는 방향을 올바르게 찾는 데 시간이 많이 소요된 것 같습니다. 이는 가중치 초기화와 관련이 깊습니다. 지금까지는 가중치를 1로 놓고 훈련을 시작했습니다. 이번에는 넘파이의 random.normal( ) 함수를 사용하여 정규 분포를 따르는 무작위 수로 가중치를 초기화하겠습니다. 물론 가중치를 초기화하는 방법은 많습니다. 다른 방법들은 나중에 실습을 진행하며 하나씩 알아보겠습니다.

1. 가중치 초기화를 위한 init_weights( ) 메서드 수정하기

DualLayer 클래스를 상속한 RandomInitNetwork 클래스를 만들고 가중치를 초기화하는 init_weights( ) 메서드만 고치면 손쉽게 구현할 수 있습니다. 여기서는 여러분의 실행 결과를 동일하게 맞추기 위해 np.random.seed( ) 함수를 사용하여 무작위 수의 초깃값을 고정시켰습니다. 실전에서는 초깃값을 고정할 필요가 없습니다. normal( ) 함수의 매개변수는 순서대로 평균, 표준 편차, 배열 크기입니다.

```
class RandomInitNetwork(DualLayer):

    def init_weights(self, n_features):
        np.random.seed(42)
        self.w1 = np.random.normal(0, 1,
                            (n_features, self.units))    # (특성 개수, 은닉층의 크기)
        self.b1 = np.zeros(self.units)                   # 은닉층의 크기
        self.w2 = np.random.normal(0, 1, (self.units, 1))  # (은닉층의 크기, 1)
        self.b2 = 0
```

2. 코드를 수정했다면 다음과 같이 RandomInitNetwork 클래스 객체를 다시 만들고 모델을 훈련시킵니다. 그런 다음 손실 함수를 그립니다.

```
random_init_net = RandomInitNetwork(l2=0.01)
random_init_net.fit(x_train_scaled, y_train,
                    x_val=x_val_scaled, y_val=y_val, epochs=500)
plt.ylim(0, 0.3)
plt.plot(random_init_net.losses)
plt.plot(random_init_net.val_losses)
plt.ylabel('loss')
plt.xlabel('epoch')
plt.legend(['train_loss', 'val_loss'])
plt.show( )
```

이제 손실 함수가 감소하는 곡선이 매끄럽습니다. 또 가중치를 모두 1로 초기화한 것보다 훨씬 빠르게 손실 함수 값이 줄어들었습니다. 가중치를 무작위 수로 초기화한 것이 학습 성능에도 영향을 미친 것입니다. 지금까지 여러 개의 뉴런을 가진 다층 신경망에서 오차가 역전파되는 원리를 살펴봤고 배치 경사 하강법으로 단일층 신경망과 다층 신경망을 훈련시켰습니다. 배치 경사 하강법은 손실 함수가 매끄러운 곡선을 그리며 감소하지만 훈련하는 데 많은 시간이 소요된다는 점도 알았습니다. 06-3절에서는 배치 경사 하강법과 확률적 경사 하강법의 절충안인 미니 배치 경사 하강법을 살펴보겠습니다.

06-3 미니 배치를 사용하여 모델을 훈련합니다

딥러닝에서는 종종 아주 많은 양의 데이터를 사용하는데 배치 경사 하강법은 이런 경우에 사용하기 어렵습니다. 실전에서는 확률적 경사 하강법과 배치 경사 하강법의 장점을 절충한 미니 배치(mini-batch) 경사 하강법이 널리 사용됩니다. 여기서는 앞에서 구현한 RandomInitNetwork 클래스를 사용하여 미니 배치 경사 하강법을 구현해 보겠습니다.

미니 배치 경사 하강법을 알아봅니다

미니 배치 경사 하강법의 구현은 배치 경사 하강법과 비슷하지만 에포크마다 전체 데이터를 사용하는 것이 아니라 조금씩 나누어 정방향 계산을 수행하고 그레이디언트를 구하여 가중치를 업데이트합니다. 미니 배치 경사 하강법은 작게 나눈 미니 배치만큼 가중치를 업데이트합니다. 미니 배치의 크기는 보통 16, 32, 64 등 2의 배수를 사용합니다. 미니 배치의 크기가 1이라면 어떻게 될까요? 미니 배치의 크기가 1이면 확률적 경사 하강법이 됩니다. 또 미니 배치의 크기가 전체 데이터를 포함하는 크기라면 배치 경사 하강법이 됩니다. 즉, 미니 배치 경사 하강법은 미니 배치의 크기에 따라 앞에서 배운 확률적 경사 하강법과 배치 경사 하강법의 장점 혹은 단점을 가지는 방법입니다. 예를 들어 미니 배치의 크기가 작으면 확률적 경사 하강법처럼 손실 함수의 전역 최솟값을 찾아 가는 과정이 크게 흔들리는 모양일 것입니다. 반대로 미니 배치 크기가 충분히 크면 배치 경사 하강법처럼 손실 함수의 전역 최솟값을 안정적으로 찾아갈 것입니다. 중요한 점은 미니 배치의 최적값은 정해진 것이 아니라는 점입니다. 즉, 문제마다 다릅니다. 미니 배치의 크기도 하이퍼파라미터이고 튜닝의 대상입니다.

미니 배치 경사 하강법을 구현합니다

이제 미니 배치 경사 하강법을 위한 클래스를 구현하겠습니다. 여기서도 위스콘신 유방암 데이터를 활용합니다.

1. MinibatchNetwork 클래스 구현하기

앞에서 구현한 RandomInitNetwork 클래스를 상속하여 미니 배치 경사 하강법을 구현하겠습니다. 새로 만들 MinibatchNetwork 클래스는 배치 크기를 입력 받아야 하므로 __init__( ) 메서드에 batch_size 매개변수를 추가합니다.

```python
class MinibatchNetwork(RandomInitNetwork):

    def __init__(self, units=10, batch_size=32, learning_rate=0.1, l1=0, l2=0):
        super().__init__(units, learning_rate, l1, l2)
        self.batch_size = batch_size        # 배치 크기
```

MinibatchNetwork 클래스는 새로 추가된 batch_size 매개변수만 직접 관리하고 나머지 매개변수들은 RandomInitNetwork의 __init__( ) 메서드로 전달합니다.

ⓒ 파이썬의 super( ) 함수를 사용하여 부모 클래스를 참조했습니다.

2. fit( ) 메서드 수정하기

fit( ) 메서드는 거의 비슷하지만 다음처럼 에포크를 순회하는 for문 안에 미니 배치를 순회하는 for문이 추가됩니다.

```python
def fit(self, x, y, epochs=100, x_val=None, y_val=None):
    y_val = y_val.reshape(-1, 1)            # 타깃을 열 벡터로 바꿉니다.
    self.init_weights(x.shape[1])       # 은닉층과 출력층의 가중치를 초기화합니다.
    np.random.seed(42)
    # epochs만큼 반복합니다.
    for i in range(epochs):
        loss = 0
        # 제너레이터 함수에서 반환한 미니 배치를 순환합니다.
        for x_batch, y_batch in self.gen_batch(x, y):
            y_batch = y_batch.reshape(-1, 1)     # 타깃을 열 벡터로 바꿉니다.
            m = len(x_batch)                    # 샘플 개수를 저장합니다.
            a = self.training(x_batch, y_batch, m)
            # 안전한 로그 계산을 위해 클리핑합니다.
            a = np.clip(a, 1e-10, 1-1e-10)
            # 로그 손실과 규제 손실을 더하여 리스트에 추가합니다.
            loss += np.sum(-(y_batch*np.log(a) + (1-y_batch)*np.log(1-a)))
        self.losses.append((loss + self.reg_loss()) / len(x))
        # 검증 세트에 대한 손실을 계산합니다.
        self.update_val_loss(x_val, y_val)
```

gen_batch( ) 메서드는 전체 훈련 데이터 x, y를 전달받아 batch_size만큼 미니 배치를 만들어 반환합니다. 그런 다음 반환된 미니 배치 데이터 x_batch, y_batch를 training( ) 메서드에

전달합니다. training( ) 메서드는 그대로 사용할 수 있으므로 미니 배치 방식을 간단하게 구현할 수 있습니다. 앞에서 DualyLayer의 fit( ) 메서드와 다른 점은 샘플 개수 m을 미니 배치마다 계산한다는 것입니다. 또한 두 번째 for문에서 손실을 누적하기 위해 에포크마다 loss 변수를 초기화합니다. 이제 남은 작업은 gen_batch( ) 메서드를 만드는 일입니다.

3. gen_batch( ) 메서드 만들기

gen_batch( ) 메서드는 파이썬 제너레이터(generator)로 구현합니다. 파이썬 제너레이터는 순차적으로 데이터에 접근할 수 있는 반복 가능한 객체(iterator)를 반환합니다. 제너레이터를 사용하면 명시적으로 리스트를 만들지 않으면서 필요한 만큼 데이터를 추출할 수 있으므로 메모리를 효율적으로 사용할 수 있습니다. 제너레이터 함수를 만드는 방법은 간단합니다. 보통의 함수에 yield문을 사용하면 됩니다.

```python
# 미니 배치 제너레이터 함수
def gen_batch(self, x, y):
    length = len(x)
    bins = length // self.batch_size          # 미니 배치 횟수
    if length % self.batch_size:
        bins += 1                             # 나누어 떨어지지 않을 때
    indexes = np.random.permutation(np.arange(len(x)))   # 인덱스를 섞습니다.
    x = x[indexes]
    y = y[indexes]
    for i in range(bins):
        start = self.batch_size * i
        end = self.batch_size * (i + 1)
        yield x[start:end], y[start:end]      # batch_size만큼 슬라이싱하여 반환합니다.
```

gen_batch( ) 메서드는 batch_size만큼씩 x, y 배열을 건너뛰며 미니 배치를 반환합니다. 확률적 경사 하강법을 사용했을 때와 마찬가지로 gen_batch( ) 메서드가 호출될 때마다(에포크마다) 훈련 데이터 배열의 인덱스를 섞습니다. 이는 미니 배치가 똑같은 순서로 반복되지 않게 도와줍니다.

4. 미니 배치 경사 하강법 적용하기

MinibatchNetwork 클래스 구현을 마쳤습니다. 나머지 메서드들은 RandomInitNetwork에서 상속합니다. 그럼 cancer 데이터 세트에 미니 배치 경사 하강법을 적용해 보겠습니다. 먼저 batch_size를 기본값 32로 하여 훈련합니다. 그런 다음 batch_size를 128로 늘려서 다시 훈련하고 두 결과를 비교합니다. 다음은 미니 배치의 값을 32로 한 것입니다.

```
minibatch_net = MinibatchNetwork(l2=0.01, batch_size=32)
minibatch_net.fit(x_train_scaled, y_train, x_val=x_val_scaled, y_val=y_val,
epochs=500)
minibatch_net.score(x_val_scaled, y_val)
0.978021978021978

plt.plot(minibatch_net.losses)
plt.plot(minibatch_net.val_losses)
plt.ylabel('loss')
plt.xlabel('iteration')
plt.legend(['train_loss', 'val_loss'])
plt.show( )
```

위 그래프를 06-2절의 마지막 그래프와 비교해 보세요. 미니 배치 경사 하강법은 에포크마다
훈련 반복이 여러 번 일어나므로 배치 경사 하강법보다 수렴 속도가 빨라졌습니다.

5. 이제 미니 배치 크기를 늘려서 다시 시도해 보겠습니다.

```
minibatch_net = MinibatchNetwork(l2=0.01, batch_size=128)
minibatch_net.fit(x_train_scaled, y_train, x_val=x_val_scaled, y_val=y_val, epochs=500)
minibatch_net.score(x_val_scaled, y_val)
0.978021978021978

plt.plot(minibatch_net.losses)
plt.plot(minibatch_net.val_losses)
plt.ylabel('loss')
plt.xlabel('iteration')
plt.legend(['train_loss', 'val_loss'])
plt.show( )
```

batch_size를 128로 늘렸더니 손실 그래프는 조금 더 안정적으로 바뀌었지만 손실값이 줄어
드는 속도는 느려졌습니다. 일반적으로 미니 배치의 크기는 32~512개 사이의 값을 지정합
니다. 다른 값도 지정하여 그래프를 관찰해 보기 바랍니다. 지금까지 신경망 모델을 직접 만
들어 배치 경사 하강법, 미니 배치 경사 하강법을 구현해 보았습니다. 또 2개의 층을 가진 네

트워크의 역전파도 직접 만들었습니다. 마지막으로 사이킷런을 사용하여 동일한 구조의 신경망 모델을 만들어보겠습니다.

사이킷런 사용해 다층 신경망 훈련하기

사이킷런에는 이미 신경망 알고리즘이 구현되어 있습니다. 여기서는 사이킷런을 사용하여 앞에서 직접 만든 다층 완전 연결 신경망을 훈련해 보겠습니다. 사이킷런은 sklearn.neural_network 모듈 아래에 분류 작업을 위한 MLPClassifier, 회귀 작업을 위한 MLPRegressor를 제공합니다. cancer 데이터 세트에 MLPClassifier 클래스를 적용하고 결과를 비교해 보겠습니다.

◎ MLP는 다층 퍼셉트론(Multi-Layer Perceptron)의 약자입니다.

1. MLPClassifier의 객체 만들기

사이킷런의 다른 추정기(estimator) 모델과 마찬가지로 MLPClassifier도 사용하기 매우 쉽습니다. 클래스 객체를 생성한 후 fit( ) 메서드로 훈련하고 score( ) 메서드로 정확도를 평가합니다. predict( ) 메서드는 새로운 샘플에 대한 분류 결과를 예측합니다.

```
from sklearn.neural_network import MLPClassifier
mlp = MLPClassifier(hidden_layer_sizes=(10, ), activation='logistic',
                    solver='sgd', alpha=0.01, batch_size=32,
                    learning_rate_init=0.1, max_iter=500)
```

다음은 MLPClassifer의 주요 매개변수를 정리한 것입니다.

은닉층의 크기를 정의하는 hidden_layer_sizes

은닉층의 크기를 정의하는 hidden_layer_sizes는 은닉층의 수와 뉴런의 개수를 튜플로 전달합니다. 예를 들어 10개의 뉴런을 가진 2개의 은닉층을 만들려면 hidden_layer_sizes=(10, 10)과 같이 설정합니다. 이 매개변수의 기본값은 (100,)입니다. 이 예제에서는 하나의 은닉층에 10개의 뉴런이 있으므로 (10,)과 같이 지정했습니다.

활성화 함수를 지정하는 activation

은닉층의 활성화 함수는 activation 매개변수에 지정합니다. 여기서는 시그모이드 함수를 지정하기 위해 activation 매개변수에 logistic을 전달했습니다. activation 매개변수의 기본값은 렐루(ReLU) 함수입니다. 렐루 함수에 대해서는 다음 장에서 자세히 알아보겠습니다. 사이킷런의 신경망 모델은 은닉층마다 다른 활성화 함수를 지정할 수 없습니다. 다음 장에서 공부할 텐서플로와 같은 고급 딥러닝 패키지는 은닉층마다 다른 활성화 함수를 지정할 수 있습니다.

◎ S자 형태의 또 다른 함수로는 하이퍼볼릭 탄젠트(hyperbolic tangent)가 있습니다. 하이퍼볼릭 탄젠트 함수를 선택하려면 activation 매개변수에 tanh을 전달합니다.

경사 하강법 알고리즘의 종류를 지정하는 매개변수 solver

solver 매개변수는 경사 하강법 알고리즘의 종류를 지정합니다. 기본값은 확률적 경사 하강법을 의미하는 sgd입니다. 여기서는 solver 매개변수에 일부러 sgd를 전달하여 명확하게 표현했습니다.

규제를 적용하기 위한 매개변수 alpha

일반적으로 L1 규제는 효과가 크지 않기 때문에 사이킷런의 신경망 모델은 L2 규제만 지원합니다. alpha 매개변수에서 규제의 양을 제어하고 기본값은 0.0001입니다. 여기에서는 앞에서 만든 MinibatchNetwork 클래스와 동일하게 0.01을 지정했습니다.

배치 크기, 학습률 초깃값, 에포크 횟수를 정하는 매개변수 batch_size, learning_rate_init, max_iter

batch_size에서 배치 크기를 32로 지정했습니다. 이 매개변수의 기본값은 200입니다. 마지막으로 학습률 초깃값 매개변수인 learning_rate_init를 0.1로 지정하고 에포크 횟수를 위해 max_iter를 500으로 설정했습니다.

2. 모델 훈련하기

모델 객체를 만든 후에 스케일이 조정된 훈련 세트인 x_train_scaled, y_train으로 모델을 훈련합니다. 그런 다음 검증 세트 x_val_scaled와 y_val을 사용하여 검증 세트의 정확도를 확인해 보겠습니다.

```
mlp.fit(x_train_scaled, y_train)
mlp.score(x_val_scaled, y_val)
0.989010989010989
```

앞에서 우리가 직접 만든 모델보다 조금 향상된 성능을 얻었습니다. MLPClassifier 구현은 우리가 직접 만든 MinibatchNetwork 클래스와는 기술적으로 미묘한 차이가 있기 때문입니다. 지금까지 사이킷런의 완전 연결 신경망 알고리즘을 알아보았습니다. 07장부터는 딥러닝 전문 패키지인 텐서플로를 사용하여 신경망 모델을 만들어보겠습니다.

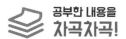 **06장에서 꼭 기억해야 할 내용**

이 장에서는 확률적 경사 하강법을 확장하여 배치 경사 하강법과 미니 배치 경사 하강법의 개념을 알아보고 직접 구현해 보았습니다. 이때 파이썬 클래스의 상속을 사용하여 코드를 간결하게 유지하면서 알고리즘을 구현했습니다. 또 미니 배치 경사 하강법을 만들면서 파이썬의 제너레이터 함수를 사용하는 방법도 공부했습니다.

기억 카드 01 ⬚ 완

이것은 가장 기본적인 인공신경망 알고리즘의 한 종류입니다. 이전 층과 다음 층의 뉴런이 모두 연결되어 있기 때문에 밀집 신경망이라고도 부릅니다. 신경망의 계산이 앞 방향으로만 진행되기 때문에 피드 포워드 신경망의 하나라고도 합니다.

기억 카드 02 ⬚ 미

이것은 경사 하강법을 적용하는 방법 중 하나입니다. 이 방법은 샘플을 하나씩 사용하여 신경망을 훈련하는 확률적 경사 하강법과 전체 샘플을 사용하여 신경망을 훈련하는 배치 경사 하강법의 절충안입니다. 확률적 경사 하강법보다는 모델의 수렴 속도가 느리지만 학습 곡선이 안정적이고 배치 경사 하강법보다는 모델의 수렴 속도가 빠르지만 학습 곡선에 진동이 생깁니다.

기억 카드 03 ⬚ M

이것은 사이킷런의 신경망 클래스로, 분류 작업을 위해 구현된 것입니다. 이 클래스는 프랑크 로젠블라트가 발명한 초기 인공지능 뉴런의 모델인 퍼셉트론에서 그 이름이 유래되었으며, 여러 개의 층을 가진 신경망 모델을 만들 수는 있지만 층마다 활성화 함수를 따로 지정할 수는 없다는 등의 제약이 있습니다.

정답 기억 카드 01 완전 연결 신경망 기억 카드 02 미니 배치 경사 하강법 기억 카드 03 MLPClassifier

07

여러 개를 분류합니다

— 다중 분류

06장에서는 양성, 음성 클래스(2개의 클래스)가 있는 이진 분류(binary classification) 문제를 위한 완전 연결 신경망을 만들어보았습니다. 이번 장에서는 여러 개의 클래스가 있는 다중 분류(multiclass classification) 문제를 풀어보겠습니다. 이진 분류 알고리즘과 다중 분류 알고리즘은 비슷한 점이 많습니다. 다중 분류의 개념을 익힌 다음 이전 장과 마찬가지로 파이썬을 사용하여 직접 다중 분류 알고리즘을 만들 것입니다. 그런 다음 현재 가장 인기 있는 딥러닝 패키지인 구글의 텐서플로를 알아보고 이를 사용하여 완전 연결 신경망을 만들어보겠습니다.

07-1 여러 개의 이미지를 분류하는 다층 신경망을 만듭니다

다중 분류 신경망을 만들기 위해서는 소프트맥스(softmax) 함수와 크로스 엔트로피(cross-entropy) 손실 함수라는 새로운 재료를 알아야 합니다. 두 함수는 다중 분류 신경망의 예측과 훈련에서 중요한 역할을 합니다. 자동차 분류 문제를 통해 다중 분류를 위한 신경망과 이진 분류를 위한 신경망의 차이점이 무엇인지 알아보겠습니다.

다중 분류 신경망을 알아봅니다

다음은 이진 분류에서 사용된 다층 신경망의 구조를 나타낸 것입니다. 이진 분류를 위해 신경망의 출력층에는 뉴런을 하나만 두었죠. 출력층의 활성화값이 0.5보다 크면 양성 클래스, 그렇지 않으면 음성 클래스로 분류했습니다.

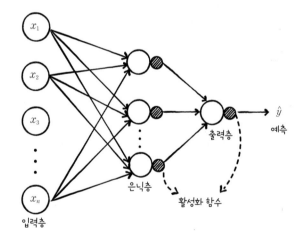

다중 분류는 신경망을 어떻게 구성해야 할까요? 간단하게 마지막 출력층에 여러 개의 뉴런을 놓는 방법을 생각해 볼 수 있습니다.

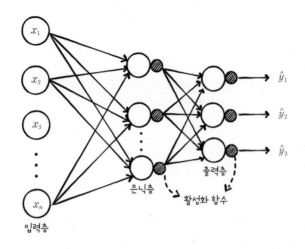

이진 분류와 다중 분류를 위한 신경망의 구조를 나타낸 그림을 비교해 보니 출력층의 개수만 다르고 나머지는 같습니다. 이진 분류는 양성 클래스에 대한 확률 $\hat{y}$ 하나만 출력하고 다중 분류는 각 클래스에 대한 확률값을 출력합니다. 예를 들어 첫 번째 클래스에 대한 확률값은 $\hat{y}_1$, 두 번째 클래스에 대한 확률값은 $\hat{y}_2$, 세 번째 클래스에 대한 확률값은 $\hat{y}_3$으로 출력됩니다. 이를 위해 다중 분류 신경망은 출력층에 분류할 클래스 개수만큼 뉴런을 배치합니다. 이진 분류 신경망은 분류할 클래스가 2개이므로 출력층에 뉴런을 하나만 배치합니다. 예를 들어 이진 분류 문제인 위스콘신 유방암 데이터 세트에서는 악성 종양만 구분하면 되므로(나머지는 정상 종양) 하나의 뉴런만 필요합니다. 그럼 좀 더 구체적인 예를 통해 다중 분류 신경망의 동작 원리를 알아보겠습니다.

다중 분류의 문제점과 소프트맥스 함수를 알아봅니다

다음은 자동차, 비행기, 로켓 이미지를 분류하는 다중 분류 신경망의 출력층만 나타낸 것입니다. 왼쪽 출력층의 활성화값은 [0.9, 0.8, 0.7], 오른쪽 출력층의 활성화값은 [0.5, 0.2, 0.1]이군요. 이 값들은 앞에서 말했듯이 확률을 의미합니다. 예를 들어 왼쪽 출력층의 활성화값 중 자동차 그림에 있는 0.9라는 값은 이 이미지를 90% 정도의 확신으로 자동차로 예측한다고 해석할 수 있습니다.

ⓒ 출력층의 활성화 함수를 시그모이드 함수로 가정했습니다.

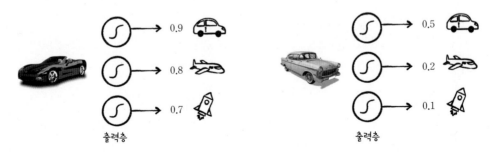

왼쪽과 오른쪽의 신경망은 모두 자동차를 타깃 클래스로 예측하고 있습니다. 하지만 왼쪽과 오른쪽의 활성화값 [0.9, 0.8, 0.7]과 [0.5, 0.2, 0.1]을 비교해 보면 미묘한 차이가 있음을 알 수 있습니다. 왼쪽 출력층의 활성화값은 모두 높으면서 비슷하고 오른쪽 출력층의 활성화값은 대체적으로 낮지만 자동차 클래스의 값(확률)이 비교적 높습니다.

활성화 출력의 합이 1이 아니면 비교하기 어렵습니다

여기서 잠시 생각해 볼 점이 있습니다. 왼쪽에 있는 샘플에 대한 자동차 예측 확률(0.9)이 오른쪽에 있는 샘플에 대한 자동차 예측 확률(0.5)보다 높습니다. 하지만 오른쪽의 확률이 더 정확하고 잘 예측한 것입니다. 왜냐하면 왼쪽의 경우 출력층의 뉴런들이 서로 '90%의 확률로 이건 자동차다', '80%의 확률로 이건 비행기다', '70%의 확률로 이건 로켓이다'라고 주장하는 것과 같기 때문입니다. 이런 출력층의 활성화값은 공정하게 비교하기가 어렵습니다.

소프트맥스 함수 적용해 출력 강도를 정규화합니다

출력층의 출력 강도를 정규화하는 소프트맥스 함수(softmax function)를 사용하면 위 문제를 쉽게 해결할 수 있습니다. 여기서 출력 강도를 정규화한다는 의미는 전체 출력값의 합을 1로 만든다는 의미입니다. 이렇게 하면 값들을 확률로 생각할 수 있습니다. 앞에서 본 다중 분류 신경망 출력층의 출력은 모두 3개였습니다. 출력이 3개인 다중 분류 신경망에 대한 소프트맥스 함수의 정의는 다음과 같습니다. 출력이 늘어나는 만큼 지수 함수가 늘어난다고 생각하면 수식을 이해하기 쉬울 것입니다.

$$\frac{e^{z_i}}{e^{z_1}+e^{z_2}+e^{z_3}}$$

위의 수식에서 z_i는 출력층의 각 뉴런에서 계산된 선형 출력을 의미하고, e는 자연 상수를 의미합니다. 위의 예제에 소프트맥스 함수를 적용하면 어떻게 될까요? 시그모이드 함수의 활성화값이 [0.9, 0.8, 0.7]로 출력된 예제에 소프트맥스 함수를 적용해 보겠습니다.

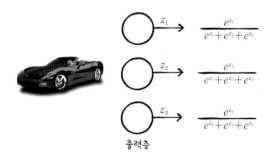

소프트맥스 함수에는 출력층에서 계산된 선형 출력(z_1, z_1, z_3 등)이 필요하므로 시그모이드 함수 공식을 이용하여 이 값을 구해 보겠습니다. 시그모이드 함수 공식은 $\frac{1}{1+e^{-z}}$이므로 이를 z에 대해 정리하면 $z = -ln(\frac{1}{\hat{y}}-1)$이 됩니다. 이 식을 이용하여 앞 그림의 z 값을 계산하면 다음과 같습니다.

$$z_1 = -ln(\frac{1}{0.9}-1)=2.20 \quad z_2 = -ln(\frac{1}{0.8}-1)=1.39 \quad z_3 = -ln(\frac{1}{0.7}-1)=0.85$$

이 값을 소프트맥스 함수에 대입하면 다음과 같은 정규화된 값을 얻을 수 있습니다.

$$\hat{y}_1 = \frac{e^{2.20}}{e^{2.20}+e^{1.39}+e^{0.85}}=0.59 \quad \hat{y}_2 = \frac{e^{1.39}}{e^{2.20}+e^{1.39}+e^{0.85}}=0.26 \quad \hat{y}_3 = \frac{e^{0.85}}{e^{2.20}+e^{1.39}+e^{0.85}}=0.15$$

소프트맥스 함수를 적용하니 각 클래스의 확률은 자동차 59%, 비행기 26%, 로켓 15%가 되었습니다. 그리고 확률의 합도 1이 되었습니다. 출력층의 강도가 정규화된 것입니다! 첫 번째 샘플은 자동차일 확률이 59%라고 예측되었네요. 이제 두 번째 샘플에도 소프트맥스 함수를 적용해 보겠습니다.

$$z_1 = -ln(\frac{1}{0.5}-1)=0.0 \quad z_2 = -ln(\frac{1}{0.2}-1)=-1.39 \quad z_3 = -ln(\frac{1}{0.1}-1)=-2.20$$

$$\hat{y}_1 = \frac{e^{0.0}}{e^{0.0}+e^{-1.39}+e^{-2.20}}=0.74 \quad \hat{y}_2 = \frac{e^{-1.39}}{e^{0.0}+e^{-1.39}+e^{-2.20}}=0.18 \quad \hat{y}_3 = \frac{e^{-2.20}}{e^{0.0}+e^{-1.39}+e^{-2.20}}=0.08$$

두 번째 샘플의 경우 자동차일 확률이 74%라고 예측되었습니다. 처음에는 직관에 의존하여 '오른쪽 샘플이 왼쪽 샘플보다 자동차일 가능성이 더 높다'라고 예측했지만 이제는 확실히 말할 수 있게 되었습니다. 소프트맥스 함수를 이용하여 확률의 합을 1로 만드니 비교하기가 좋아졌습니다. 이제 신경망 그림에서 소프트맥스 함수를 다음과 같이 표현할 수 있습니다.

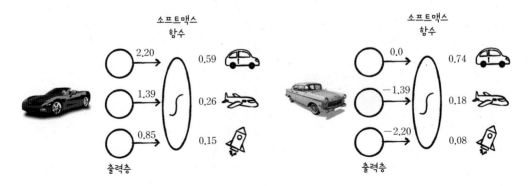

다중 분류에서 출력층을 통과한 값들은 소프트맥스 함수를 거치며 적절한 확률값으로 변합니다. 이제 이 확률값을 이용하여 가중치와 절편을 업데이트하기 위한 손실 함수를 알아보겠습니다. 다중 분류에는 어떤 손실 함수를 사용할까요? 로지스틱 손실 함수의 '일반화 버전'인 크로스 엔트로피(cross entropy) 손실 함수를 사용합니다. 로지스틱 손실 함수를 잘 이해하고 있다면 크로스 엔트로피 손실 함수도 이해하기 쉬울 것입니다.

크로스 엔트로피 손실 함수를 도입합니다

크로스 엔트로피 손실 함수를 소개할 때 '로지스틱 손실 함수를 일반화했다'라고 한 이유는 로지스틱 손실 함수가 크로스 엔트로피 손실 함수의 이진 분류 버전이기 때문입니다. 두 함수는 어떤 차이점이 있을까요? 크로스 엔트로피 손실 함수와 로지스틱 손실 함수를 함께 놓고 비교해 보겠습니다.

크로스 엔트로피 손실 함수

$$L = -\sum_{c=1}^{c} y_c log(a_c) = -(y_1 log(a_1) + y_2 log(a_2) + \cdots + y_c log(a_c)) = -1 \times log(a_{y=1})$$

로지스틱 손실 함수

$$L = -(y log(a) + (1-y) log(1-a))$$

크로스 엔트로피 손실 함수의 시그마 기호 위의 값(c)은 전체 클래스 개수를 의미합니다. 앞의 예제에 적용하면 자동차, 비행기, 로켓으로 구분한 클래스의 개수이므로 3이 됩니다. 시그마를 풀어 쓴 가운데 수식은 클래스마다 타깃과 활성화 출력의 로그값을 곱하여 더한 것입니다. 분류 문제에서 정답 클래스의 타깃은 1이고 나머지 클래스의 타깃은 0입니다. 앞에서 본 예제 중 하나에 적용하면 $-(1 \times log0.74 + 0 \times log0.18 + 0 \times log0.08)$입니다. 결국 정답 클래스를 제외한 나머지 클래스($y=0$)에 대한 손실 항은 모두 소거되어 $L = -1 \times log(a_{y=1})$이 됩니다.

$$L = -log(a_{y=1})$$

$a_{y=1}$은 정답 클래스에 해당하는 뉴런의 활성화 출력을 말합니다. 크로스 엔트로피 손실 함수와 로지스틱 손실 함수 사이에는 어떤 관계가 있길래 '크로스 엔트로피 손실 함수는 로지스틱 손실 함수의 일반화 버전'이라고 표현했을까요?

로지스틱 손실 함수와 크로스 엔트로피 손실 함수는 매우 비슷합니다

크로스 엔트로피 손실 함수와 로지스틱 손실 함수의 차이를 알아보기 위해 로지스틱 손실 함수를 타깃이 양성 클래스($y=1$)인 경우와 음성 클래스($y=0$)인 경우로 나눠 식을 정리해 보겠습니다. 로지스틱 손실 함수는 양성 클래스일 때는 두 번째 항이 소거되고 음성 클래스일 때는 첫 번째 항이 소거됩니다.

$$y = \begin{cases} -log\ a & \text{(양성 클래스인 경우)} \\ -log(1-a) & \text{(음성 클래스인 경우)} \end{cases}$$

$1-a$를 음성 클래스의 활성화 출력이라 생각하면 크로스 엔트로피 손실 함수를 정리한 식과 같다고 할 수 있습니다. 로지스틱 손실 함수는 크로스 엔트로피 손실 함수의 합(Σ) 기호를 빼고 양성 클래스와 음성 클래스에 대해 나누어 놓은 것입니다. 이제 경사하강법을 사용하기 위해 크로스 엔트로피 손실 함수를 미분해 보겠습니다.

크로스 엔트로피 손실 함수를 미분합니다

자동차, 비행기, 로켓을 분류하는 3개의 클래스를 가진 다중 분류의 예를 들어 크로스 엔트로피 손실 함수의 미분 과정을 알아보겠습니다. 04장과 마찬가지로 하나의 샘플에 대한 손실 함수의 미분을 유도합니다. 최종적으로 얻은 결과는 임의의 클래스 개수를 가진 문제와 배치 경사 하강법을 위해 행렬을 사용하는 문제에도 동일하게 적용할 수 있습니다.

z_1에 대하여 미분합니다

먼저 z_1에 대한 크로스 엔트로피 손실 함수의 미분을 연쇄 법칙을 적용하여 나타내보죠. 연쇄 법칙을 적용할 때 한 가지 주의할 것이 있습니다. 시그모이드 함수와는 달리 소프트맥스 함수의 출력 a_1, a_2, a_3가 모두 z_1의 함수이고 손실 함수 L이 a_1, a_2, a_3의 함수이므로 연쇄 법칙은 다음과 같이 나타낼 수 있습니다.

$$\frac{\partial L}{\partial z_1} = \frac{\partial L}{\partial a_1}\frac{\partial a_1}{\partial z_1} + \frac{\partial L}{\partial a_2}\frac{\partial a_2}{\partial z_1} + \frac{\partial L}{\partial a_3}\frac{\partial a_3}{\partial z_1}$$

식이 조금 복잡해 보여서 당황할 수 있겠지만 신경망에 각 도함수가 적용된 것을 보면 매우 자연스러운 식임을 알 수 있습니다.

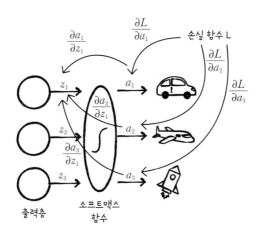

손실 함수 L을 z_1에 대하여 미분하기 위해 연쇄 법칙을 따라 소프트맥스 함수의 활성화 출력에 대한 미분부터 진행하겠습니다. 먼저 $\dfrac{\partial L}{\partial a_1}$을 구하겠습니다. 크로스 엔트로피 손실 함수는 $L = -(y_1 log\ (a_1) + y_2 log(a_2) + y_3 log(a_3))$이므로 a_1에 대한 도함수는 다음과 같이 구할 수 있습니다.

$$\frac{\partial L}{\partial a_1} = -\frac{\partial}{\partial a_1}(y_1 log a_1 + y_2 log a_2 + y_3 log a_3) = -\frac{y_1}{a_1}$$

$y_2 log(a_2) + y_3 log(a_3)$은 a_1의 함수가 아니므로 소거되고 $y_1 log(a_1)$만 남습니다. $log(a)$의 도함수는 $\dfrac{1}{a}$이므로 $-\dfrac{y_1}{a_1}$로 정리되었습니다. 마찬가지 방법으로 a_2와 a_3에 대해 미분하면 다음과 같은 결과를 얻을 수 있습니다.

$$\frac{\partial L}{\partial a_2} = -\frac{y_2}{a_2} \qquad \frac{\partial L}{\partial a_3} = -\frac{y_3}{a_3}$$

이 식을 $\dfrac{\partial L}{\partial z_1}$에 대입하면 다음과 같습니다.

$$\frac{\partial L}{\partial z_1} = \frac{\partial L}{\partial a_1}\frac{\partial a_1}{\partial z_1} + \frac{\partial L}{\partial a_2}\frac{\partial a_2}{\partial z_1} + \frac{\partial L}{\partial a_3}\frac{\partial a_3}{\partial z_1} = \left(-\frac{y_1}{a_1}\right)\frac{\partial a_1}{\partial z_1} + \left(-\frac{y_2}{a_2}\right)\frac{\partial a_2}{\partial z_1} + \left(-\frac{y_3}{a_3}\right)\frac{\partial a_3}{\partial z_1}$$

이제 $\dfrac{\partial a_1}{\partial z_1}$에 대한 식을 유도해 보죠. 먼저 a_1은 소프트맥스 함수의 출력값이므로 이에 대한 식을 풀어서 써야 합니다. 분수를 미분하면 분모는 한 번 더 곱하고 분자는 분모와 분자에 번갈아 미분을 적용하여 곱한 후 빼면 됩니다. 따라서 $\dfrac{\partial a_1}{\partial z_1}$은 다음과 같이 정리할 수 있습니다.

$$\frac{\partial a_1}{\partial z_1}=\frac{\partial}{\partial z_1}\left(\frac{e^{z_1}}{e^{z_1}+e^{z_2}+e^{z_3}}\right)=\frac{(e^{z_1}+e^{z_2}+e^{z_3})\frac{\partial}{\partial z_1}e^{z_1}-e^{z_1}\frac{\partial}{\partial z_1}(e^{z_1}+e^{z_2}+e^{z_3})}{(e^{z_1}+e^{z_2}+e^{z_3})^2}$$

이제 분자에 대한 미분만 진행하면 됩니다. z_1에 대한 e^{z_1}의 미분은 그대로 e^{z_1}이므로 나머지를 상수로 취급하면 $\frac{\partial}{\partial z_1}(e^{z_1}+e^{z_2}+e^{z_3})=e^{z_1}$가 됩니다. 따라서 위 식은 다음과 같이 정리됩니다.

$$=\frac{e^{z_1}(e^{z_1}+e^{z_2}+e^{z_3})-e^{z_1}e^{z_1}}{(e^{z_1}+e^{z_2}+e^{z_3})^2}$$

$$=\frac{e^{z_1}}{e^{z_1}+e^{z_2}+e^{z_3}}-\left(\frac{e^{z_1}}{e^{z_1}+e^{z_2}+e^{z_3}}\right)^2=a_1-a_1{}^2=a_1(1-a_1)$$

결국 $\frac{\partial a_1}{\partial z_1}$에 대한 미분 결과는 $\frac{\partial a_1}{\partial z_1}=a_1(1-a_1)$입니다. 나머지 식도 같은 방법으로 정리할 수 있습니다. 미분 과정은 다음과 같습니다.

$$\frac{\partial a_2}{\partial z_1}=\frac{\partial}{\partial z_1}\left(\frac{e^{z_2}}{e^{z_1}+e^{z_2}+e^{z_3}}\right)=\frac{(e^{z_1}+e^{z_2}+e^{z_3})\frac{\partial}{\partial z_1}e^{z_2}-e^{z_2}\frac{\partial}{\partial z_1}(e^{z_1}+e^{z_2}+e^{z_3})}{(e^{z_1}+e^{z_2}+e^{z_3})^2}$$

$$=\frac{O-e^{z_2}e^{z_1}}{(e^{z_1}+e^{z_2}+e^{z_3})^2}=-a_2a_1$$

$$\frac{\partial a_3}{\partial z_1}=\frac{\partial}{\partial z_1}\left(\frac{e^{z_3}}{e^{z_1}+e^{z_2}+e^{z_3}}\right)=\frac{(e^{z_1}+e^{z_2}+e^{z_3})\frac{\partial}{\partial z_1}e^{z_3}-e^{z_3}\frac{\partial}{\partial z_1}(e^{z_1}+e^{z_2}+e^{z_3})}{(e^{z_1}+e^{z_2}+e^{z_3})^2}$$

$$=\frac{O-e^{z_3}e^{z_1}}{(e^{z_1}+e^{z_2}+e^{z_3})^2}=-a_3a_1$$

a_2, a_3를 z_1에 대하여 각각 미분하여 $\frac{\partial a_2}{\partial z_1}=-a_2a_1$과 $\frac{\partial a_3}{\partial z_1}=-a_3a_1$을 결과로 얻었습니다. 이 값들을 $\frac{\partial L}{\partial z_1}$에 적용해 보겠습니다.

$$\frac{\partial L}{\partial z_1}=\left(-\frac{y_1}{a_1}\right)\frac{\partial a_1}{\partial z_1}+\left(-\frac{y_2}{a_2}\right)\frac{\partial a_2}{\partial z_1}+\left(-\frac{y_3}{a_3}\right)\frac{\partial a_3}{\partial z_1}$$

$$=\left(-\frac{y_1}{a_1}\right)a_1(1-a_1)+\left(-\frac{y_2}{a_2}\right)(-a_2a_1)+\left(-\frac{y_3}{a_3}\right)(-a_3a_1)$$

$$=-y_1(1-a_1)+y_2a_1+y_3a_1=-y_1+(y_1+y_2+y_3)a_1=-(y_1-a_1)$$

여기서 $y_1+y_1+y_3$는 타깃의 합인데, 분류 문제에서 타깃의 합은 정답 타깃이 1이고 나머지는 0이므로 항상 1입니다. 결국 크로스 엔트로피 손실 함수를 미분하여 $\dfrac{\partial L}{\partial z_1}=-(y_1-a_1)$을 얻었습니다. z_2와 z_3에 대한 미분도 동일한 과정으로 진행하면 $-(y_2-a_2)$, $-(y_3-a_3)$를 얻을 수 있습니다. 벡터 $\boldsymbol{z}$에 대해 정리하면 크로스 엔트로피 손실 함수의 미분 결과는 다음과 같습니다.

$$\frac{\partial L}{\partial \boldsymbol{z}}=-(\boldsymbol{y}-\boldsymbol{a})$$

로지스틱 손실 함수의 미분과 정확히 일치합니다. 따라서 크로스 엔트로피 손실 함수를 역전파에 사용하기 위해 코드로 따로 구현할 필요가 없습니다. 즉, 04장에서 구현한 backward( ) 메서드를 그대로 사용할 수 있습니다. 지금까지 소프트맥스 함수와 크로스 엔트로피 손실 함수를 살펴보았고 경사 하강법을 위한 미분 공식을 유도해 보았습니다. 이를 토대로 다음 절에서 다중 분류를 위한 신경망 알고리즘을 구현해 보겠습니다.

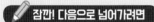 **잠깐! 다음으로 넘어가려면**

☑ 분류 문제의 정답 타깃의 값은 1이고 나머지 오답 타깃의 값은 0입니다.
☐ 소프트맥스 함수는 다중 분류 신경망에서 활성화 출력의 합을 1로 만들기 위해 사용합니다.
☐ 크로스 엔트로피 손실 함수의 미분 결과는 로지스틱 손실 함수의 미분 결과와 동일합니다.

다중 분류 신경망을 구현합니다

이제 MinibatchNetwork 클래스를 확장하여 다중 분류를 수행할 수 있는 MultiClassNetwork 클래스를 구현해 보겠습니다. 앞에서 말했듯이 다중 분류의 경사 하강법 알고리즘은 이진 분류의 경사 하강법 알고리즘과 원리는 같고 소프트맥스 함수가 추가된 점만 다르므로 이 부분만 수정하면 간단히 구현할 수 있습니다.

1. 소프트맥스 함수 추가하기

지금까지는 활성화 함수로 시그모이드 함수만 사용했습니다. 다중 분류에서는 마지막 출력층에 소프트맥스 함수를 사용해야 하므로 은닉층과 출력층에 각기 다른 활성화 함수를 적용합니다. 이를 위해 activation( ) 메서드의 이름을 sigmoid( )로 바꾸고 softmax( ) 메서드를 추가합니다.

```python
def sigmoid(self, z):
    z = np.clip(z, -100, None)   # 안전한 np.exp( ) 계산을 위해
    a = 1 / (1 + np.exp(-z))    # 시그모이드 계산
    return a

def softmax(self, z):
    # 소프트맥스 함수
    z = np.clip(z, -100, None)   # 안전한 np.exp( ) 계산을 위해
    exp_z = np.exp(z)
    return exp_z / np.sum(exp_z, axis=1).reshape(-1, 1)
```

소프트맥스 함수를 구현한 과정을 잠시 살펴봅시다. 소프트맥스 함수는 $\dfrac{e^{z_i}}{e^{z_1}+e^{z_2}+e^{z_3}}$이므로 이 값을 계산하려면 먼저 e^z를 계산해야 합니다. np.exp(z)는 z의 각 원소를 e^z로 만들어줍니다.

$$\begin{bmatrix} \vdots \\ 0.9,\ 0.8,\ 0.7 \\ 0.5,\ 0.2,\ 0.1 \\ \vdots \end{bmatrix} \xrightarrow{\text{np.exp(z)}} \begin{bmatrix} \vdots \\ e^{0.9},\ e^{0.8},\ e^{0.7} \\ e^{0.5},\ e^{0.2},\ e^{0.1} \\ \vdots \end{bmatrix}$$

$$z \qquad\qquad\qquad e^z$$

그런 다음 np.sum( ) 함수를 사용하여 z의 각 행의 합을 계산합니다. 이때 결과의 형태는 행 벡터(1차원 배열)이므로 형태를 다시 열 벡터(2차원 배열)로 바꿔야 나눗셈에 적용할 수 있습니다.

$$\begin{bmatrix} \vdots \\ 2.45 & 2.22 & 2.01 \\ 1.64 & 1.22 & 1.10 \\ \vdots \end{bmatrix} \xrightarrow{\text{np.sum(exp\_z, axis=1)}} [\cdots,\ 6.69,\ 3.97,\ \cdots] \xrightarrow{\text{reshape}(-1,\ 1)} \begin{bmatrix} \vdots \\ 6.69 \\ 3.97 \\ \vdots \end{bmatrix}$$

$$\text{exp\_z}$$

마지막으로 나눗셈을 적용하면 소프트맥스 함수의 적용이 끝납니다. 나눗셈 결과의 각 행의 합이 1이므로 소프트맥스 함수가 잘 적용되었습니다.

$$\begin{bmatrix} \vdots \\ 2.45 & 2.22 & 2.01 \\ 1.64 & 1.22 & 1.10 \\ \vdots \end{bmatrix} \div \begin{bmatrix} \vdots \\ 6.69 \\ 3.97 \\ \vdots \end{bmatrix} = \begin{bmatrix} \vdots \\ 0.36,\ 0.33,\ 0.30 \\ 0.41,\ 0.30,\ 0.27 \\ \vdots \end{bmatrix}$$

$$\text{exp\_z} \qquad\qquad \underbrace{}_{\text{np.sum(exp\_z, axis=1).reshape}(-1,\ 1)}$$

2. 정방향 계산하기

activation( ) 메서드의 이름을 sigmoid( )로 바꿨으니 forward( ) 메서드에 사용된 activation( ) 메서드의 이름도 sigmoid( )로 바꿔야 합니다. 나머지 코드는 동일합니다.

```
def forpass(self, x):
    ...
    self.a1 = self.sigmoid(z1)      # 활성화 함수를 적용합니다.
    ...
```

3. 가중치 초기화하기

이진 분류에서는 출력층의 뉴런이 1개이므로 가중치 w2의 크기는 (은닉층의_뉴런_개수, 1) (튜플)로 지정했습니다. 다중 분류도 마찬가지의 규칙을 따릅니다. 단, 출력층의 뉴런이 2개 이상이므로 가중치 w2의 크기는 (은닉층의_뉴런_개수, 클래스_개수)가 됩니다. b2의 크기는 클래스 개수에 따라 지정합니다. 다음은 w2를 random.normal( ) 함수를 이용하여 크기가 (은닉층의_뉴런_개수, 클래스_개수)인 배열의 각 원소의 값을 정규 분포를 따르는 무작위 수로 초기화합니다. b2는 모두 0으로 초기화합니다.

```
def init_weights(self, n_features, n_classes):
    ...
    self.w2 = np.random.normal(0, 1, (self.units, n_classes)) # (은닉층의 크기, 클래스 개수)
    self.b2 = np.zeros(n_classes)
```

4. fit 메서드 수정하기

fit( ) 메서드는 몇 가지만 수정하면 됩니다. 가중치를 초기화하는 init_weights( ) 메서드를 호출할 때 클래스의 개수를 매개변수의 값으로 넘겨줍니다. 다중 분류 문제에서 y, y_val 은 2차원 행렬이므로 열 벡터로 변환하던 코드를 지웁니다. 추가로 편의상 훈련의 진행 상황을 살펴볼 수 있도록 print( ) 함수를 사용하여 에포크마다 '.'이 출력되도록 합니다.

```
def fit(self, x, y, epochs=100, x_val=None, y_val=None):
    np.random.seed(42)
    self.init_weights(x.shape[1], y.shape[1])      # 은닉층과 출력층의 가중치를 초기화합니다.
    # epochs만큼 반복합니다.
    for i in range(epochs):
        loss = 0
        print('.', end='')
```

```
          # 제너레이터 함수에서 반환한 미니 배치를 순환합니다.
          for x_batch, y_batch in self.gen_batch(x, y):
              a = self.training(x_batch, y_batch)
              # 안전한 로그 계산을 위해 클리핑합니다.
              a = np.clip(a, 1e-10, 1-1e-10)
              # 로그 손실과 규제 손실을 더하여 리스트에 추가합니다.
              loss += np.sum(-y_batch*np.log(a))
          self.losses.append((loss + self.reg_loss()) / len(x))
          # 검증 세트에 대한 손실을 계산합니다.
          self.update_val_loss(x_val, y_val)
```

5. training( ) 메서드 수정하기

training( ) 메서드에서 사용하는 출력층의 활성화 함수를 activation( ) 메서드에서 softmax( )
메서드로 바꿉니다.

```
def training(self, x, y):
    m = len(x)              # 샘플 개수를 저장합니다.
    z = self.forpass(x)     # 정방향 계산을 수행합니다.
    a = self.softmax(z)     # 활성화 함수를 적용합니다.
    ...
```

6. predict( ) 메서드 수정하기

predict( ) 메서드에서는 정방향 계산에서 얻은 출력 중 가장 큰 값의 인덱스를 구합니다. 이
값이 예측 클래스가 됩니다. 이진 분류에서와 마찬가지로 클래스를 예측할 때는 활성화 함수,
즉 소프트맥스 함수를 거칠 필요가 없습니다. 출력층에서 계산된 선형 계산만으로 클래스를
예측할 수 있습니다.

```
def predict(self, x):
    z = self.forpass(x)           # 정방향 계산을 수행합니다.
    return np.argmax(z, axis=1)   # 가장 큰 값의 인덱스를 반환합니다.
```

7. score( ) 메서드 수정하기

score( ) 메서드에서는 predict( ) 메서드의 결과와 타깃 y의 클래스를 비교합니다. 이를 위
해 배열 y의 행을 따라 가장 큰 값의 인덱스를 구해 사용합니다.

```python
    def score(self, x, y):
        # 예측과 타깃 열 벡터를 비교하여 True의 비율을 반환합니다.
        return np.mean(self.predict(x) == np.argmax(y, axis=1))
```

8. 검증 손실 계산하기

update_val_loss( ) 메서드에서 사용하는 활성화 함수를 softmax( )로 바꿉니다. 또 로지스틱 손실 계산을 크로스 엔트로피 손실 계산으로 바꿉니다.

```python
    def update_val_loss(self, x_val, y_val):
        ...
        a = self.softmax(z)                  # 활성화 함수를 적용합니다.
        ...
        # 크로스 엔트로피 손실과 규제 손실을 더하여 리스트에 추가합니다.
        val_loss = np.sum(-y_val*np.log(a))
        ...
```

이제 다중 클래스 분류를 위해 변경해야 할 코드를 모두 수정했습니다. MultiClassNetwork 클래스의 전체 코드는 다음과 같습니다.

```python
class MultiClassNetwork:

    def __init__(self, units=10, batch_size=32, learning_rate=0.1, l1=0, l2=0):
        self.units = units              # 은닉층의 뉴런 개수
        self.batch_size = batch_size    # 배치 크기
        self.w1 = None                  # 은닉층의 가중치
        self.b1 = None                  # 은닉층의 절편
        self.w2 = None                  # 출력층의 가중치
        self.b2 = None                  # 출력층의 절편
        self.a1 = None                  # 은닉층의 활성화 출력
        self.losses = []                # 훈련 손실
        self.val_losses = []            # 검증 손실
        self.lr = learning_rate         # 학습률
        self.l1 = l1                    # L1 손실 하이퍼파라미터
        self.l2 = l2                    # L2 손실 하이퍼파라미터

    def forpass(self, x):
        z1 = np.dot(x, self.w1) + self.b1          # 첫 번째 층의 선형식을 계산합니다.
        self.a1 = self.sigmoid(z1)                 # 활성화 함수를 적용합니다.
        z2 = np.dot(self.a1, self.w2) + self.b2    # 두 번째 층의 선형식을 계산합니다.
        return z2
```

```python
def backprop(self, x, err):
    m = len(x)   # 샘플 개수
    # 출력층의 가중치와 절편에 대한 그레이디언트를 계산합니다.
    w2_grad = np.dot(self.a1.T, err) / m
    b2_grad = np.sum(err, axis=0) / m
    # 시그모이드 함수까지 그레이디언트를 계산합니다.
    err_to_hidden = np.dot(err, self.w2.T) * self.a1 * (1 - self.a1)
    # 은닉층의 가중치와 절편에 대한 그레이디언트를 계산합니다.
    w1_grad = np.dot(x.T, err_to_hidden) / m
    b1_grad = np.sum(err_to_hidden, axis=0) / m
    return w1_grad, b1_grad, w2_grad, b2_grad

def sigmoid(self, z):
    z = np.clip(z, -100, None)    # 안전한 np.exp( ) 계산을 위해
    a = 1 / (1 + np.exp(-z))      # 시그모이드 계산
    return a

def softmax(self, z):
    # 소프트맥스 함수
    z = np.clip(z, -100, None)    # 안전한 np.exp( ) 계산을 위해
    exp_z = np.exp(z)
    return exp_z / np.sum(exp_z, axis=1).reshape(-1, 1)

def init_weights(self, n_features, n_classes):
    self.w1 = np.random.normal(0, 1,
                               (n_features, self.units))   # (특성 개수, 은닉층의 크기)
    self.b1 = np.zeros(self.units)                         # 은닉층의 크기
    self.w2 = np.random.normal(0, 1,
                               (self.units, n_classes))    # (은닉층의 크기, 클래스 개수)
    self.b2 = np.zeros(n_classes)

def fit(self, x, y, epochs=100, x_val=None, y_val=None):
    np.random.seed(42)
    self.init_weights(x.shape[1], y.shape[1]) # 은닉층과 출력층의 가중치를 초기화합니다.
    # epochs만큼 반복합니다.
    for i in range(epochs):
        loss = 0
        print('.', end='')
        # 제너레이터 함수에서 반환한 미니 배치를 순환합니다.
        for x_batch, y_batch in self.gen_batch(x, y):
            a = self.training(x_batch, y_batch)
            # 안전한 로그 계산을 위해 클리핑합니다.
            a = np.clip(a, 1e-10, 1-1e-10)
            # 로그 손실과 규제 손실을 더하여 리스트에 추가합니다.
            loss += np.sum(-y_batch*np.log(a))
```

```
            self.losses.append((loss + self.reg_loss()) / len(x))
            # 검증 세트에 대한 손실을 계산합니다.
            self.update_val_loss(x_val, y_val)

    # 미니 배치 제너레이터 함수
    def gen_batch(self, x, y):
        length = len(x)
        bins = length // self.batch_size         # 미니 배치 횟수
        if length % self.batch_size:
            bins += 1                             # 나누어 떨어지지 않을 때
        indexes = np.random.permutation(np.arange(len(x)))     # 인덱스를 섞습니다.
        x = x[indexes]
        y = y[indexes]
        for i in range(bins):
            start = self.batch_size * i
            end = self.batch_size * (i + 1)
            yield x[start:end], y[start:end]    # batch_size만큼 슬라이싱하여 반환합니다.

    def training(self, x, y):
        m = len(x)                    # 샘플 개수를 저장합니다.
        z = self.forpass(x)           # 정방향 계산을 수행합니다.
        a = self.softmax(z)           # 활성화 함수를 적용합니다.
        err = -(y - a)                # 오차를 계산합니다.
        # 오차를 역전파하여 그레이디언트를 계산합니다.
        w1_grad, b1_grad, w2_grad, b2_grad = self.backprop(x, err)
        # 그레이디언트에서 페널티 항의 미분값을 뺍니다.
        w1_grad += (self.l1 * np.sign(self.w1) + self.l2 * self.w1) / m
        w2_grad += (self.l1 * np.sign(self.w2) + self.l2 * self.w2) / m
        # 은닉층의 가중치와 절편을 업데이트합니다.
        self.w1 -= self.lr * w1_grad
        self.b1 -= self.lr * b1_grad
        # 출력층의 가중치와 절편을 업데이트합니다.
        self.w2 -= self.lr * w2_grad
        self.b2 -= self.lr * b2_grad
        return a

    def predict(self, x):
        z = self.forpass(x)           # 정방향 계산을 수행합니다.
        return np.argmax(z, axis=1)   # 가장 큰 값의 인덱스를 반환합니다.

    def score(self, x, y):
        # 예측과 타깃 열 벡터를 비교하여 True의 비율을 반환합니다.
        return np.mean(self.predict(x) == np.argmax(y, axis=1))

    def reg_loss(self):
```

```
        # 은닉층과 출력층의 가중치에 규제를 적용합니다.
        return self.l1 * (np.sum(np.abs(self.w1)) + np.sum(np.abs(self.w2))) + \
               self.l2 / 2 * (np.sum(self.w1**2) + np.sum(self.w2**2))

    def update_val_loss(self, x_val, y_val):
        z = self.forpass(x_val)              # 정방향 계산을 수행합니다.
        a = self.softmax(z)                  # 활성화 함수를 적용합니다.
        a = np.clip(a, 1e-10, 1-1e-10)       # 출력값을 클리핑합니다.
        # 크로스 엔트로피 손실과 규제 손실을 더하여 리스트에 추가합니다.
        val_loss = np.sum(-y_val*np.log(a))
        self.val_losses.append((val_loss + self.reg_loss()) / len(y_val))
```

의류 이미지를 분류합니다

앞에서 만든 **MultiClassNetwork** 클래스를 사용하여 '의류 이미지 분류하기'라는 다중 분류 문제를 해결해 보겠습니다. 이번에 사용할 데이터 세트는 패션(Fashion) MNIST 데이터 세트입니다. 이 데이터 세트는 기존 딥러닝 학습에 자주 사용되었던 10개의 손글씨 숫자 이미지로 구성된 MNIST 데이터 세트를 대신하여 최근 딥러닝 학습에 널리 사용되고 있습니다. 의류의 흑백 이미지는 다음 주소로 접속하면 더 자세히 살펴볼 수 있습니다.

패션 MNIST 데이터 세트 깃허브

https://github.com/zalandoresearch/fashion-mnist에 접속하여 패션 MNIST 데이터 세트를 미리 살펴보세요.

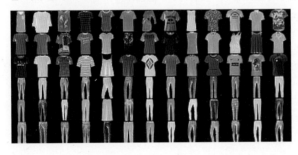

이번 실습부터는 패션 MNIST 데이터를 텐서플로에서 불러와 사용합니다. 다음 명령을 실행하여 코랩에 텐서플로 최신 버전을 설치하세요.

```
!pip install tensorflow_gpu==2.0.0
```

의류 데이터를 준비합니다

패션 MNIST 데이터 세트는 이미지이고 샘플의 양도 굉장히 많습니다. 지금까지 실습에서 사용한 데이터와는 큰 차이가 있으므로 데이터를 준비하는 과정부터 천천히 알아봅시다.

1. 텐서플로 임포트하기

앞에서 설치한 텐서플로를 임포트합니다. 텐서플로는 별칭인 tf로 임포트하는 것이 관례입니다.

```
import tensorflow as tf
```

2. 텐서플로 버전 확인하기

Colab에 설치한 텐서플로 버전을 확인해 보겠습니다. 텐서플로는 2019년 10월에 2.0 버전이 릴리스되었습니다. 텐서플로 2.0은 1.x에 비해 많이 변했습니다. 딥러닝 모델을 더 쉽게 만들 수 있도록 개선된 점과 케라스(Keras)가 핵심 파이썬 API가 된 점이 가장 큰 특징입니다.

```
tf.__version__
2.0.0
```

3. 패션 MNIST 데이터 세트 불러오기

패션 MNIST 데이터 세트는 텐서플로의 keras.datasets.fashion_mnist 모듈 아래 load_data( ) 함수를 사용하여 불러올 수 있습니다.

```
(x_train_all, y_train_all), (x_test, y_test) = tf.keras.datasets.fashion_mnist.load_data( )
```

패션 MNIST 데이터 세트는 훈련 데이터와 테스트 데이터로 나누어져 있습니다. load_data( ) 함수는 입력과 타깃을 하나의 튜플로 묶어 훈련 세트와 테스트 세트를 반환합니다. 이를 4개의 변수에 나누어 담습니다. 이 절에서는 훈련 세트만 사용합니다. 05장에서 설명한 것처럼 테스트 세트를 사용하여 모델을 반복적으로 평가하면 실전에 투입했을 때 성능을 낙관적으로 예측할 수 있습니다.

4. 훈련 세트의 크기 확인하기

텐서플로의 패션 MNIST 데이터 세트를 불러왔나요? 이제 훈련 세트의 크기를 확인해 보겠습니다.

```
print(x_train_all.shape, y_train_all.shape)
(60000, 28, 28) (60000,)
```

패션 MNIST의 각 샘플은 높이와 너비를 가진 흑백 이미지이고 2차원 배열이므로 x_train_all은 3차원 배열이 됩니다. 다음과 같이 28×28 크기의 흑백 이미지 60,000개가 쌓여 있는 것으로 이해할 수 있습니다. y_train_all의 경우 각 이미지를 분류한 타깃의 값이 들어 있습니다. y_train_all의 형태는 x_train_all의 형태를 살펴 본 다음에 알아보겠습니다.

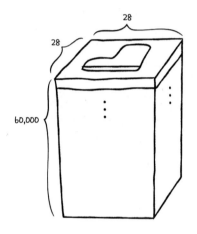

5. imshow( ) 함수로 샘플 이미지 확인하기

x_train_all에 들어 있는 샘플은 어떻게 생겼을까요? 맷플롯립 패키지를 임포트하여 샘플 이미지를 그려보겠습니다. imshow( ) 함수는 넘파이 배열을 입력 받아 이미지를 그립니다. 여기서 사용하는 넘파이 배열은 2차원 배열이고 각 배열의 원소는 색을 표현하는 값으로 구성되어 있습니다. 맷플롯립 패키지는 컬러맵(colormap)을 사용하여 이미지를 그리며 cmap 매개변수로 설정할 수 있습니다. cmap 매개변수의 기본 설정은 픽셀을 짙은 녹색에서 밝은 노란색 사이로 표현하는 'viridis'입니다. 패션 MNIST는 흑백 이미지이므로 cmap 매개변수를 'gray'로 지정했습니다. 넘파이 배열의 원소값이 0에 가까울수록 이미지가 검게 그려집니다.

```
import matplotlib.pyplot as plt
plt.imshow(x_train_all[0], cmap='gray')
plt.show( )
```

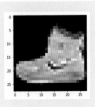

6. 타깃의 내용과 의미 확인하기

타깃(y_target_all)의 크기는 60,000개의 요소를 가진 1차원 배열입니다. 이 배열에는 0~9까지의 정수로 이루어진 클래스 레이블이 들어 있습니다. 가장 앞에 있는 데이터 10개만 출력해 보겠습니다.

```
print(y_train_all[:10])
[9 0 0 3 0 2 7 2 5 5]
```

각 레이블(9, 0, 0, …)은 무엇을 의미할까요? 레이블 0부터 9까지의 의미는 다음과 같습니다.

```
class_names = ['티셔츠/윗도리', '바지', '스웨터', '드레스', '코트',
               '샌들', '셔츠', '스니커즈', '가방', '앵클부츠']
```

이 class_names 리스트를 사용하면 y_train_all에 들어 있는 원소가 어떤 레이블을 의미하는지 숫자가 아닌 이름으로 알아볼 수 있습니다. 첫 번째 샘플의 클래스를 출력해 보면 '앵클부츠'라고 나옵니다. 실제로 x_train_all[0]을 통해 확인한 그림도 앵클부츠이므로 올바른 레이블이 부여된 것 같습니다.

```
print(class_names[y_train_all[0]])
앵클부츠
```

7. 타깃 분포 확인하기

훈련 데이터 세트를 훈련 세트와 검증 세트로 나누기 전에 훈련 세트의 타깃값들이 고르게 분포되었는지 알아보겠습니다. 넘파이 bincount( ) 함수를 사용하면 배열에 있는 정수값의 등장 횟수를 세어 정수값에 해당하는 인덱스 위치에 저장합니다.

```
np.bincount(y_train_all)
array([6000, 6000, 6000, 6000, 6000, 6000, 6000, 6000, 6000, 6000])
```

배열의 원소를 확인해 보니 각 레이블당 6,000개의 데이터가 들어 있습니다.

8. 훈련 세트와 검증 세트 고르게 나누기

이제 사이킷런의 train_test_split( ) 함수를 사용하여 훈련 세트와 검증 세트를 나누겠습니다. stratify 매개변수에 타깃 배열 y_train_all을 지정하여 레이블이 고르게 나누어지도록 합니다.

```
from sklearn.model_selection import train_test_split
x_train, x_val, y_train, y_val = train_test_split(x_train_all, y_train_all,
stratify=y_train_all, test_size=0.2, random_state=42)
```

그런 다음 훈련, 검증 세트의 레이블이 잘 나누어졌는지 확인해 봅시다.

```
np.bincount(y_train)
array([4800, 4800, 4800, 4800, 4800, 4800, 4800, 4800, 4800, 4800])
np.bincount(y_val)
array([1200, 1200, 1200, 1200, 1200, 1200, 1200, 1200, 1200, 1200])
```

훈련 세트와 검증 세트의 타깃 레이블이 같은 비율로 나누어졌습니다. 분류 작업에서 데이터 세트를 나누면 클래스의 균형이 맞는지 확인하는 것이 좋습니다.

9. 입력 데이터 정규화하기

06장에서 위스콘신 유방암 데이터를 사용할 때 훈련 데이터를 표준화하여 평균을 0, 분산을 1에 맞추었습니다. 이미지 데이터는 픽셀마다 0~255 사이의 값을 가지므로 이 값을 255로 나눠 0~1 사이로 맞춥니다. 엄밀히 말해 '표준화'했다고 할 수는 없지만 실전에 잘 작동하므로 이 방법을 많이 사용합니다.

```
x_train = x_train / 255
x_val = x_val / 255
```

10. 훈련 세트와 검증 세트의 차원 변경하기

훈련 세트(x_train)와 검증 세트(x_val)에 들어 있는 샘플들은 28×28 크기의 2차원 배열입니다. 앞에서 만든 MultiClassNetwork는 1차원 배열의 샘플을 기대합니다. 따라서 넘파이 배열의 reshape( ) 메서드를 사용하여 훈련 세트와 검증 세트의 두 번째, 세 번째 차원을 합친 다음 784의 길이로 펼치겠습니다. 쉽게 말해 이미지의 픽셀을 풀어 1줄로 이어 붙인 셈입니다.

```
x_train = x_train.reshape(-1, 784)
x_val = x_val.reshape(-1, 784)
```

훈련과 검증 세트의 차원이 잘 바뀌었는지 확인해 볼까요?

```
print(x_train.shape, x_val.shape)
(48000, 784) (12000, 784)
```

이제 훈련 세트와 검증 세트의 샘플 데이터가 2차원 배열에서 1차원 배열로 바뀌었습니다. 다음은 지금까지 살펴본 훈련 세트와 검증 세트의 입력과 타깃을 그림으로 나타낸 것입니다.

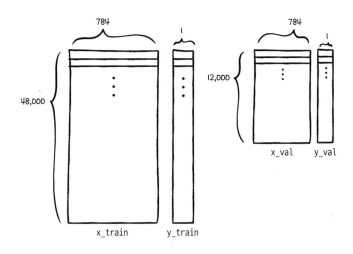

잠깐! 다음으로 넘어가려면

☑ 패션 MNIST 데이터 세트는 3차원 배열이며 각 샘플은 2차원 배열입니다.
☐ 패션 MNIST 데이터 세트의 샘플에 저장되어 있는 값은 픽셀 강도입니다.

타깃 데이터를 준비하고 다중 분류 신경망을 훈련합니다

패션 MNIST 데이터 세트는 10개의 클래스로 구성되어 있으므로 출력 뉴런의 개수도 10개가 되어야 합니다. 이 출력 뉴런의 값이 타깃값에 대응되어야 하죠. 하지만 y_train, y_val에 저장된 값들은 0~9 사이의 정수값 하나로 10개의 출력 뉴런에 대응되지 않습니다. 이 타깃 데이터를 출력 뉴런의 개수에 맞게 변형하겠습니다. 이 과정은 앞에서 크로스 엔트로피 손실 함수를 공부하며 '정답 타깃의 값은 1이고 나머지 타깃의 값은 0'이라고 말했던 것과 깊은 연관이 있습니다.

1. 타깃을 원-핫 인코딩으로 변환하기

이 신경망의 출력값과 타깃값을 비교하려면 타깃값이 출력층의 10개 뉴런에 대응하는 배열이어야 합니다. 하지만 y_train, y_val에 저장된 값들은 1~9 사이의 1개의 정수값이므로 10개의 뉴런에 대응되지 않습니다. 간단한 방법은 타깃의 정수값에 해당하는 원소는 1, 나머지 원소는 모두 0으로 하여 10개의 원소를 가진 배열을 만드는 것입니다. 이런 방법을 원-핫 인코딩(one-hot encoding)이라고 합니다.

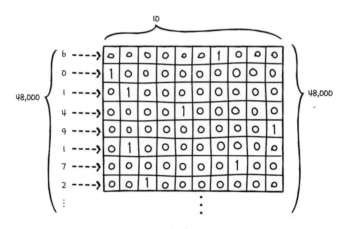

위 그림을 보며 원-핫 인코딩이 무엇인지 간단히 설명하겠습니다. 예를 들어 타깃값 6은 인덱스 6에 해당하는 원소만 1이고 나머지 원소는 0이 됩니다. 나머지 타깃값도 같은 방법을 적용합니다. 결국 타깃값을 가지고 있는 1차원 정수 배열을 원-핫 인코딩하면 위와 같은 2차원 배열이 만들어집니다.

2. 이제 과정 **1**에서 만든 배열의 각 원소를 뉴런의 출력값과 비교할 것입니다. 다음에 비교 과정을 그림으로 조금 더 자세히 나타내었습니다.

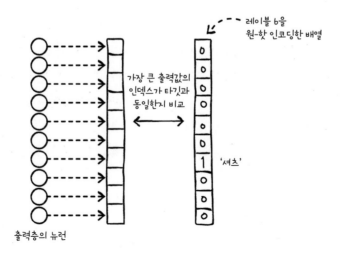

원-핫 인코딩을 파이썬으로 직접 구현할 수 있지만 조금 번거롭습니다. 다행히도 텐서플로를 비롯한 머신러닝, 딥러닝 라이브러리들은 원-핫 인코딩을 위한 도구를 제공합니다.

3. to_categorical 함수 사용해 원-핫 인코딩하기

텐서플로에는 원-핫 인코딩을 위한 to_categorical( ) 함수를 제공합니다. to_categorical( ) 함수는 keras.utils 모듈에 있습니다. 이 함수가 어떻게 동작하는지 알아보기 위해 샘플 데이터 [0, 1, 3]을 인코딩해 보겠습니다.

```
tf.keras.utils.to_categorical([0, 1, 3])
array([[1., 0., 0., 0.],
       [0., 1., 0., 0.],
       [0., 0., 0., 1.]], dtype=float32)
```

to_categorical( ) 함수는 세 번째 원소를 비우고 0, 1, 3에 대한 값을 잘 인코딩하였습니다. 하지만 to_categorical( ) 함수는 문자열로 된 레이블은 인코딩하지 못합니다. 여기서 사용 하는 타깃 데이터는 정수 배열이므로 to_categorical( ) 함수를 사용하여 원-핫 인코딩할 수 있습니다.

```
y_train_encoded = tf.keras.utils.to_categorical(y_train)
y_val_encoded = tf.keras.utils.to_categorical(y_val)
```

변환된 원-핫 인코딩 배열의 크기를 출력하면 다음과 같습니다.

```
print(y_train_encoded.shape, y_val_encoded.shape)
(48000, 10) (12000, 10)
```

훈련 세트 레이블이 (48000,) 크기의 1차원 배열에서 (48000, 10) 크기의 2차원 배열로 바뀌 었습니다. 검증 세트 레이블도 (12000,)에서 (12000, 10) 크기로 바뀌었습니다. 인코딩을 한 다음에는 제대로 인코딩이 되었는지 레이블을 출력해 보는 것이 중요합니다. 첫 번째 레이블 을 출력해 보겠습니다.

```
print(y_train[0], y_train_encoded[0])
6 [0. 0. 0. 0. 0. 0. 1. 0. 0. 0.]
```

레이블 6이 일곱 번째 원소 위치에 원-핫 인코딩되었습니다. 이제 훈련 세트 x_train, y_train_encoded와 검증 세트 x_val, y_val_encoded가 모두 준비되었습니다.

4. MultiClassNetwork 클래스로 다중 분류 신경망 훈련하기

앞에서 만든 MultiClassNetwork 클래스를 이용하여 다중 분류 신경망을 40번의 에포크 동안 훈련해 보겠습니다. 훈련 코드와 실행 결과는 다음과 같습니다. 점이 하나씩 찍히면 훈련이 잘 진행되고 있는 것입니다.

```
fc = MultiClassNetwork(units=100, batch_size=256)
fc.fit(x_train, y_train_encoded,
       x_val=x_val, y_val=y_val_encoded, epochs=40)
..........................................
```

5. 훈련 손실, 검증 손실 그래프와 훈련 모델 점수 확인하기

우선 훈련 손실과 검증 손실 그래프를 그려보겠습니다.

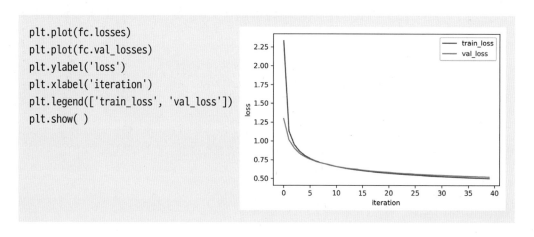

```
plt.plot(fc.losses)
plt.plot(fc.val_losses)
plt.ylabel('loss')
plt.xlabel('iteration')
plt.legend(['train_loss', 'val_loss'])
plt.show( )
```

손실 그래프가 초기에는 빠르게 감소하다가 완만하게 수렴하고 있습니다. 전체 검증 세트를 이용하여 이 모델이 얼마나 잘 훈련되었는지 점수를 확인해 보겠습니다.

```
fc.score(x_val, y_val_encoded)
0.8150833333333334
```

검증 세트에 대한 이 분류 모델의 정확도는 약 81%입니다. 무작위로 의류 이미지를 예측하면 약 10%의 정확도를 기대할 수 있으므로 확실히 더 높은 점수입니다. 하지만 오차가 19%나되기 때문에 실전에 사용하기 어렵습니다. 본격적으로 제대로 된 모델을 만들려면 텐서플로와 같은 전문 딥러닝 패키지의 힘을 빌려야 합니다. 다음 절에서 텐서플로를 이용한 다중 분류 모델을 만들어보겠습니다.

✏️ 잠깐! 다음으로 넘어가려면

☑ 패션 MNIST 데이터 세트의 타깃에는 0~9 사이의 정수값이 들어 있습니다.

☐ 다중 분류 신경망의 출력 뉴런 개수에 맞게 타깃을 원-핫 인코딩하여 10개의 배열로 변환했습니다.

07-2 텐서플로와 케라스를 사용하여 신경망을 만듭니다

지금까지 다중 분류 신경망을 직접 구현하여 만든 모델을 훈련시켜보고 성능도 측정해 보았습니다. 07-1절의 마지막 부분에서 언급했듯이 여러분이 직접 만든 다중 분류 신경망 클래스는 실전에 사용할 수 있을 정도의 성능을 기대하기가 어렵습니다. 높은 성능을 가진 인공신경망 모델을 만들기 위해서는 전문적인 라이브러리를 사용해야 합니다. 지금부터는 대표적인 딥러닝 패키지인 구글의 텐서플로를 사용하여 인공신경망을 만들어 보겠습니다. 특히 텐서플로를 좀 더 쉽게 사용하기 위한 케라스 API(Keras API)에 대해 자세히 알아보겠습니다. 이 책은 케라스 API를 간단히 케라스라고 부릅니다.

케라스에 대해 알아봅니다

케라스는 딥러닝 패키지를 편리하게 사용하기 위해 만들어진 래퍼(Wrapper) 패키지입니다. 대표적인 딥러닝 패키지인 텐서플로, 씨아노 등을 사용해 신경망을 구현하려면 꽤 많은 양의 코드를 입력해야 합니다. 정말 그런지 예제 코드를 보며 알아봅시다. 다음은 간단한 신경망을 텐서플로와 케라스로 구현한 것입니다.

```
# 훈련할 가중치 변수를 선언합니다.
w = tf.Variable(tf.zeros(shape=(1)))
b = tf.Variable(tf.zeros(shape=(1)))

# 경사 하강법 옵티마이저를 설정합니다.
optimizer = tf.optimizers.SGD(lr = 0.01)
# 에포크 횟수만큼 훈련합니다.
num_epochs = 10
for step in range(num_epochs):

    # 자동 미분을 위해 연산 과정을 기록합니다.
    with tf.GradientTape() as tape:
        z_net = w * x_train + b
        z_net = tf.reshape(z_net, [-1])
        sqr_errors = tf.square(y_train - z_net)
```

```
    mean_cost = tf.reduce_mean(sqr_errors)
    # 손실 함수에 대한 가중치의 그레이디언트를 계산합니다.
    grads = tape.gradient(mean_cost, [w, b]
    # 옵티마이저에 그레이디언트를 반영합니다.
    optimizer.apply_gradients(zip(grads, [w, b]))
```

위 신경망을 케라스로 구현하면 얼마나 간단해질까요? 다음은 케라스로 위의 신경망을 그대로 구현한 것입니다.

```
# 신경망 모델을 만듭니다.
model = tf.keras.models.Sequential()
# 완전 연결층을 추가합니다.
model.add(tf.keras.layers.Dense(1))
# 옵티마이저와 손실 함수를 지정합니다.
model.compile(optimizer='sgd', loss='mse')
# 훈련 데이터를 사용하여 에포크 횟수만큼 훈련합니다.
model.fit(x_train, y_train, epochs=10)
```

어떤가요? 코드의 양이 21줄에서 8줄로 확 줄었습니다. 구글은 케라스를 아예 텐서플로 안에 포함시켰습니다. 텐서플로 2.0에서는 아예 케라스를 텐서플로의 주력 파이썬 API로 만들었습니다. 케라스의 대표 구현은 오픈 소스로 여전히 씨아노나 텐서플로를 백엔드(backend)로 지정하여 사용할 수 있습니다. 텐서플로에 구현된 tensorflow. keras 모듈은 케라스 명세를 따르는 텐서플로만을 위한 구현입니다.

ⓒ 케라스 공식 깃허브 https://github.
com/keras-team/keras

케라스를 사용하면 인공신경망의 층을 직관적으로 설계할 수 있습니다

케라스를 사용하면 어떤 이점이 있을까요? 케라스를 사용하면 직관적으로 인공신경망의 층을 설계할 수 있습니다. 예를 들어 다음과 같은 다중 분류 신경망을 만든다고 생각해 봅시다.

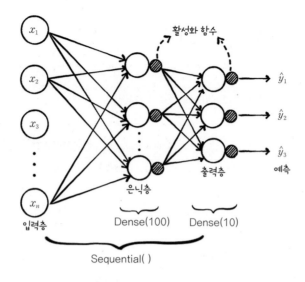

케라스는 인공신경망 모델을 만들기 위한 Sequential 클래스와 완전 연결층을 만들기 위한 Dense 클래스를 제공합니다. Sequential 클래스는 이름의 의미 그대로 '순차적으로 층을 쌓은 신경망 모델'이고, Dense 클래스는 모델에 포함된 완전 연결층입니다. 즉, 위의 인공신경망은 은닉층과 출력층을 Dense 클래스의 객체로 구성하고 각각의 객체를 Sequential 클래스 객체에 추가하면 완성됩니다. 정말로 층을 쌓아 신경망을 만드는 것처럼 보이지요? 그래서 '직관적으로 인공신경망의 층을 설계할 수 있다'고 말합니다. 앞에서 여러분이 직접 구현한 MultiClassNetwork 클래스의 경우 신경망 모델과 층이 명확하게 구분되지 않았습니다. 하지만 케라스는 모델과 층이 명확하게 구분됩니다. 심지어 층 하나를 다른 층으로 교체하기도 쉽습니다. 이 두 클래스를 이용하여 다중 분류 신경망을 만들어보겠습니다.

Sequential 클래스의 사용 방법을 알아봅니다

먼저 Sequential 클래스에 대해 알아보겠습니다. 완전 연결 신경망을 만들려면 Sequential 클래스와 Dense 클래스를 함께 사용합니다. Sequential 클래스를 사용하는 방법은 Sequential 클래스의 객체를 생성할 때 층을 추가하는 방법과 객체를 생성한 후 add( ) 메서드를 사용하여 층을 추가하는 방법이 있습니다. 이 두 가지 방법에 대해 알아보겠습니다.

Sequential 객체에 층을 추가합니다

Sequential 클래스로 객체를 생성할 때 Dense 클래스로 만든 층을 추가할 수 있습니다. 예를 들면 다음과 같습니다. 신경망 모델에 추가할 층을 파이썬 리스트로 만들어 전달하면 Sequential 클래스의 객체가 만들어질 때 층이 추가됩니다.

```
from tensorflow.keras import Sequential
from tensorflow.keras.layers import Dense
model = Sequential([Dense(...), ...])
```

add( ) 메서드 사용해 층을 추가합니다

Sequential 클래스의 add( ) 메서드를 사용하여 층을 추가할 수 있습니다.

```
dense = Dense(...)
model.add(dense)
```

매번 Dense 클래스의 객체를 변수에 할당하여 add( ) 메서드로 전달하는 일은 번거로우므로
아래와 같이 Dense 클래스의 객체를 만들자마자 전달할 수도 있습니다.

```
model = Sequential( )
model.add(Dense(...))
model.add(Dense(...))
```

Dense 클래스의 사용 방법을 알아봅니다

이번에는 층을 만들 때 사용하는 Dense 클래스를 알아보겠습니다. Dense 클래스는 객체를 생
성할 때 다음과 같은 매개변수를 전달해야 합니다.

뉴런의 개수를 지정하는 매개변수 unit

Dense 클래스에 전달해야 하는 첫 번째 매개변수는 층의 유닛(unit) 개수입니다. 실제 신경망
알고리즘은 뇌와 직접적인 연관이 없으므로 오해를 피하기 위해 종종 뉴런을 유닛이라고 부릅
니다. 앞에서 다중 분류 신경망의 경우 은닉층의 뉴런 개수   ⓒ 은닉층의 뉴런 개수를 정하는 unit도
가 100개였으므로 유닛의 개수는 다음과 같이 지정합니다.   연구자가 모델의 성능을 위해 튜닝해야
                                                      하는 하이퍼파라미터입니다.

```
Dense(unit=100, ...)
```

활성화 함수를 지정하는 매개변수 activation

Dense 클래스의 두 번째 매개변수는 활성화 함수를 지정하는 activation입니다. activation
매개변수의 기본값은 None이므로 따로 지정하지 않으면 활성화 함수가 적용되지 않습니다.

앞에서 다중 분류 신경망을 만들 때 활성화 함수로 시그모이드 함수를 사용했으므로 activation에 'sigmoid'를 지정합니다. activation에는 소프트맥스 함수(softmax), 하이퍼볼릭 탄젠트 함수(tanh), 렐루 함수(relu) 등 많은 함수를 적용할 수 있습니다.

```
Dense(100, activation='sigmoid')
```

 리키의 팁 메모 | 케라스는 가중치를 커널이라고 부릅니다

Dense 클래스에는 가중치를 규제하기 위한 kernel_initializer 매개변수가 있습니다. 케라스에서는 모델의 가중치를 커널(kernel)이라고 부릅니다. 커널이라는 용어는 머신러닝 분야에서 다양한 용도로 사용됩니다. 케라스에서는 단순히 가중치를 의미하므로 혼동하지 마세요.

모델의 최적화 알고리즘과 손실 함수를 설정합니다

앞에서 Sequential 클래스와 Dense 클래스의 기초 사용 방법을 알아보았습니다. 모델을 훈련하기 위해서는 최적화 알고리즘이나 손실 함수를 지정해야 합니다. 다중 분류의 최적화 알고리즘은 경사 하강법 알고리즘을 사용하고, 손실 함수는 크로스 엔트로피 손실 함수를 사용합니다. 케라스에서 최적화 알고리즘과 손실 함수를 지정하는 방법을 알아보겠습니다.

최적화 알고리즘을 지정하는 매개변수 optimizer

Sequential 클래스의 compile( ) 메서드를 사용하여 최적화 알고리즘과 손실 함수를 지정합니다. 텐서플로에는 경사 하강법을 비롯하여 널리 사용되는 최적화 알고리즘이 이미 구현되어 있습니다. 최적화 알고리즘은 매개변수 optimizer를 사용합니다. optimizer의 매개변수 값으로 'sgd'를 지정하면 기본 경사 하강법을 최적화 알고리즘으로 사용합니다. 이때 학습률의 기본값은 0.01입니다.

```
model.compile(optimizer='sgd', ...)
```

손실 함수를 지정하는 매개변수 loss

지금까지 공부한 손실 함수는 제곱 오차, 로지스틱 손실 함수, 크로스 엔트로피 손실 함수입니다. 제곱 오차의 경우 loss 매개변수를 mse로 지정하고 로지스틱 손실 함수의 경우 binary_crossentropy로 지정합니다. 지금은 다중 분류 신경망을 구성할 것이므로 loss 매개변수를 categorical_crossentropy로 지정합니다.

```
model.compile(optimizer='sgd', loss='categorical_crossentropy')
```

모델을 훈련하고 예측합니다

모델을 훈련하고 예측하는 메서드는 Sequential 클래스의 fit( ) 메서드와 predict( ) 메서드 입니다. 이 메서드의 이름은 지금까지 계속 사용한 사이킷런에서 사용한 훈련과 예측 메서드의 이름과 같습니다. 이름만 같은 것이 아니라 사용 방법도 비슷합니다. 마지막으로 모델을 검증 세트나 테스트 세트에서 평가할 때는 evaluate( ) 메서드를 사용합니다. 전형적인 Sequential 클래스의 사용 방법은 다음과 같습니다.

```
model = Sequential( )
model.add(Dense(...))
model.add(Dense(...))
model.compile(optimizer='...', loss='...')
model.fit(X, y, epochs=...)
model.predict(X)
model.evalute(X, y)
```

지금까지 케라스의 Sequential 클래스와 Dense 클래스를 사용하는 방법을 소개했습니다. 이 제 본격적으로 다중 분류 신경망을 만들어보고 여러분이 직접 만든 알고리즘에 비해 성능이 얼마나 좋아졌는지도 비교하며 알아보겠습니다.

케라스로 다중 분류 신경망을 만들어봅니다

케라스를 사용하여 다중 분류 신경망을 만든 다음 패션 MNIST 데이터 세트로 모델을 훈련해 보겠습니다.

1. 모델 생성하기

먼저 `tensorflow.keras` 모듈 안에 있는 Sequential 클래스와 Dense 클래스를 임포트하고 Sequential 객체(모델)를 생성합니다.

```
from tensorflow.keras import Sequential
from tensorflow.keras.layers import Dense
model = Sequential( )
```

2. 은닉층과 출력층을 모델에 추가하기

그런 다음 MultiClassNetwork 클래스로 만든 것과 동일한 크기의 신경망을 만듭니다. 은닉층의 유닛 개수는 100개이고 출력층의 유닛 개수는 10개입니다. 따라서 Dense의 첫 번째 매개변수에 각각 100, 10을 지정했습니다. 은닉층의 활성화 함수는 시그모이드 함수, 출력층의 활성화 함수는 소프트맥스 함수이므로 두 번째 매개변수에는 각각 'sigmoid', 'softmax'를 지정했습니다.

```
model.add(Dense(100, activation='sigmoid', input_shape=(784,)))
model.add(Dense(10, activation='softmax'))
```

첫 번째 은닉층에는 input_shape 매개변수에 입력 데이터의 크기를 지정해야 합니다. 28×28 크기의 이미지를 일렬로 펼쳤으므로 784입니다. 이때 입력 행렬의 첫 번째 차원은 입력 데이터의 개수이므로 나머지 차원만 (784,)와 같이 튜플 형태로 입력했습니다. 신경망을 구성할 때 샘플의 개수는 필요하지 않기 때문입니다.

⊚ 입력 행렬의 첫 번째 차원은 배치 차원 또는 샘플 차원이라고 말합니다.

3. 최적화 알고리즘과 손실 함수 지정하기

여기서는 다중 분류 문제를 해결해야 하므로 최적화 알고리즘으로는 경사 하강법을, 손실 함수는 크로스 엔트로피 손실 함수를 사용합니다. optimizer와 loss에 각각 'sgd', 'categorical_crossentropy'를 지정합니다.

```
model.compile(optimizer='sgd', loss='categorical_crossentropy', metrics=['accuracy'])
```

compile( ) 메서드에 추가한 metrics 매개변수는 훈련 과정 기록으로 정확도를 남기기 위해 추가한 것입니다. 과정 4에서 fit( ) 메서드는 모델을 훈련하며 기록한 정보를 History 객체에 담아 반환합니다. metrics 매개변수를 지정하지 않으면 History 객체에는 기본값으로 손실값(loss)이 기록됩니다. 여기서는 모델의 정확도에 대한 기록도 살펴봐야 하므로 metrics 매개변수에 'accuracy'를 추가했습니다.

4. 모델 훈련하기

이제 fit( ) 메서드를 통해 모델을 40번의 에포크 동안 훈련합니다. 훈련하는 동안 검증 세트에 대한 손실과 정확도를 계산할 수 있습니다. 이를 위해 validation_data 매개변수에 검증 세트를 튜플로 전달합니다. `fit( )` 메서드는 훈련 세트와 검증 세트에서 측정한 값들을 History 클래스 객체에 담아 반환합니다. 반환값을 `history` 변수에 저장하겠습니다.

```
history = model.fit(x_train, y_train_encoded, epochs=40,
                    validation_data=(x_val, y_val_encoded))
Train on 48000 samples, validate on 12000 samples
Epoch 1/20
48000/48000 [==============================] - 2s 45us/sample - loss: 1.3944 - accu-
racy: 0.6396 - val_loss: 0.9643 - val_accuracy: 0.7212
Epoch 2/20
48000/48000 [==============================] - 2s 42us/sample - loss: 0.8450 - accu-
racy: 0.7411 - val_loss: 0.7537 - val_accuracy: 0.7552
...
Epoch 38/40
48000/48000 [==============================] - 2s 42us/sample - loss: 0.3935 - accu-
racy: 0.8610 - val_loss: 0.3895 - val_accuracy: 0.8633
Epoch 39/40
48000/48000 [==============================] - 2s 42us/sample - loss: 0.3916 - accu-
racy: 0.8619 - val_loss: 0.3888 - val_accuracy: 0.8620
Epoch 40/40
48000/48000 [==============================] - 3s 58us/sample - loss: 0.3897 - accu-
racy: 0.8620 - val_loss: 0.3871 - val_accuracy: 0.8622
```

5. 손실과 정확도 그래프 그리기

`history` 객체의 `history` 딕셔너리에는 여러 측정 지표가 들어 있습니다. `history` 딕셔너리의 키를 출력해 보면 어떤 측정 지표들이 들어 있는지 알 수 있습니다.

```
print(history.history.keys( ))
dict_keys(['loss', 'accuracy', 'val_loss', 'val_accuracy'])
```

훈련 세트와 검증 세트에서의 손실을 나타내는 `loss`, `val_loss`가 있고 훈련 세트와 검증 세트의 정확도를 의미하는 `accuracy`와 `val_accuracy`가 있습니다. 다음은 훈련 세트와 검증 세트의 손실 그래프와 정확도를 나타낸 그래프입니다.

```
plt.plot(history.history['loss'])
plt.plot(history.history['val_loss'])
plt.ylabel('loss')
plt.xlabel('epoch')
plt.legend(['train_loss', 'val_loss'])
plt.show( )
```

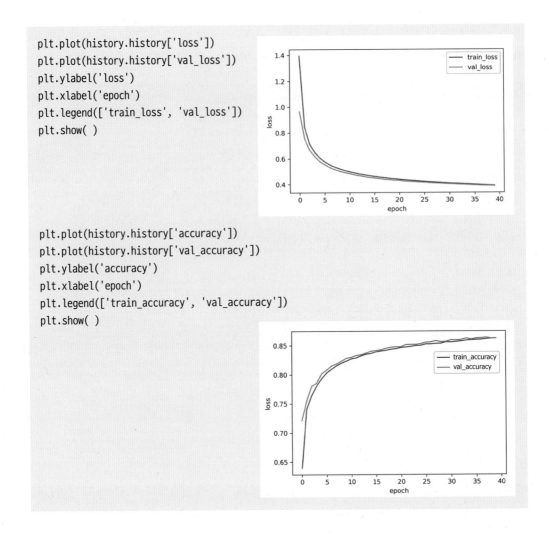

```
plt.plot(history.history['accuracy'])
plt.plot(history.history['val_accuracy'])
plt.ylabel('accuracy')
plt.xlabel('epoch')
plt.legend(['train_accuracy', 'val_accuracy'])
plt.show( )
```

출력된 그래프를 보면 손실 그래프는 일정한 수준으로 감소하는 추세를 보이고 정확도 그래 프도 점진적으로 증가하고 있습니다.

6. 검증 세트 정확도 계산하기

evaluate( ) 메서드를 사용하면 손실값과 metrics 매개변수에 추가한 측정 지표를 계산하여 반환합니다. 이 모델의 손실과 정확도를 출력해 보면 다음과 같습니다. 40번의 에포크 동한 훈련하여 얻은 정확도는 약 86%입니다. 케라스를 이용하여 MultiClassNetwork보다 더 좋은 성능을 내면서도 더 간단한 방법으로 다중 분류 신경망을 구현할 수 있었습니다.

```
loss, accuracy = model.evaluate(x_val, y_val_encoded, verbose=0)
print(accuracy)
0.86225
```

케라스로 구현한 다중 분류 신경망이 MultiClassNetwork에 비해 성능이 뛰어나게 좋지 않은 이유는 케라스의 성능이 나쁜 것이 아니라 이미지 데이터에 잘 맞는 모델이 아니기 때문입니다. 다음 장에서는 이미지 분류에 아주 효과적인 신경망인 합성곱 신경망(convolution neural network)에 대해 살펴보겠습니다. 합성곱 신경망 역시 파이썬으로 직접 구현해 보고 그런 다음 케라스를 사용하여 만들어 보겠습니다.

✏️ 잠깐! 다음으로 넘어가려면

☑ 케라스는 텐서플로를 비롯한 여러 딥러닝 패키지를 쉽게 사용할 수 있도록 만들어진 래퍼 패키지입니다.

☐ 케라스는 Sequential 클래스로 신경망을 구현하고, Dense 클래스로 층을 구현합니다.

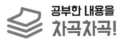

07장에서 꼭 기억해야 할 내용

이 장에서는 다중 분류 신경망을 직접 구현해 보면서 실제 작동 원리를 터득했습니다. 실전에서는 신경망을 직접 구현하는 대신 검증된 딥러닝 패키지를 사용합니다. 여기서는 텐서플로 2.0부터 포함된 케라스를 이용하여 다중 분류 모델을 간단히 구현해 보면서 딥러닝 패키지를 사용할 때의 장점을 체험해 보았습니다.

기억 카드 01 | 소

이 함수는 신경망의 출력층에 사용하는 활성화 함수 중 하나입니다. 이진 분류 문제에서는 신경망의 출력층에 시그모이드 함수를 사용했지만 다중 분류 문제에서는 이 활성화 함수를 사용합니다. 출력층의 선형 출력값을 정규화하는 효과가 있기 때문에 이 함수를 통과한 뉴런의 출력값 합은 1이 됩니다.

기억 카드 02 | 크

이것은 대표적인 다중 분류를 위한 손실 함수입니다. 이진 분류에서 사용하는 로지스틱 손실 함수가 다중 분류 버전으로 일반화된 것이라고 생각하면 이해하기 쉽습니다. 분류 작업에서 '올바르게 분류한 비율'인 정확도는 미분 가능한 함수가 아니기 때문에 경사 하강법의 손실 함수로 사용하지 않고 대신 이 함수를 손실 함수로 사용합니다.

기억 카드 03 | 텐

이것은 2015년 11월 구글이 발표한 인공신경망을 위한 오픈 소스 패키지입니다. 이 패키지는 계산 그래프를 사용하여 인공신경망 알고리즘을 표현하며, 효과적인 그레이디언트 계산을 위해 자동 미분 기능을 제공합니다. 이것은 다른 언어로도 만들어져 있지만 현재는 파이썬으로 만들어진 버전이 널리 사용되고 있습니다.

08

이미지를 분류합니다
— 합성곱 신경망

07장에서 만든 다중 분류 신경망은 이미지 분류에서 조금 아쉬운 성능을 냈습니다. 이 장에서는
이미지 분류에 특화된 합성곱 신경망과 합성곱 신경망을 위한 여러 개념들을 공부합니다. 합성곱
신경망은 완전 연결 신경망보다 훨씬 가중치가 작으면서도 이미지 분류 문제를 더 잘 해결합니다.

08-1 합성곱 연산에 대해 알아봅니다

합성곱 신경망을 이해하려면 먼저 합성곱(convolution) 연산과 교차 상관(cross-correlation) 연산에 대해 알아야 합니다. 먼저 합성곱 연산에 대해 알아봅니다. 이 책은 합성곱 연산과 교차 상관 연산을 짧게 합성곱, 교차 상관이라고 부르겠습니다.

합성곱을 그림으로 이해합니다

합성곱은 두 함수에 적용하여 새로운 함수를 만드는 수학 연산자입니다. 합성곱은 글보다 그림으로 이해하는 것이 쉬우니 그림을 통해 설명하겠습니다.

배열 하나 선택해 뒤집기

두 배열 x와 w가 있다고 가정하고 두 배열 중 원소수가 적은 배열 w의 원소 순서를 뒤집어보겠습니다. 뒤집은 배열은 reverse(뒤집다)의 약자인 r을 사용하여 w^r이라고 표현합니다.

첫 번째 합성곱

뒤집은 배열을 배열 x의 왼쪽 끝자리에 맞춰 놓습니다. 그런 다음 각 배열 원소끼리 곱한 후 더합니다. 즉, 점 곱 연산을 수행합니다. 현재 첫 번째 합성곱으로 얻은 값은 63입니다.

$2 \times 3 + 8 \times 5 + 3 \times 1 + 7 \times 2 = 63$

두 번째 합성곱

w^r을 오른쪽으로 한 칸 이동하여 각 배열 원소끼리 곱한 후 더합니다. 두 번째 합성곱으로 얻은 값은 48입니다.

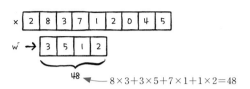

$8 \times 3 + 3 \times 5 + 7 \times 1 + 1 \times 2 = 48$

나머지 합성곱

같은 방식으로 w'을 오른쪽으로 한 칸씩 이동하여 x의 끝에 도착할 때까지 합성곱을 수행합니다. 합성곱으로 얻은 값은 각각 $63, 48, 49, 28, 21, 20$입니다.

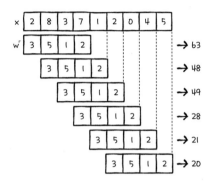

이것이 합성곱입니다. 간단하죠? 합성곱은 수식으로 $x * w$와 같이 표기합니다. 파이썬의 곱셈 연산자와 같은 기호로 표기하지만 다른 연산을 의미하므로 혼동하지 마세요.

합성곱 구현하기

합성곱의 개념을 이해했으므로 넘파이로 합성곱을 구현해 보겠습니다.

1. 넘파이 배열 정의하고 배열 하나 선택해 뒤집기

다음은 넘파이 배열로 w와 x를 정의한 것입니다.

```python
import numpy as np
w = np.array([2, 1, 5, 3])
x = np.array([2, 8, 3, 7, 1, 2, 0, 4, 5])
```

넘파이의 flip( ) 함수를 사용하면 배열을 간단하게 뒤집을 수 있습니다.

```python
w_r = np.flip(w)
print(w_r)
[3 5 1 2]
```

물론 파이썬의 슬라이스 연산자를 이용해도 배열을 뒤집을 수 있습니다.

```
w_r = w[::-1]
print(w_r)
[3 5 1 2]
```

2. 넘파이의 점 곱으로 합성곱 수행하기

x 배열을 한 칸씩 이동하면서 넘파이의 점 곱을 이용하여 합성곱을 수행해 보겠습니다.

```
for i in range(6):
        print(np.dot(x[i:i+4], w_r))
63
48
49
28
21
20
```

3. 싸이파이로 합성곱 수행하기

싸이파이는 합성곱을 위한 함수 convolve( )를 제공합니다. 다음은 싸이파이를 이용하여 합성곱의 결과를 얻은 것입니다. convolve( ) 함수의 mode 매개변수에 설정한 값은 합성곱 설명을 한 다음에 자세히 알아보겠습니다.

```
from scipy.signal import convolve
convolve(x, w, mode='valid')
array([63, 48, 49, 28, 21, 20])
```

합성곱 신경망은 진짜 합성곱을 사용하지 않습니다

사실 합성곱 신경망은 합성곱을 사용하지 않습니다! 조금 당황스러울 수도 있지만 사실 대부분의 딥러닝 패키지들은 합성곱 신경망을 만들 때 합성곱이 아니라 교차 상관을 사용합니다. 왜 이런 일이 벌어졌는지를 설명하기 전에 먼저 교차 상관이 무엇인지 알아보겠습니다.

합성곱과 교차 상관은 아주 비슷합니다

교차 상관은 합성곱과 동일한 방법으로 연산이 진행되지만 '미끄러지는 배열을 뒤집지 않는다'는 점이 다릅니다. 다음 그림을 보면 교차 상관을 쉽게 이해할 수 있을 것입니다.

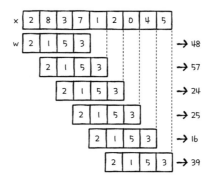

교차 상관 역시 싸이파이의 correlate( ) 함수를 사용하면 간단히 계산할 수 있습니다.

```
from scipy.signal import correlate
correlate(x, w, mode='valid')
array([48, 57, 24, 25, 16, 39])
```

합성곱 신경망에서 교차 상관을 사용하는 이유를 알아봅니다

왜 합성곱 신경망은 이름만 합성곱 신경망이고 실제로는 교차 상관을 사용할까요? 모델을 훈련할 때 가중치 배열을 초기화하는 과정을 생각해 보면 그 이유를 짐작할 수 있습니다.

> **모델 훈련 과정 간단 정리**
> - 가중치를 무작위 값으로 초기화합니다.
> - 모든 샘플에 대하여 정방향과 역방향 계산을 수행하여 가중치를 조금씩 학습(업데이트)합니다.

모든 모델은 훈련하기 전에 가중치 배열의 요소들을 무작위로 초기화했습니다. 합성곱 신경망으로 만든 모델도 마찬가지입니다. 합성곱을 소개하며 예시로 든 '미끄러지는 배열'이 가중치 배열에 해당합니다. 가중치 배열은 무작위로 초기화되어 있습니다. 따라서 가중치를 뒤집어서 합성곱을 적용하던지 뒤집지않고 교차 상관을 적용하던지 상관이 없습니다. 하지만 이미 합성곱 신경망이라는 이름이 관례적으로 널리 사용되고 있으므로 개념과 용어를 혼동하지 않기를 바랍니다. 다음 절에서 합성곱 신경망을 위한 핵심 개념인 패딩과 스트라이드에 대해 알아보겠습니다.

패딩과 스트라이드를 이해합니다

패딩(padding)은 이름에서 유추할 수 있듯이 원본 배열의 양 끝에 빈 원소를 추가하는 것을 말하고, 스트라이드(stride)는 미끄러지는 배열의 간격을 조절하는 것을 말합니다. 이 두 개념이 어떻게 적용되는지에 따라 밸리드 패딩, 풀 패딩, 세임 패딩이라고 부르는데 각각의 개념을 순서대로 알아보겠습니다.

밸리드 패딩은 원본 배열의 원소가 합성곱 연산에 참여하는 정도가 서로 다릅니다

앞에서 교차 상관을 싸이파이로 구현할 때 mode 매개변수에 'valid'를 지정했습니다. 바로 이것이 밸리드 패딩(valid padding)을 적용한 예입니다. 밸리드 패딩은 원본 배열에 패딩을 추가하지 않고 미끄러지는 배열이 원본 배열의 끝으로 갈 때까지 교차 상관을 수행합니다. 이로 인해 밸리드 패딩의 결과로 얻는 배열의 크기는 원본 배열보다 항상 작습니다. 밸리드 패딩의 특징은 원본 배열의 각 원소가 연산에 참여하는 정도가 다르다는 것입니다. 앞에서 살펴본 예제를 통해 원본 배열이 합성곱 연산에 참여하는 정도에 대해 알아봅시다.

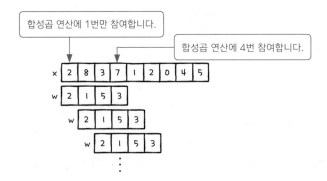

위 그림을 보면 원본 배열의 첫 번째 원소는 연산에 1번만 참여한다는 것을 알 수 있습니다. 반면에 네 번째 원소는 4번의 연산에 참여합니다. 즉, 밸리드 패딩은 원본 배열 양 끝 원소의 연산 참여도가 낮습니다. 원본 배열의 모든 원소가 동일하게 연산에 참여하려면 어떻게 해야 할까요?

풀 패딩은 원본 배열 원소의 연산 참여도를 동일하게 만듭니다

원본 배열의 원소가 연산에 동일하게 참여하려면 원본 배열의 양 끝에 가상의 원소를 추가해야 합니다. 이때 가상의 원소로 0을 사용하기 때문에 이를 제로 패딩(zero padding)이라고 부릅니다. 적절한 개수의 제로 패딩을 추가하면 원본 배열의 모든 원소가 연산에 동일하게 참여하게 만들 수 있습니다. 이렇게 원본 배열의 모든 요소가 동일하게 연산에 참여하는 패딩 방식을 풀 패딩(full padding)이라고 합니다.

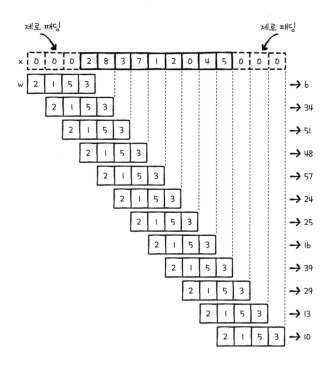

correlate( ) 함수에서 풀 패딩을 적용하려면 매개변수 mode를 'full'로 지정합니다.

```
correlate(x, w, mode='full')
array([ 6, 34, 51, 48, 57, 24, 25, 16, 39, 29, 13, 10])
```

세임 패딩은 출력 배열의 길이를 원본 배열의 길이와 동일하게 만듭니다

마지막으로 알아볼 패딩은 세임 패딩(same padding)입니다. 세임 패딩은 다음 그림과 같이 출력 배열의 길이가 원본 배열의 길이와 같아지도록 원본 배열에 제로 패딩을 추가합니다.

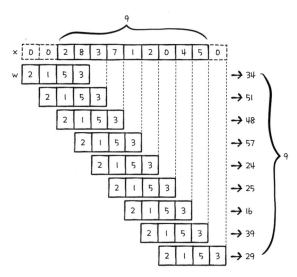

원본 배열의 길이가 9이므로 원본 배열 왼쪽 끝에는 2개, 오른쪽 끝에는 1개의 요소가 제로 패딩되었습니다. 출력 배열의 길이는 원본 배열의 길이와 동일하게 9입니다. correlate( ) 함수의 mode 매개변수를 'same'으로 지정하여 세임 패딩을 적용해 보겠습니다.

```
correlate(x, w, mode='same')
array([34, 51, 48, 57, 24, 25, 16, 39, 29])
```

지금까지 밸리드 패딩, 풀 패딩, 세임 패딩을 배웠습니다. 합성곱 신경망에서는 밸리드 패딩과 풀 패딩은 잘 사용하지 않습니다. 대부분 세임 패딩을 사용합니다. 그 이유에 대해서는 08-3절에서 자세히 설명하겠습니다.

스트라이드는 미끄러지는 간격을 조정합니다

이제는 패딩과 함께 합성곱의 결과에 영향을 미치는 스트라이드를 알아봅시다. 스트라이드는 미끄러지는 배열의 간격을 말합니다. 지금까지 사용한 밸리드 패딩, 풀 패딩, 세임 패딩은 모두 1칸씩 미끄러지며 연산을 수행했습니다. 즉, 스트라이드를 1로 지정하여 연산이 수행되었습니다. 만약 스트라이드를 2로 지정하면 2칸씩 미끄러지며 연산을 수행합니다.

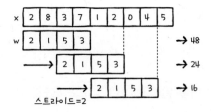

합성곱 신경망을 만들 때는 보통 스트라이드를 1로 지정합니다. 지금까지는 쉽게 이해할 수 있도록 1차원 배열을 사용하여 합성곱, 패딩, 스트라이드를 살펴봤습니다. 하지만 합성곱 신경망은 대부분 2차원 배열에 대한 합성곱을 사용합니다. 다음 절에서는 여기에서 배운 개념을 확장하여 2차원 배열에 대한 합성곱을 알아보겠습니다.

2차원 배열에서 합성곱을 수행합니다

2차원 배열의 합성곱도 1차원 배열의 합성곱과 비슷하게 수행됩니다. 합성곱의 수행 방향은 원본 배열의 왼쪽에서 오른쪽으로, 위에서 아래쪽으로 1칸씩 이동하며 배열 원소끼리 곱하면 됩니다. 그림으로 보면 더 쉽게 이해할 수 있을 것입니다. 다음은 2차원 원본 배열 x와 미끄러지는 배열 w입니다.

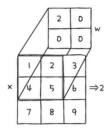

원본 배열의 왼쪽 모서리 끝에 미끄러지는 배열을 맞춘 다음 합성곱을 수행합니다($1 \times 2 + 2 \times 0 + 4 \times 0 + 5 \times 0$).

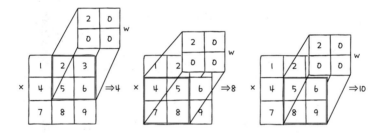

이제 미끄러지는 배열을 오른쪽으로 1칸 옮깁니다. 그런 다음 합성곱을 수행합니다. 오른쪽 끝에 도달했으므로 아래로 1칸 내린 다음 다시 왼쪽 끝부터 합성곱을 수행합니다. 원본 배열의 크기는 3×3이므로 밸리드 패딩을 하면 미끄러지는 배열이 이동하는 횟수는 총 4번입니다.

싸이파이의 correlate2d( ) 함수를 사용하여 2차원 배열의 합성곱을 계산해 보겠습니다.

```
x = np.array([[1, 2, 3],
              [4, 5, 6],
              [7, 8, 9]])
w = np.array([[2, 0], [0, 0]])
from scipy.signal import correlate2d
correlate2d(x, w, mode='valid')
array([[ 2,  4],
       [ 8, 10]])
```

2차원 배열에서 패딩과 스트라이드도 알아볼까요? 세임 패딩의 경우 다음과 같이 오른쪽과 아래쪽 모서리에 제로 패딩이 추가됩니다.

세임 패딩을 사용했으므로 원본 배열의 크기와 같은 출력 배열이 만들어집니다. 세임 패딩을 적용하는 방법은 다음과 같습니다.

```
correlate2d(x, w, mode='same')
array([[ 2,  4,  6],
       [ 8, 10, 12],
       [14, 16, 18]])
```

스트라이드의 경우 미끄러지는 방향은 그대로 유지하면서 미끄러지는 간격의 크기만 커집니다. 다음은 스트라이드를 2로 지정한 예입니다.

텐서플로로 합성곱을 수행합니다

지금까지는 합성곱을 위해 싸이파이를 사용했습니다. 당연히 텐서플로에서도 합성곱을 위한 함수를 제공합니다. 텐서플로의 합성곱도 싸이파이와 동일한 결과를 출력하는지 알아보겠습니다. 지금부터는 합성곱 신경망을 기준으로 설명하므로 원본 배열은 입력이라 부르고 미끄러지는 배열은 가중치라고 부르겠습니다.

합성곱 신경망의 입력은 일반적으로 4차원 배열입니다

텐서플로에서 2차원 합성곱을 수행하는 함수는 conv2d( )입니다. conv2d( ) 함수는 입력으로 4차원 배열을 기대합니다. 그 이유는 입력 이미지의 높이와 너비 외에 더 많은 차원이 필요하기 때문입니다. 구체적으로 입력 배열이 어떻게 구성되는지 알아보겠습니다. 다음은 입력으로 사용하는 4차원 배열의 모습입니다. 입력에 2개의 샘플이 포함되어 있으며 각 샘플은 R, G, B로 구분되는 3개의 컬러 채널을 가지고 있습니다. 컬러 채널은 이후 08-3절에서 합성곱 신경망의 구조를 다룰 때 자세히 설명하겠습니다. 지금은 입력의 구조에 집중하겠습니다.

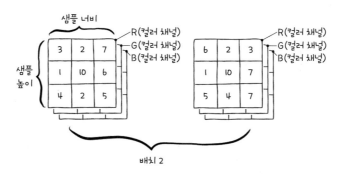

위 입력을 4차원 배열로 표현하면 (2, 3, 3, 3)이며 각각의 숫자는 배치, 샘플의 높이, 샘플의 너비, 컬러 채널의 차원을 의미합니다. 입력과 곱해지는 가중치도 4개의 차원으로 구성됩니다. 가중치의 첫 번째, 두 번째 차원은 가중치의 높이와 너비이고 세 번째 차원은 채널이며 네 번째 차원이 가중치의 개수입니다. 다음의 경우 (2, 2, 3, 3)으로 표현합니다.

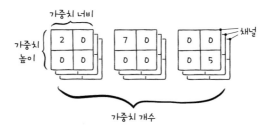

입력과 가중치에 세임 패딩을 적용하여 합성곱을 수행하면 (입력의 배치, 입력의 높이, 입력의 너비, 가중치의 개수)가 됩니다. 이를 그림으로 정리하면 다음과 같습니다.

ⓒ 일반적인 합성곱의 입력과 가중치의 채널 수는 동일합니다. 즉, 채널 방향으로는 가중치가 이동하지 않습니다.

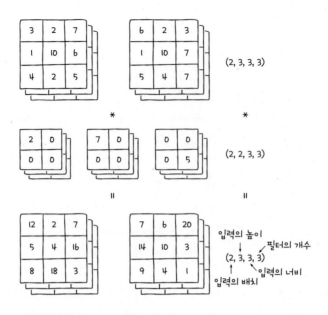

앞으로 입력과 가중치에 합성곱을 적용할 때는 위의 그림을 떠올리세요. 이제 본격적으로 텐서플로를 활용하여 합성곱을 수행해 보겠습니다.

2차원 배열을 4차원 배열로 바꿔 합성곱을 수행합니다

앞에서 사용한 입력 x와 가중치 w를 넘파이의 reshape( ) 메서드로 2차원 배열에서 4차원 배열로 바꾸고 텐서플로는 실수형의 입력을 기대하므로 넘파이의 astype( ) 메서드로 입력의 자료형을 실수로 바꾸겠습니다. 배치와 컬러 채널은 1입니다.

```
import tensorflow as tf
x_4d = x.astype(np.float).reshape(1, 3, 3, 1)
w_4d = w.reshape(2, 2, 1, 1)
```

스트라이드는 1, 패딩은 세임 패딩을 적용합니다. 텐서플로의 conv2d( ) 함수의 패딩 옵션은 대문자를 사용합니다.

```
c_out = tf.nn.conv2d(x_4d, w_4d, strides=1, padding='SAME')
```

conv2d( ) 함수는 결괏값으로 텐서플로의 Tensor 객체를 반환합니다. 텐서플로에서는 다차원 배열을 텐서(tensor)라고 부릅니다. Tensor 객체의 numpy( ) 메서드를 사용하면 텐서를 넘파이 배열로 변환할 수 있습니다. 배치 차원과 컬러 차원을 제거하고 편의상 (3, 3) 크기로 변환하여 출력하겠습니다.

```
c_out.numpy( ).reshape(3, 3)
array([[ 2.,  4.,  6.],
       [ 8., 10., 12.],
       [14., 16., 18.]])
```

2차원 배열로 실습했던 correlate2d( )의 출력 결과와 같지만 실제 텐서플로의 conv2d( ) 함수에 전달되는 매개변수의 값은 4차원 배열임을 잊지 마세요.

패션 MNIST 데이터 세트를 합성곱 신경망에 적용하면 어떻게 될까요?

07장에서는 패션 MNIST 데이터 세트를 MultiClassNetwork 클래스에 적용하며 28×28 크기의 입력을 일렬로 펼쳤습니다. 따라서 가중치의 개수도 많이 필요했습니다(78,400개). 하지만 합성곱 신경망에서는 28×28 크기의 입력을 펼치지 않고 그대로 사용하여 3×3 또는 5×5 크기의 가중치로 합성곱을 적용합니다. 가중치 배열의 크기는 훨씬 작아졌고 입력의 특징을 더 잘 찾기 때문에 합성곱 신경망이 이미지 분류에서 뛰어난 성능을 발휘할 수 있습니다. 지금까지 합성곱의 개념과 합성곱과 깊은 연관이 있는 패딩, 스트라이드의 개념을 모두 살펴봤습니다. 08-2절에서는 합성곱 신경망을 위해 알아야 하는 또 다른 개념인 풀링에 대해 알아보겠습니다.

이 책에서는 합성곱의 가중치를 필터 또는 커널이라고 부릅니다

종종 다른 책이나 라이브러리에서는 합성곱의 가중치를 필터(filter) 또는 커널(kernel)이라고 부릅니다. 텐서플로의 케라스에서는 합성곱의 가중치를 커널이라고 부릅니다. 이 책에서는 앞으로 합성곱의 필터 1개를 지칭할 때는 '커널'이라고 하고 필터 전체를 지칭할 때는 일반 신경망과 동일하게 '가중치'라고 하겠습니다.

08-2 풀링 연산에 대해 알아봅니다

합성곱 신경망에서는 특별히 합성곱이 일어나는 층을 합성곱층, 풀링이 일어나는 층을 풀링층이라고 부릅니다. 합성곱층과 풀링층에서 만들어진 결과를 특성 맵(feature map)이라고 부릅니다. 아래에 RGB 컬러 채널을 가진 입력 이미지가 합성곱층과 풀링층을 거치면서 변환되는 과정을 나타냈습니다.

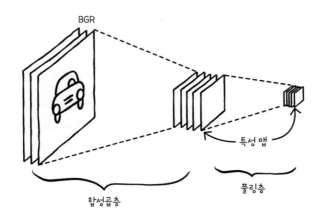

입력이 합성곱층을 통과할 때 합성곱과 활성화 함수가 적용되어 특성 맵이 만들어집니다. 그런 다음 특성 맵이 풀링층을 통과하여 또 다른 특성 맵이 만들어집니다. 이렇게 합성곱층 뒤에 풀링층이 뒤따르는 형태는 합성곱 신경망의 전형적인 모습입니다. 여기에서 풀링이란 특성 맵을 스캔하며 최댓값을 고르거나 평균값을 계산하는 것을 말합니다. 다음은 특성 맵을 스캔하며 최댓값을 고르는 모습을 나타낸 것입니다.

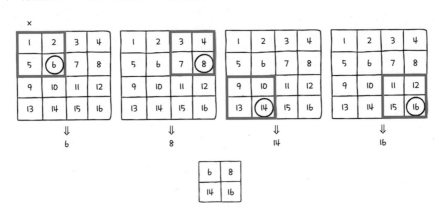

특성 맵을 스캔하여 결과로 6, 8, 14, 16을 얻었습니다. 이를 최대 풀링이라 부릅니다. 합성곱 신경망에서는 최대 풀링과 평균 풀링을 주로 사용합니다. 이 두 가지 풀링 방식에 대해 자세히 알아보겠습니다.

최대 풀링에 대해 알아봅니다

앞에서 풀링으로 최댓값을 고르거나 평균값을 계산하는 방법을 살펴봤습니다. 이때 최댓값을 고르는 방식을 최대 풀링(max pooling)이라고 합니다. 최대 풀링은 특성 맵 위를 스캔하며 최댓값을 고릅니다. 풀링 영역의 크기는 보통 2×2를 지정합니다. 일반적으로 스트라이드는 풀링의 한 모서리 크기로 지정합니다. 즉, 스트라이드는 2를 적용하여 풀링 영역이 겹쳐지지 않도록 스캔합니다. 다음은 바로 앞에서 본 최대 풀링입니다.

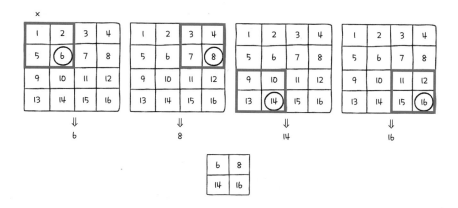

2×2 풀링은 특성 맵의 크기를 절반으로 줄입니다(면적은 $\frac{1}{4}$). 특성 맵의 크기를 절반으로 줄이면 특성 맵의 한 요소가 입력의 더 넓은 영역을 바라볼 수 있는 효과를 얻을 수 있습니다. 예를 들어 위 그림에서 6, 8, 14, 16은 2×2 크기의 각 영역을 대표합니다.

🦫 **리키의 팁 메모 | 합성곱층에서 스트라이드를 크게 지정하여 특성 맵의 크기를 줄이면 안 되나요?**

물론 합성곱층에서 스트라이드를 크게 지정하여 특성 맵의 크기를 줄여도 됩니다. 하지만 경험적으로 이렇게 하는 것보다는 합성곱층에 세임 패딩을 적용하고 풀링층에서 특성 맵의 크기를 줄이는 것이 더 효과적입니다. 합성곱 신경망의 전형적인 형태는 이렇게 합성곱층 뒤에 풀링층이 뒤따릅니다.

평균 풀링에 대해 알아봅니다

평균 풀링(average pooling)은 풀링 영역의 평균값을 계산합니다.

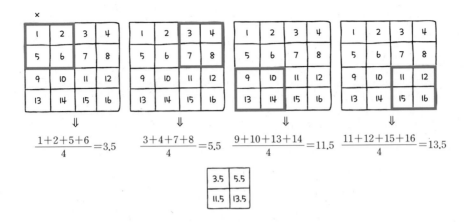

$$\frac{1+2+5+6}{4}=3.5 \qquad \frac{3+4+7+8}{4}=5.5 \qquad \frac{9+10+13+14}{4}=11.5 \qquad \frac{11+12+15+16}{4}=13.5$$

3.5	5.5
11.5	13.5

평균 풀링은 최대 풀링을 이해했다면 쉽게 이해할 수 있을 것입니다. 최대 풀링과 평균 풀링 중 어떤 방법이 더 유용할까요? 연구자들은 보통 평균 풀링보다 최대 풀링을 선호합니다. 최대 풀링을 선호하는 이유는 평균 풀링은 합성곱층을 통과하는 특징들을 희석시킬 가능성이 높기 때문입니다. 즉, 입력에서 합성곱 필터가 찾고자 하는 부분은 특성 맵의 가장 큰 값으로 활성화되는데 평균 풀링은 가장 큰 특성의 값을 상쇄시키기 때문입니다. 하지만 최대 풀링은 가장 큰 특징을 유지시키는 성질이 있으므로 이미지 분류 작업에 잘 맞습니다. 이런 이유 때문에 최대 풀링을 더 선호합니다.

최대 풀링과 평균 풀링을 수행합니다

텐서플로의 max_pool2d( ) 함수를 사용하면 최대 풀링을 수행할 수 있습니다. max_pool2d( ) 함수의 매개변수 값으로 풀링 크기와 스트라이드만 전달하면 자동으로 최대 풀링을 수행하여 입력값을 반으로 줄여줍니다. 다음은 1~16의 값이 들어 있는 4×4 크기의 배열을 만든 다음 1×4×4×1 크기의 배열로 변형한 것입니다.

© max_pool2d( ) 함수는 conv2d( ) 함수와 마찬가지로 첫 번째 차원으로 배치 차원을 기대합니다.

```
x = np.array([[1, 2, 3, 4],
              [5, 6, 7, 8],
              [9, 10, 11, 12],
              [13, 14, 15, 16]])
x = x.reshape(1, 4, 4, 1)
```

이제 max_pool2d( ) 함수로 최대 풀링을 수행하면 됩니다. 풀링의 크기를 ksize 매개변수에, 스트라이드 크기를 strides 매개

© 평균 풀링을 수행하는 텐서플로 함수는 avg_pool2d()입니다.

변수에 동일한 값으로 지정합니다. max_pool2d( ) 함수가 반환한 Tensor 객체를 numpy( ) 메서드로 변환한 다음 2×2 크기의 2차원 배열로 변형해 보겠습니다.

```
p_out = tf.nn.max_pool2d(x, ksize=2, strides=2, padding='VALID')
p_out.numpy( ).reshape(2, 2)
array([[ 6,  8],
       [14, 16]])
```

결과를 보니 성공적으로 최대 풀링이 된 것 같습니다. 마지막으로 풀링에 대해 꼭 언급할 내용이 있습니다. 풀링층에는 학습되는 가중치가 없습니다. 또한 풀링은 배치 차원이나 채널 차원으로 적용되지 않습니다. 즉, 풀링층을 통과하기 전후로 배치 크기와 채널 크기는 동일합니다 (풀링은 각 샘플마다 또 각 채널마다 독립적으로 수행됩니다).

지금까지 합성곱 신경망을 이해하기 위한 새로운 개념들을 모두 공부했습니다. 마지막으로 합성곱 신경망에서 자주 사용하는 활성화 함수인 렐루(ReLU) 함수와 함께 합성곱 신경망의 구조를 알아보겠습니다.

08-3 합성곱 신경망의 구조를 알아봅니다

이제 마지막으로 합성곱 신경망에서 자주 사용하는 활성화 함수인 렐루(ReLU) 함수에 대해 알아보겠습니다. 이 함수를 공부하면 합성곱 신경망에 필요한 개념들을 모두 공부한 셈입니다. 렐루 함수는 아주 간단합니다. 렐루 함수를 공부한 후에 합성곱 신경망의 구조를 알아보겠습니다.

렐루 함수에 대해 알아봅니다

이전까지는 은닉층에 시그모이드 함수를 활성화 함수로 사용했습니다. 출력층은 이진 분류일 경우에는 시그모이드 함수를 사용하고, 다중 분류일 경우에는 소프트맥스 함수를 사용했습니다. 렐루 함수는 주로 합성곱층에 적용되는 활성화 함수로, 합성곱 신경망의 성능을 더 높여줍니다. 렐루 함수는 0보다 큰 값은 그대로 통과시키고 0보다 작은 값은 0으로 만듭니다. 렐루 함수의 성질은 다음 그래프를 보면 더 잘 이해할 수 있을 것입니다.

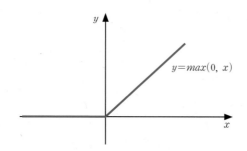

그래프를 보면 x가 0보다 작으면 y가 0이 되고, 0보다 크면 x의 값이 그대로 y의 값이 됩니다. 즉, 렐루 함수는 다음과 같이 정의할 수 있습니다.

$$y = \begin{cases} x & (x > 0) \\ 0 & (x \leq 0) \end{cases}$$

렐루 함수 구현하기

렐루 함수는 넘파이의 maximum( ) 함수를 사용하면 간단하게 구현할 수 있습니다. 이 함수는 두 매개변수 값 중 큰 값을 골라 반환합니다.

```
def relu(x):
    return np.maximum(x, 0)
```

정말 잘 작동하는지 샘플 데이터를 렐루 함수에 넣어 확인해 보죠. relu( ) 함수의 반환값을 보면 음수가 모두 사라지고 양수만 반환되었습니다.

```
x = np.array([-1, 2, -3, 4, -5])
relu(x)
array([0, 2, 0, 4, 0])
```

텐서플로가 제공하는 렐루 함수는 relu( )입니다. 텐서플로의 렐루 함수는 Tensor 객체를 반환하므로 화면에 출력하려면 넘파이로 변환해야 합니다.

```
r_out = tf.nn.relu(x)
r_out.numpy( )
array([0, 2, 0, 4, 0])
```

렐루 함수의 도함수를 알아봅니다

그러면 렐루 함수의 도함수는 어떻게 구할까요? 렐루 함수의 도함수는 입력이 0보다 크면 1이고(y와 x의 값이 같으므로) 입력이 0보다 작으면 0입니다(항상 y＝0이므로).

$$y = \begin{cases} 1 & (x > 0) \\ 0 & (x \leq 0) \end{cases}$$

미적분 지식이 있는 독자라면 'x＝0일 때 그래프가 크게 꺾이므로 x＝0일 때의 도함수는 없다'라고 생각할 것입니다. 맞습니다. 렐루 함수 같은 그래프는 x＝0에서 연속적이지 않으므로 기울기가 정의되지 않습니다. 하지만 대부분의 딥러닝 패키지들은 x＝0인 경우 도함수를 0으로 생각합니다. 이렇게 해도 실전에서 잘 작동하기 때문입니다.

합성곱 신경망에서 일어나는 일들과 구조를 알아봅니다

이제 합성곱 신경망에서 일어나는 일들을 하나씩 알아보면서 합성곱 신경망의 구조를 살펴보겠습니다. 가장 먼저 입력 데이터와 첫 번째 합성곱층부터 알아보겠습니다.

합성곱 신경망에 주입될 입력 데이터에는 채널이 있습니다

합성곱 신경망은 이미지의 2차원 형태를 입력으로 그대로 사용하므로 이미지를 한 줄로 펼칠 필요가 없습니다. 이런 특성 덕분에 이미지 정보가 손상되지 않는다는 장점이 있죠. 한 가지 고려할 점은 이미지는 채널(channel)이라는 차원을 하나 더 가진다는 것입니다. 채널은 이미 08-1절에서 conv2d( ) 함수를 이야기하여 다룬 적이 있습니다. 채널이란 이미지의 픽셀이 가진 색상을 표현하기 위해 필요한 정보를 말합니다. 색상은 빨간색(Red), 파란색(Blue), 초록색(Green)의 조합으로 표현할 수 있으며 이를 RGB라고 부릅니다. 다음은 합성곱 신경망에서 사용할 입력 데이터를 그림으로 나타낸 것입니다.

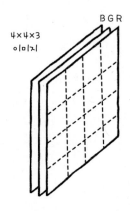

위와 같은 입력 데이터에서 합성곱과 풀링은 어떻게 적용될까요? 먼저 합성곱층에서 합성곱이 어떻게 진행되는지 알아봅시다.

😊 흑백 이미지의 경우 흑백의 강도만 표현하면 되므로 하나의 채널만 가집니다.

 리키의 팁 메모 | 채널과 컬러 채널은 무엇이 다른가요?

앞에서 텐서플로를 사용해 합성곱 연산을 소개할 때 입력 이미지의 채널을 컬러 채널이라고 불렀습니다. 이와 비슷하게 합성곱 신경망에서 특성 맵의 마지막 차원을 채널이라고 부릅니다.

합성곱층에서 일어나는 일을 알아봅니다

이미지의 모든 채널에 합성곱이 한 번에 적용되어야 하므로 커널의 마지막 차원은 입력 채널의 개수와 동일해야 합니다. 각 커널의 크기는 보통 3×3 또는 5×5입니다. 3×3 크기의 커널을 사용한다면 위 이미지의 경우 커널 배열의 크기는 $3 \times 3 \times 3$이 되어야 합니다. 만약 이미지가 $4 \times 4 \times 10$의 구조를 가지고 있다면(10개의 채널을 가지고 있는 이미지) 커널 배열의 크기도 $3 \times 3 \times 10$으로 마지막 차원의 개수를 동일하게 맞추어야 합니다. 이미지와 커널이 준비되었으니 이제 합성곱을 수행합니다. 다음은 합성곱의 전체 과정을 그림으로 나타낸 것입니다. 합성곱이 완료되면 다음 층에서 사용하게 될 특성 맵이 만들어집니다.

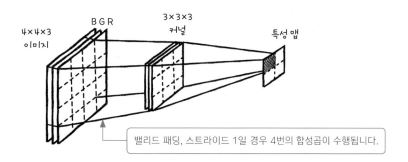

4×4×3으로 구성된 이미지 위를 3×3×3 크기의 커널이 이동하며 합성곱을 4번 수행하므로 2×2 크기의 특성 맵이 만들어집니다. 계산 과정에 대해 구체적으로 설명하겠습니다. 입력 채널은 커널의 채널과 각각 합성곱을 수행합니다. 그런 다음 합성곱의 전체 결과를 더하여 특성 맵을 1조각 만듭니다. 만약 이미지의 여러 특징을 감지하려면 커널을 여러 개 사용해야 합니다. 위의 예는 커널이 하나이므로 이미지의 특징 하나만 감지할 것입니다. 만약 이미지에서 여러 개의 특징을 감지하려면 복수 개의 커널을 사용해야 합니다.

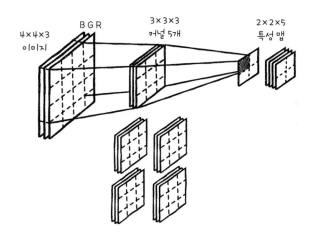

이제 앞에서 배운 렐루 함수와 풀링을 합성곱층에 적용해 보겠습니다.

풀링층에서 일어나는 일을 알아봅니다
합성곱층을 통해 특성 맵이 만들어졌습니다. 이 특성 맵에 활성화 함수로 렐루 함수를 적용하고 풀링을 적용합니다. 다음은 합성곱층과 풀링층을 그림으로 나타낸 것입니다.

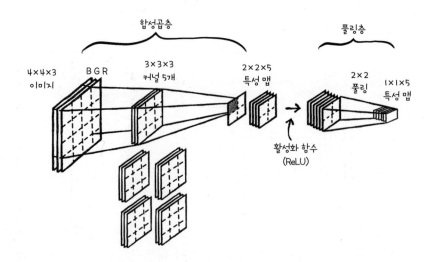

특성 맵에 렐루 함수가 적용된 후에 풀링이 적용됩니다. 풀링은 특성 맵의 크기를 줄여주므로 특성 맵의 크기가 2×2×5일 때 2×2 풀링이 적용되면 1×1×5 크기의 특성 맵이 만들어집니다. 즉, 특성 맵의 크기가 절반으로 줄어듭니다. 물론 채널의 크기는 줄어들지 않습니다. 이런 합성곱층과 풀링층은 한 신경망 안에 여러 개가 들어 있을 수도 있습니다. 아주 복잡한 구조의 신경망은 100개가 넘는 합성곱층과 풀링층이 연결되어 있기도 합니다. 이제 합성곱 신경망의 합성곱층과 풀링층에 대해 모두 알아보았습니다.

특성 맵을 펼쳐 완전 연결 신경망에 주입합니다

합성곱층과 풀링층을 통과시켜 얻은 특성 맵은 어떤 과정을 거칠까요? 일반적으로 합성곱층과 풀링층을 통과시켜 얻은 특성 맵은 일렬로 펼쳐 완전 연결층에 입력으로 주입합니다. 다음은 합성곱층과 풀링층을 거쳐 만들어진 특성 맵이 완전 연결층에 주입되는 모습을 나타낸 그림입니다.

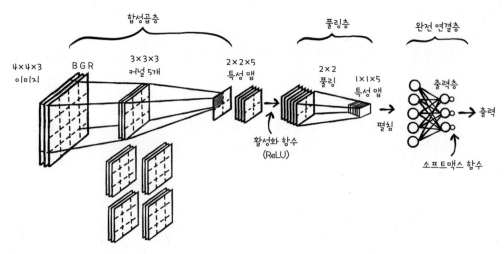

위와 같은 완전 연결층은 한 신경망 안에 여러 개가 들어 있을 수도 있습니다. 완전 연결층의 출력은 출력층의 뉴런과 연결됩니다. 이 층들은 합성곱층이 찾은 특성을 사용하여 최종 분류 단계를 수행하는 과정으로 볼 수 있습니다. 위 그림을 보면 풀링층을 통과한 $1 \times 1 \times 5$ 크기의 특성 맵을 일렬로 펼쳐 완전 연결층에 주입합니다. 그다음 출력층과 다중 분류를 위한 소프트 맥스 함수를 통과하여 최종 출력을 만듭니다. 이제 전형적인 합성곱 신경망을 완벽하게 이해 했을 것입니다. 새로운 개념이 많이 나왔지만 실제로 합성곱과 풀링은 conv2d( )와 max_pool2d( ) 함수를 사용하여 손쉽게 구현할 수 있으므로 합성곱 신경망의 구현은 어렵지 않습니다.

✏️ **잠깐! 다음으로 넘어가려면**

☑ 합성곱층에 주입된 이미지는 특성을 감지하는 커널에 의해 특성 맵으로 만들어집니다.

☐ 합성곱층을 통해 만들어진 특성 맵은 활성화 함수와 풀링층을 거쳐 더 작은 특성 맵이 됩니다. 이때 특성 맵의 채널 개수는 그대로 유지됩니다.

☐ 풀링층을 통해 만들어진 특성 맵을 일렬로 펼쳐 완전 연결층에 주입합니다. 그다음 출력층을 통과하여 최종 예측을 만듭니다.

08-4 합성곱 신경망을 만들고 훈련합니다

이제 합성곱 신경망을 직접 만들어보겠습니다. 합성곱 신경망을 만들기 전에 여러분에게 하나 설명할 것이 있습니다. 지금까지는 순수 파이썬으로 신경망을 구현해 왔지만 합성곱 신경망은 그렇게 하기 어렵습니다. 물론 순수 파이썬만으로 합성곱 신경망을 구현할 수도 있지만 코드가 매우 복잡해집니다. 이 장에서는 텐서플로가 제공하는 합성곱 함수와 자동 미분 기능을 사용하여 합성곱 신경망을 구현해 보겠습니다.

합성곱 신경망의 전체 구조를 한 번 더 살펴보세요

여기서 구현하게 될 합성곱 신경망의 전체 구조는 다음과 같습니다.

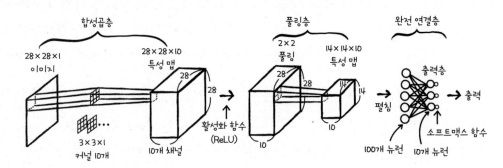

28×28 크기의 흑백 이미지와 3×3 크기의 커널 10개로 합성곱을 수행합니다. 그런 다음 2×2 크기의 최대 풀링을 수행하여 14×14×10로 특성 맵의 크기를 줄입니다. 이 특성 맵을 일렬로 펼쳐서 100개의 뉴런을 가진 완전 연결층과 연결시킬 것입니다. 그런 다음 10개의 클래스를 구분하기 위한 소프트맥스 함수를 연결합니다(의류 종류는 총 10개였습니다). 합성곱 신경망을 구현하면서 전체적인 구조를 이해할 필요가 있을 때 이 그림을 참고하세요.

합성곱 신경망의 정방향 계산 구현하기

이번에 구현할 합성곱 신경망 클래스는 ConvolutionNetwork입니다. 이 클래스의 코드 구성은 이전에 구현한 클래스들과 대체로 비슷합니다. 다만 합성곱과 렐루 함수 그리고 풀링이 적용된다는 점만 다릅니다. 먼저 합성곱과 풀링이 일어나는 정방향 계산 부분을 담당하는 forpass( )

메서드를 구현해 보겠습니다. MultiClassNetwork 클래스의 forpass( ) 메서드에 있던 z1, a1, z2를 계산하는 식은 그대로 두고 그 앞에 합성곱과 풀링층을 추가하여 코드를 작성해 보겠습니다.

1. 합성곱 적용하기

conv2d( ) 함수를 통해 합성곱을 수행한 다음 절편 self.conv_b를 더해야 합니다. 절편은 커널마다 1개씩 필요하므로 총 10개의 절편이 필요합니다. conv2d( ) 함수의 결과로 만들어지는 특성 맵의 크기는 28×28×10입니다. 크기가 10인 1차원 배열 self.conv_b는 자동으로 conv2d( ) 함수의 결과 마지막 차원에 브로드캐스팅됩니다.

```
def forpass(self, x):
    # 3×3 합성곱 연산을 수행합니다.
    c_out = tf.nn.conv2d(x, self.conv_w, strides=1, padding='SAME') + self.conv_b
```

합성곱을 수행하는 conv2d( ) 함수에 전달한 매개변수 값은 다음과 같습니다.

① self.conv_w

self.conv_w는 합성곱에 사용할 가중치입니다. 3×3×1 크기의 커널을 10개 사용하므로 가중치의 전체 크기는 3×3×1×10입니다.

② stride, padding

특성 맵의 가로와 세로 크기를 일정하게 만들기 위하여 stride는 1, padding은 'SAME'으로 지정했습니다.

2. 렐루 함수 적용하기

합성곱 계산을 수행한 다음에 렐루 함수를 적용하여 합성곱층을 완성합니다.

```
def forpass(self, x):
    ...
    # 렐루 함수를 적용합니다.
    r_out = tf.nn.relu(c_out)
    ...
```

3. 풀링 적용하고 완전 연결층 수정하기

max_pool2d( ) 함수를 사용하여 2×2 크기의 풀링을 적용합니다. 이 단계에서 만들어진 특성 맵의 크기는 14×14×10입니다. 풀링으로 특성 맵의 크기를 줄인 다음 tf.reshape( ) 함수를 사용해 일렬로 펼칩니다. 이때 배치 차원을 제외한 나머지 차원만 펼쳐야 합니다. 그 다음 코드는 완전 연결층에 해당합니다. 여기서는 np.dot( ) 함수를 텐서플로의 tf.matmul( ) 함수로 바꾸었습니다. 이는 conv2d( )와 max_pool2d( ) 등이 Tensor 객체를 반환하기 때문입니다. 완전 연결층의 활성화 함수도 시그모이드 함수 대신 렐루 함수를 사용했습니다.

😊 가중치 규제 방식은 코드가 복잡해 적용하지 않았습니다. 여기서는 합성곱과 풀링이 적용된 정방향 계산을 구현하는 데 집중합니다.

```
def forpass(self, x):
    ...
    # 2×2 최대 풀링을 적용합니다.
    p_out = tf.nn.max_pool2d(r_out, ksize=2, strides=2, padding='VALID')
    # 첫 번째 배치 차원을 제외하고 출력을 일렬로 펼칩니다.
    f_out = tf.reshape(p_out, [x.shape[0], -1])
    z1 = tf.matmul(f_out, self.w1) + self.b1    # 첫 번째 층의 선형식을 계산합니다.
    a1 = tf.nn.relu(z1)                         # 활성화 함수를 적용합니다.
    z2 = tf.matmul(a1, self.w2) + self.b2       # 두 번째 층의 선형식을 계산합니다.
    return z2
```

합성곱 신경망의 역방향 계산 구현하기

앞에서도 말했듯이 합성곱의 역방향 계산을 직접 구현하는 것은 복잡하기도 하지만 학습에 유용하지도 않습니다. 여기에서는 그레이디언트를 구하기 위해 역방향 계산을 직접 구현하는 대신 텐서플로의 자동 미분(automatic differentiation) 기능을 사용하겠습니다. 역방향 계산을 구현하기 전에 자동 미분 기능을 간단히 알아봅니다.

자동 미분의 사용 방법을 알아봅니다

텐서플로와 같은 딥러닝 패키지들은 사용자가 작성한 연산을 계산 그래프(computation graph)로 만들어 자동 미분 기능을 구현합니다. 자동 미분 기능을 사용하면 임의의 파이썬 코드나 함수에 대한 미분값을 계산할 수 있습니다. 다음은 사용자가 작성한 연산을 바탕으로 자동 미분하여 미분값을 얻어낸 예입니다.

```
x = tf.Variable(np.array([1.0, 2.0, 3.0]))
with tf.GradientTape( ) as tape:
    y = x ** 3 + 2 * x + 5

# 그레이디언트를 계산합니다.
print(tape.gradient(y, x))
tf.Tensor([ 5. 14. 29.], shape=(3,), dtype=float64)
```

텐서플로의 자동 미분 기능을 사용하려면 with 블럭으로 tf.GradientTape( ) 객체가 감시할 코드를 감싸야 합니다. tape 객체는 with 블럭 안에서 일어나는 모든 연산을 기록하고 텐서플로 변수인 tf.Variable 객체를 자동으로 추적합니다. 그레이디언트를 계산하려면 미분 대상 객체와 변수를 tape 객체의 gradient( ) 메서드에 전달해야 합니다. 위 예제에서 수행하는 계산은 간단한 3차 방정식입니다. 사실 이 방정식은 간단하게 직접 미분해 보면 $3x^2 + 2$가 됨을 알 수 있습니다. 변수 x의 세 원소 1.0, 2.0, 3.0을 미분 방정식에 대입하면 5.0, 14.0, 29.0을 얻습니다. 텐서플로가 계산한 그레이디언트와 동일하네요!

1. 역방향 계산 구현하기

MultiClassNetwork 클래스에서는 training( ) 메서드에서 backprop( ) 메서드를 호출하여 가중치를 업데이트했습니다. 하지만 자동 미분 기능을 사용하면 ConvolutionNetwork의 backprop( ) 메서드를 구현할 필요가 없습니다. 덕분에 training( ) 메서드의 구성도 간단해집니다.

```
def training(self, x, y):
    m = len(x)                          # 샘플 개수를 저장합니다.
    with tf.GradientTape( ) as tape:
        z = self.forpass(x)             # 정방향 계산을 수행합니다.
        # 손실을 계산합니다.
        loss = tf.nn.softmax_cross_entropy_with_logits(y, z)
        loss = tf.reduce_mean(loss)
    ...
```

training( ) 메서드에서 forpass( ) 메서드를 호출하여 정방향 계산을 수행한 다음 tf.nn. softmax_cross_entropy_with_logits( ) 함수를 호출하여 정방향 계산의 결과(z)와 타깃(y)을 기반으로 손실값을 계산합니다. 이렇게 하면 크로스 엔트로피 손실과 그레이디언트 계산을 올바르게 처리해 주므로 편리합니다. 이때 softmax_cross_entropy_with_logits( ) 함수는 배치의 각 샘플에 대한 손실을 반환하므로 reduce_mean( ) 함수로 평균을 계산합니다.

리키의 팁 메모 | 왜 소프트맥스 함수와 크로스 엔트로피 손실 함수가 합쳐져 있나요?

과정 1을 보면 소프트맥스와 크로스 엔트로피 손실 함수를 각각 적용하지 않았습니다. 왜 그럴까요? 기술적으로 너무 깊이 들어가지 말고 간략하게 살펴보겠습니다. 07장에서 구했던 소프트맥스 입력값 z에 대한 손실 함수의 미분 결과는 다음과 같습니다.

$$\frac{\partial L}{\partial z} = -(y - a)$$

우리는 미분의 연쇄 법칙을 사용하여 하나의 공식으로 유도했지만 텐서플로는 이런 과정을 수행하지 못합니다. 텐서플로는 손실 함수부터 모든 단계를 쪼개어 각각의 그레이디언트를 계산합니다. 즉, 소프트맥스와 손실 함수의 미분을 따로 계산합니다. 입력값 z에 대한 손실 함수의 미분을 연쇄 법칙으로 표현하면 다음과 같습니다.

$$\frac{\partial L}{\partial z} = \frac{\partial L}{\partial a} \frac{\partial a}{\partial z}$$

이 식에서 $\frac{\partial a}{\partial z}$만 떼어내어 생각해 보죠. 특히 3개의 입력 z_1, z_2, z_3에 대한 첫 번째 소프트맥스 출력 a_1의 도함수를 구하면 다음과 같습니다.

$$\frac{\partial a_1}{\partial z_1} = a_1(1 - a_1) \quad \frac{\partial a_1}{\partial z_2} = -a_1 a_2 \quad \frac{\partial a_1}{\partial z_3} = -a_1 a_3$$

이 유도 과정은 07장에서 했던 것과 동일합니다. 결국 $\frac{\partial a_1}{\partial z}$는 다음과 같이 쓸 수 있습니다.

$$\frac{\partial a_1}{\partial z} = \frac{\partial a_1}{\partial z_1} + \frac{\partial a_1}{\partial z_2} + \frac{\partial a_1}{\partial z_3} = a_1(1 - a_1) - a_1 a_2 - a_1 a_3 = a_1(1 - a_1) - a_1(a_2 + a_3)$$
$$= a_1(1 - (a_1 + a_2 + a_3)) = 0$$

$a_1 + a_2 + a_3 = 1$이므로 $\frac{\partial a_1}{\partial z}$의 값이 0이 됩니다. 다시 말하면 z가 일정 비율로 증가하거나 감소하더라도 소프트맥스 함수를 거치면서 상쇄되기 때문에 a_1은 일정하다는 뜻입니다. 그레이디언트가 0이면 무엇을 곱해도 0이 되기 때문에 가중치는 전혀 업데이트되지 않습니다. a_2, a_3에 대해서도 마찬가지입니다. tf.GradientTape( ) 함수를 사용하여 직접 확인해 보죠.

```
x = tf.Variable(np.array([1.0, 2.0, 3.0]))
with tf.GradientTape( ) as tape:
    y = tf.nn.softmax(x)

# 그레이디언트를 계산합니다.
print(tape.gradient(y, x))
tf.Tensor([9.99540153e-18 2.71703183e-17 7.38565826e-17], shape=(3,), dtype=float64)
```

위의 결과를 보면 실숫값이 부동 소수점 방식으로 표현되어 있습니다. 출력된 값들은 0에 아주 가깝기 때문에 모두 0으로 생각해도 좋습니다. 사실 타깃은 원-핫 인코딩되어 있기 때문에 소프트맥스 출력을 모두 사용하지 않습니다. 각 입력값 z_i에 대한 a_i의 도함수를 모두 계산하여 행렬로 가지고 있다가 타깃에 따라 적절한 도함수를 골라 전파하면 됩니다. 이런 과정을 텐서플로의 tf.nn.softmax_cross_entropy_with_logits( ) 함수가 자동으로 처리해 줍니다.

2. 그레이디언트 계산하기

이제 가중치와 절편을 업데이트해야 합니다. tape.gradient( ) 메서드를 사용하면 그레이디언트를 자동으로 계산할 수 있습니다. 합성곱층의 가중치와 절편인 con_w와 con_b를 포함하여 그레이디언트가 필요한 가중치를 리스트로 나열합니다. 그 다음에 optimizer.apply_gradients( ) 메서드가 등장합니다. 텐서플로는 여러 종류의 경사 하강법 알고리즘을 클래스로 미리 구현해 놓았습니다. 경사 하강법 알고리즘을 바꾸어 가며 테스트할 때 가중치를 업데이트하는 코드를 일일이 고쳐야 한다면 아주 번거로울 것입니다. 텐서플로의 옵티마이저를 사용하면 간단하게 알고리즘을 바꾸어 테스트할 수 있습니다. apply_graidents( ) 메서드에는 그레이디언트와 가중치를 튜플로 묶은 리스트를 전달해야 합니다. 여기에서는 파이썬의 **zip** 반복자를 사용하여 이를 구현했습니다.

```
def training(self, x, y):
...
    weights_list = [self.conv_w, self.conv_b,
                          self.w1, self.b1, self.w2, self.b2]

    # 가중치에 대한 그레이디언트를 계산합니다.
    grads = tape.gradient(loss, weights_list)
    # 가중치를 업데이트합니다.
    self.optimizer.apply_gradients(zip(grads, weights_list))
```

옵티마이저 객체를 만들어 가중치 초기화하기

training( ) 메서드에 등장하는 self.optimizer를 fit( ) 메서드에서 만들어 보겠습니다. 여기서는 확률적 경사 하강법(SGD)를 사용합니다.

1. fit( ) 메서드 수정하기

fit( ) 메서드는 옵티마이저 객체 생성 부분만 제외하면 MultiClassNetwork 클래스의 fit( ) 메서드와 거의 동일합니다. 텐서플로는 **tf.optimizers** 모듈 아래에 여러 종류의 경사 하강법을 구현해 놓았습니다. SGD 옵티마이저(tf.optimizers.SGD) 객체는 기본 경사 하강법입니다. 다음은 SGD 옵티마이저 생성 코드를 추가한 fit( ) 메서드입니다.

```
def fit(self, x, y, epochs=100, x_val=None, y_val=None):
    self.init_weights(x.shape, y.shape[1])    # 은닉층과 출력층의 가중치를 초기화합니다.
    self.optimizer = tf.optimizers.SGD(learning_rate=self.lr)
    # epochs만큼 반복합니다.
    for i in range(epochs):
        print('에포크', i, end=' ')
        # 제너레이터 함수에서 반환한 미니 배치를 순환합니다.
        batch_losses = []
        for x_batch, y_batch in self.gen_batch(x, y):
            print('.', end='')
            self.training(x_batch, y_batch)
            # 배치 손실을 기록합니다.
            batch_losses.append(self.get_loss(x_batch, y_batch))
```

```
    print( )
    # 배치 손실 평균 내어 훈련 손실값으로 저장합니다.
    self.losses.append(np.mean(batch_losses))
    # 검증 세트에 대한 손실을 계산합니다.
    self.val_losses.append(self.get_loss(x_val, y_val))
```

2. init_weights( ) 메서드 수정하기

가중치를 초기화하는 init_weights( ) 메서드는 큰 변화가 있습니다. 바로 가중치를 glorot_uniform( ) 함수로 초기화한다는 점과 텐서플로의 자동 미분 기능을 사용하기 위해 가중치를 tf.Variable( ) 함수로 만들어야 한다는 점입니다. 새로운 함수인 glorot_uniform( )을 사용하는 이유에 대해서는 잠시 후에 설명하겠습니다. 합성곱의 가중치와 완전 연결층의 가중치를 tf.Variable( ) 함수로 선언할 때 입력값에 따라 자료형이 자동으로 결정됩니다. np.zeros( ) 함수는 기본적으로 64비트 실수를 만듭니다. 따라서 절편 변수를 가중치 변수와 동일하게 32비트 실수로 맞추기 위해 dtype 매개변수에 float을 지정했습니다.

```
def init_weights(self, input_shape, n_classes):
    g = tf.initializers.glorot_uniform( )
    self.conv_w = tf.Variable(g((3, 3, 1, self.n_kernels)))
    self.conv_b = tf.Variable(np.zeros(self.n_kernels), dtype=float)
    n_features = 14 * 14 * self.n_kernels
    self.w1 = tf.Variable(g((n_features, self.units)))      # (특성 개수, 은닉층의 크기)
    self.b1 = tf.Variable(np.zeros(self.units), dtype=float)# 은닉층의 크기
    self.w2 = tf.Variable(g((self.units, n_classes)))       # (은닉층의 크기, 클래스 개수)
    self.b2 = tf.Variable(np.zeros(n_classes), dtype=float) # 클래스 개수
```

여기까지가 ConvolutionNetwork 클래스의 주요 코드입니다. 이 절 마지막에 ConvolutionNetwork 의 전체 코드를 실었습니다. 마지막으로 glorot_uniform( ) 함수에 대해 알아보고 합성곱 신경망의 구현을 마무리하겠습니다.

glorot_uniform( )를 알아봅니다

init_weights( ) 메서드의 첫 번째 줄에 있는 glorot_uniform( ) 함수는 가중치를 초기화할 때 글로럿(Glorot) 초기화라는 방법을 사용할 수 있게 해 줍니다. 지금까지 넘파이로 난수를 만들어 가중치를 초기화했는데 이런 함수를 도입한 이유가 궁금할 것입니다. 신경망 모델이 너무 커지면 손실 함수도 복잡해지기 때문에 출발점에 따라 결과가 달라질 수 있습니다. 예를

들어 다음과 같이 간단한 1차원 손실 함수가 있다고 생각해 봅시다.

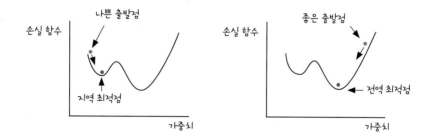

경사 하강법은 출발점으로부터 기울기가 0이 되는 최저점을 찾아갑니다. 가중치를 적절하게 초기화하지 않으면 출발점이 적절하지 않은 곳에 설정되므로 위 그래프의 왼쪽 모습과 같이 엉뚱한 곳에서 최적점이라는 판단을 내릴 수도 있습니다. 이렇게 찾은 지점을 지역 최적점(local minimum)이라고 부릅니다. 가중치를 적절하게 초기화했다면 출발점이 적절한 곳에 설정되므로 위 그래프의 오른쪽 모습과 같이 올바른 최적점을 찾게 됩니다. 이렇게 찾은 지점을 전역 최적점(global minimum)이라고 부릅니다. 그럼 어떻게 가중치를 초기화해야 할까요?

글로럿 초기화 방식으로 가중치를 초기화합니다

글로럿 초기화 방식은 세이비어 글로럿(Xavier Glorot)이 제안하여 널리 사용되는 가중치 초기화 방식입니다. 텐서플로의 glorot_uniform( ) 함수는 $-\sqrt{\dfrac{6}{\text{입력 뉴런 수}+\text{출력 뉴런 수}}}$ 와 $+\sqrt{\dfrac{6}{\text{입력 뉴런 수}+\text{출력 뉴런 수}}}$ 사이에서 균등하게 난수를 발생시켜 가중치를 초기화합니다. 사실 이전 장에서 사용했던 텐서플로의 케라스는 기본값으로 글로럿 초기화를 사용했습니다. 글로럿 초기화를 사용하는 방법은 간단합니다. glorot_uniform( ) 함수에서 만든 객체를 호출할 때 필요한 가중치 크기를 전달하면 됩니다. init_weights( ) 메서드에서 conf_w, w1, w2의 3개 변수를 글로럿 방식으로 초기화했습니다. 합성곱 영역의 너비와 높이는 3×3이고 흑백 이미지의 입력 채널은 하나이므로 커널의 크기는 3×3×1이 됩니다. 이런 합성곱 커널을 n_kernels만큼 만들기 위해 3×3×1×n_kernels 크기의 4차원 배열로 초기화합니다. 합성곱과 풀링층을 거치면 입력 이미지의 높이와 너비가 28에서 14로 줄어듭니다. 만들어진 특성 맵의 개수는 n_kernel입니다. 이 배열이 일렬로 펼쳐져서 완전 연결층에 주입됩니다. 이에 필요한 가중치 w1의 크기는 14×14×n_kernels가 됩니다.

이제 중요한 구현을 모두 마쳤습니다. predict( ) 메서드는 정방향 계산으로 얻은 출력값인 Tensor 객체를 넘파이 배열로 바꿉니다. 검증 손실은 softmax_cross_entropy_with_logits( ) 함수를 사용하는 get_loss( ) 함수로 계산합니다. 전체 코드는 다음과 같습니다.

```python
class ConvolutionNetwork:

    def __init__(self, n_kernels=10, units=10, batch_size=32, learning_rate=0.1):
        self.n_kernels = n_kernels       # 합성곱의 커널 개수
        self.kernel_size = 3             # 커널 크기
        self.optimizer = None            # 옵티마이저
        self.conv_w = None               # 합성곱층의 가중치
        self.conv_b = None               # 합성곱층의 절편
        self.units = units               # 은닉층의 뉴런 개수
        self.batch_size = batch_size     # 배치 크기
        self.w1 = None                   # 은닉층의 가중치
        self.b1 = None                   # 은닉층의 절편
        self.w2 = None                   # 출력층의 가중치
        self.b2 = None                   # 출력층의 절편
        self.a1 = None                   # 은닉층의 활성화 출력
        self.losses = []                 # 훈련 손실
        self.val_losses = []             # 검증 손실
        self.lr = learning_rate          # 학습률

    def forpass(self, x):
        # 3×3 합성곱 연산을 수행합니다.
        c_out = tf.nn.conv2d(x, self.conv_w, strides=1, padding='SAME') + self.conv_b
        # 렐루 활성화 함수를 적용합니다.
        r_out = tf.nn.relu(c_out)
        # 2×2 최대 풀링을 적용합니다.
        p_out = tf.nn.max_pool2d(r_out, ksize=2, strides=2, padding='VALID')
        # 첫 번째 배치 차원을 제외하고 출력을 일렬로 펼칩니다.
        f_out = tf.reshape(p_out, [x.shape[0], -1])
        z1 = tf.matmul(f_out, self.w1) + self.b1      # 첫 번째 층의 선형식을 계산합니다.
        a1 = tf.nn.relu(z1)                           # 활성화 함수를 적용합니다.
```

```python
        z2 = tf.matmul(a1, self.w2) + self.b2        # 두 번째 층의 선형식을 계산합니다.
        return z2

    def init_weights(self, input_shape, n_classes):
        g = tf.initializers.glorot_uniform( )
        self.conv_w = tf.Variable(g((3, 3, 1, self.n_kernels)))
        self.conv_b = tf.Variable(np.zeros(self.n_kernels), dtype=float)
        n_features = 14 * 14 * self.n_kernels
        self.w1 = tf.Variable(g((n_features, self.units)))        # (특성 개수, 은닉층의 크기)
        self.b1 = tf.Variable(np.zeros(self.units), dtype=float) # 은닉층의 크기
        self.w2 = tf.Variable(g((self.units, n_classes)))        # (은닉층의 크기, 클래스 개수)
        self.b2 = tf.Variable(np.zeros(n_classes), dtype=float)  # 클래스 개수

    def fit(self, x, y, epochs=100, x_val=None, y_val=None):
        self.init_weights(x.shape, y.shape[1])        # 은닉층과 출력층의 가중치를 초기화합니다.
        self.optimizer = tf.optimizers.SGD(learning_rate=self.lr)
        # epochs만큼 반복합니다.
        for i in range(epochs):
            print('에포크', i, end=' ')
            # 제너레이터 함수에서 반환한 미니 배치를 순환합니다.
            batch_losses = []
            for x_batch, y_batch in self.gen_batch(x, y):
                print('.', end='')
                self.training(x_batch, y_batch)
                # 배치 손실을 기록합니다.
                batch_losses.append(self.get_loss(x_batch, y_batch))
            print( )
            # 배치 손실 평균을 내어 훈련 손실값으로 저장합니다.
            self.losses.append(np.mean(batch_losses))
            # 검증 세트에 대한 손실을 계산합니다.
            self.val_losses.append(self.get_loss(x_val, y_val))
    # 미니 배치 제너레이터 함수
    def gen_batch(self, x, y):
        bins = len(x) // self.batch_size        # 미니 배치 횟수
        indexes = np.random.permutation(np.arange(len(x))) # 인덱스를 섞습니다.
        x = x[indexes]
        y = y[indexes]
        for i in range(bins):
            start = self.batch_size * i
            end = self.batch_size * (i + 1)
            yield x[start:end], y[start:end]        # batch_size만큼 슬라이싱하여 반환합니다.
```

```
    def training(self, x, y):
        m = len(x)                              # 샘플 개수를 저장합니다.
        with tf.GradientTape( ) as tape:
            z = self.forpass(x)                 # 정방향 계산을 수행합니다.
            # 손실을 계산합니다.
            loss = tf.nn.softmax_cross_entropy_with_logits(y, z)
            loss = tf.reduce_mean(loss)

        weights_list = [self.conv_w, self.conv_b,
                        self.w1, self.b1, self.w2, self.b2]
        # 가중치에 대한 그레이디언트를 계산합니다.
        grads = tape.gradient(loss, weights_list)
        # 가중치를 업데이트합니다.
        self.optimizer.apply_gradients(zip(grads, weights_list))

    def predict(self, x):
        z = self.forpass(x)                     # 정방향 계산을 수행합니다.
        return np.argmax(z.numpy( ), axis=1)    # 가장 큰 값의 인덱스를 반환합니다.

    def score(self, x, y):
        # 예측과 타깃 열 벡터를 비교하여 True의 비율을 반환합니다.
        return np.mean(self.predict(x) == np.argmax(y, axis=1))

    def get_loss(self, x, y):
        z = self.forpass(x)                     # 정방향 계산을 수행합니다.
        # 손실을 계산하여 저장합니다.
        loss = tf.reduce_mean(tf.nn.softmax_cross_entropy_with_logits(y, z))
        return loss.numpy( )
```

합성곱 신경망 훈련하기

이제 여러분이 직접 만든 합성곱 신경망을 사용하여 합성곱 신경망 모델을 만들고 패션 MNIST 데이터 세트로 훈련시켜 보겠습니다.

1. 데이터 세트 불러오기

텐서플로를 사용해 패션 MNIST 데이터 세트를 불러옵니다.

```
(x_train_all, y_train_all), (x_test, y_test) = tf.keras.datasets.fashion_mnist.load_data( )
```

2. 훈련 데이터 세트를 훈련 세트와 검증 세트로 나누기

사이킷런을 사용하여 훈련 데이터 세트를 훈련 세트와 검증 세트로 나눕니다.

```
from sklearn.model_selection import train_test_split
x_train, x_val, y_train, y_val = train_test_split(x_train_all, y_train_all,
                                    stratify=y_train_all, test_size=0.2,
                                    random_state=42)
```

3. 타깃을 원-핫 인코딩으로 변환하기

y_train, y_val은 정수로 이루어진 1차원 배열입니다. 합성곱 신경망의 타깃으로 사용하려면 두 배열의 요소들을 원-핫 인코딩으로 변경해야 합니다. 원-핫 인코딩을 하는 방법은 07장에서 설명했습니다.

```
y_train_encoded = tf.keras.utils.to_categorical(y_train)
y_val_encoded = tf.keras.utils.to_categorical(y_val)
```

4. 입력 데이터 준비하기

합성곱 신경망은 입력 데이터(이미지)를 일렬로 펼칠 필요가 없습니다. 높이와 너비 차원을 그대로 유지한 채 신경망에 주입합니다. 대신 마지막에 컬러 채널을 추가해야 합니다. 사실 흑백 이미지에는 컬러 채널이 없지만 명암을 나타내는 1차원 채널이 있다고 가정합시다. 넘파이 reshape( ) 메서드를 사용하면 마지막 차원을 간단히 추가할 수 있습니다.

```
x_train = x_train.reshape(-1, 28, 28, 1)
x_val = x_val.reshape(-1, 28, 28, 1)
```

준비된 입력 데이터를 확인해 보면 마지막 차원이 추가된 것을 알 수 있습니다.

```
x_train.shape
(48000, 28, 28, 1)
```

5. 입력 데이터 표준화 전처리하기

입력 데이터는 이미지이므로 0~255 사이의 정수로 픽셀 강도를 표현합니다. 경사 하강법을 사용하므로 07장에서와 같이 입력 데이터를 255로 나누어 0~1 사이의 값으로 조정합니다.

```
x_train = x_train / 255
x_val = x_val / 255
```

6. 모델 훈련하기

이제 훈련 준비를 마쳤습니다. ConvolutionNetwork 클래스 객체를 생성한 다음 fit( ) 메서드를 호출하여 모델을 훈련하겠습니다. 합성곱 커널은 10개를 사용하고 완전 연결층의 뉴런은 100개를 사용합니다. 배치 크기는 128개로 지정하고 학습률은 0.01로 지정합니다. 다음 코드에서 이 모델을 20번의 에포크 동안 훈련합니다.

```
cn = ConvolutionNetwork(n_kernels=10, units=100, batch_size=128, learning_rate=0.01)
cn.fit(x_train, y_train_encoded, x_val=x_val, y_val=y_val_encoded, epochs=20)
에포크 0 ...................................
에포크 1 ...................................
.
.
.
에포크 19 ...................................
```

7. 훈련, 검증 손실 그래프 그리고 검증 세트의 정확도 확인하기

훈련 손실과 검증 손실을 그래프로 그려보면 다음과 같습니다.

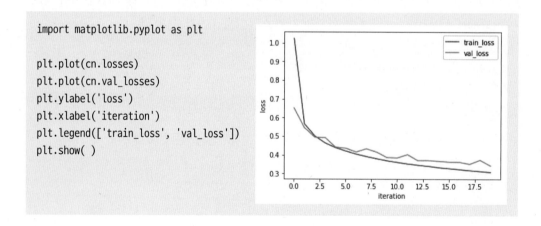

```
import matplotlib.pyplot as plt

plt.plot(cn.losses)
plt.plot(cn.val_losses)
plt.ylabel('loss')
plt.xlabel('iteration')
plt.legend(['train_loss', 'val_loss'])
plt.show( )
```

에포크가 진행되면서 훈련 손실과 검증 손실이 조금씩 차이가 나긴 하지만 전반적으로 훈련이 잘 되고 있습니다. 이 모델의 검증 세트에 대한 정확도를 측정하면 88%에 가깝습니다. 간단한 합성곱층을 사용하여 07장보다 조금 더 성능을 향상시켰습니다.

```
cn.score(x_val, y_val_encoded)
0.8798333333333334
```

지금까지 텐서플로의 자동 미분 기능과 합성곱 연산 함수를 사용하여 합성곱 신경망을 직접 만들어보았습니다. 실전에서는 이렇게 저수준 연산을 사용하는 것보다 케라스와 같은 고수준 API를 사용하는 것이 편리하고 생산적입니다. 다음 절에서는 케라스의 합성곱층을 사용하는 방법을 살펴보겠습니다.

08-5 케라스로 합성곱 신경망을 만듭니다

이미 여러분은 07장에서 케라스를 통해 완전 연결 신경망을 만들어보았습니다. 이번에도 케라스를 사용하여 합성곱과 풀링의 스트라이드, 패딩 등의 개념을 적용한 합성곱 신경망을 구현해 보겠습니다.

케라스로 합성곱 신경망 만들기

케라스의 합성곱층은 Conv2D 클래스입니다. 최대 풀링은 MaxPooling2D 클래스를 사용하고, 특성 맵을 일렬로 펼칠 때는 Flatten 클래스를 사용합니다.

1. 필요한 클래스들을 임포트하기

먼저 tensorflow.keras.layers에 포함된 Conv2D, MaxPooling2D, Flatten, Dense 클래스를 임포트합니다.

```
from tensorflow.keras.layers import Conv2D, MaxPooling2D, Flatten, Dense
```

2. 합성곱층 쌓기

합성곱층을 추가합니다. Conv2D 클래스의 첫 번째 매개변수는 합성곱 커널의 개수입니다. 두 번째 매개변수는 합성곱 커널의 크기로 높이와 너비를 튜플로 전달합니다. 합성곱 커널로는 전형적으로 3×3 또는 5×5 크기를 많이 사용합니다. activation 매개변수에 렐루 활성화 함수를 지정합니다. 패딩은 세임 패딩을 사용하는데, tf.nn.con2d( ) 함수와는 달리 패딩 매개변수는 대소문자를 구분하지 않습니다. 07장에서 보았던 것처럼 Sequential 클래스에 층을 처음 추가할 때는 배치 차원을 제외한 입력의 크기를 지정합니다. 여기에서는 패션 MNIST 이미지의 높이와 너비, 컬러 채널이 입력의 크기가 됩니다.

```
conv1 = tf.keras.Sequential( )
conv1.add(Conv2D(10, (3, 3), activation='relu', padding='same', input_shape=(28, 28, 1)))
```

3. 풀링층 쌓기

풀링층을 추가합니다. MaxPooling2D 클래스의 첫 번째 매개변수는 풀링의 높이와 너비를 나타내는 튜플이며, 스트라이드는 strides 매개변수에 지정할 수 있습니다. 이 매개변수의 기본값은 풀링의 크기입니다. 패딩은 padding 매개변수에 지정하며 기본값은 'valid'입니다. 스트라이드와 패딩은 기본값을 사용하기 위해 따로 지정하지 않았습니다.

```
conv1.add(MaxPooling2D((2, 2)))
```

4. 완전 연결층에 주입할 수 있도록 특성 맵 펼치기

풀링 다음에는 완전 연결층에 연결하기 위해 배치 차원을 제외하고 일렬로 펼쳐야 합니다. 이일은 Flatten 클래스가 수행합니다.

```
conv1.add(Flatten( ))
```

5. 완전 연결층 쌓기

마지막으로 완전 연결층을 추가합니다. 첫 번째 완전 연결층에는 100개의 뉴런을 사용하고 렐루 활성화 함수를 적용합니다. 마지막 출력층에는 10개의 클래스에 대응하는 10개의 뉴런을 사용하고 소프트맥스 활성화 함수를 적용합니다.

```
conv1.add(Dense(100, activation='relu'))
conv1.add(Dense(10, activation='softmax'))
```

6. 모델 구조 살펴보기

케라스를 사용하니 합성곱 신경망이 아주 간단하게 만들어졌습니다. 모델의 summary( ) 메서드를 사용하면 conv1 모델의 구조를 자세히 조사할 수 있습니다.

```
conv1.summary( )
Model: "sequential"
_____
Layer (type)                 Output Shape              Param #
=================================================================
conv2d (Conv2D)              (None, 28, 28, 10)        100
_____
max_pooling2d (MaxPooling2D) (None, 14, 14, 10)        0
_____
```

```
flatten (Flatten)              (None, 1960)              0
_____
dense (Dense)                  (None, 100)              196100
_____
dense_1 (Dense)                (None, 10)               1010
=======================================================================
Total params: 197,210
Trainable params: 197,210
Non-trainable params: 0
```

출력 결과를 보면 합성곱층(Conv2D)의 출력 크기는 배치 차원을 제외하고 $28 \times 28 \times 10$입니다. 이때 배치 차원이 **None**인 이유는 배치 입력의 개수는 훈련할 때 전달되는 샘플 개수에 따라 달라지기 때문입니다. 합성곱 커널은 10개를 사용했으므로 마지막 차원이 10입니다. 모델 파라미터의 개수는 전체 가중치의 크기와 커널마다 하나씩 절편을 추가하면 $3 \times 3 \times 1 \times 10 + 10$ $= 100$개입니다. 풀링층(MaxPooling2D)과 특성 맵을 완전 연결층에 펼쳐서 주입하기 위해 추가한 **Flatten** 층에는 가중치가 없습니다. 첫 번째 완전 연결층(Dense)에는 1,960개$(14 \times 14 \times 10)$의 입력이 100개의 뉴런에 연결됩니다. 가중치는 뉴런마다 하나씩 있으므로 첫 번째 완전 연결층의 가중치 개수는 196,100개$(1960 \times 100 + 100)$입니다. 마찬가지로 두 번째 완전 연결층(Dense)의 가중치 개수는 1,010개$(100 \times 10 + 10)$입니다. 가중치의 개수를 보면 완전 연결층에 비해 합성곱층의 가중치 개수가 아주 적습니다. 그래서 합성곱층을 여러 개 추가해도 학습할 모델 파라미터의 개수가 크게 늘지 않기 때문에 계산 효율성이 좋습니다. 이렇게 해서 합성곱 신경망 모델을 만들었습니다.

합성곱 신경망 모델 훈련하기

1. 이제 모델을 컴파일한 다음 훈련해 보겠습니다. 여기서도 다중 분류를 위한 크로스 엔트로피 손실 함수를 사용합니다. 정확도를 관찰하기 위해 **metrics** 매개변수에 **'accuracy'**를 리스트로 전달했습니다.

```
conv1.compile(optimizer='adam', loss='categorical_crossentropy', metrics=['accuracy'])
```

2. 아담 옵티마이저 사용하기

지금까지는 최적화 알고리즘으로 기본 경사 하강법만 사용했습니다. 이번에는 적응적 학습률 알고리즘 중 하나인 아담(Adam) 옵티마이저를 사용합니다. 아담은 Adaptive Moment

Estimation을 줄여 만든 이름입니다. 아담은 손실 함수의 값이 최적값에 가까워질수록 학습률을 낮춰 손실 함수의 값이 안정적으로 수렴될 수 있게 해 줍니다. ConvolutionNetwork 클래스로 수행했던 것과 동일하게 20번의 에포크 동안 훈련해 보겠습니다.

```
history = conv1.fit(x_train, y_train_encoded, epochs=20, validation_data=
                                                (x_val, y_val_encoded))

Train on 48000 samples, validate on 12000 samples
Epoch 1/20
48000/48000 [==============================] - 3s 68us/sample - loss: 0.4403 - accuracy:
0.8440 - val_loss: 0.3367 - val_accuracy: 0.8777
Epoch 2/20
48000/48000 [==============================] - 3s 65us/sample - loss: 0.3001 - accuracy:
0.8917 - val_loss: 0.2836 - val_accuracy: 0.8988
...
Epoch 20/20
48000/48000 [==============================] - 3s 67us/sample - loss: 0.0362 - accuracy:
0.9878 - val_loss: 0.4134 - val_accuracy: 0.9175
```

3. 손실 그래프와 정확도 그래프 확인하기

history 객체와 맷플롯립을 사용하여 에포크에 따른 손실, 정확도 그래프를 그리면 다음과 같습니다.

```
plt.plot(history.history['loss'])
plt.plot(history.history['val_loss'])
plt.ylabel('loss')
plt.xlabel('epoch')
plt.legend(['train_loss', 'val_loss'])
plt.show( )

plt.plot(history.history['accuracy'])
plt.plot(history.history['val_accuracy'])
plt.ylabel('accuracy')
plt.xlabel('epoch')
plt.legend(['train_accuracy', 'val_accuracy'])
plt.show( )
```

지금까지 합성곱 신경망을 케라스로 정의하고 모델을 훈련해 보았습니다. 마지막 에포크에서 검증 세트에 대한 정확도가 약 92%로 크게 증가했습니다. 하지만 정확도와 손실을 그래프로 그려보니 몇 번의 에포크 만에 검증 손실이 크게 증가했습니다. 이는 과대적합이 일찍 발생했음을 의미합니다. 과대적합을 해결하려면 어떻게 해야 할까요? 다음 내용을 통해 과대적합을 해결하는 방법에 대해 알아보겠습니다. ⓖ 과대적합의 개념은 05장을 참고하세요.

드롭아웃을 알아봅니다

신경망에서 과대적합을 줄이는 방법 중 하나는 드롭아웃입니다. 드롭아웃은 무작위로 일부 뉴런을 비활성화시킵니다. 무작위로 일부 뉴런을 비활성화시키면 특정 뉴런에 과도하게 의존하여 훈련하는 것을 막아줍니다. 축구 경기에 출전하는 선수를 선발하는 것에 비유하여 드롭아웃을 이해해 보겠습니다.

축구 선수를 출전 목록에서 무작위로 제외하는 것이 드롭아웃입니다

예를 들어 축구 경기에 출전할 선수 30명 중 일부 선수가 레드 카드를 받아 출전 목록에서 제외되었다면 어떻게 될까요? 만약 개인 기량이 뛰어난 선수가 출전 목록에서 제외되었다면 전력에 큰 타격을 입게 됩니다.

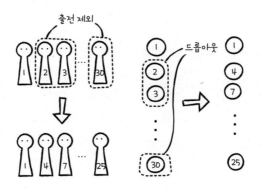

이런 경우 개인 기량이 뛰어난 선수에게만 의존했던 전략을 다른 선수들에게도 고르게 훈련시키면 전력 손실을 최소화할 수 있겠죠. 드롭아웃도 마찬가지입니다. 일부 뉴런이 비활성화되었을 때에도 타깃을 잘 예측하려면 특정 뉴런에 과도하게 의존하지 않고 모든 뉴런이 의미 있는 패턴을 학습해야 합니다. 뉴런이 훈련 세트에 있는 패턴을 고르게 감지하므로 전체적인 일반화 성능이 높아집니다. 드롭아웃은 모델을 훈련시킬 때만 적용하는 기법이므로 테스트나 실전에는 적용하지 않습니다. 이로 인해 상대적으로 테스트와 실전의 출력값이 훈련할 때의 출력값보다 높아지므로 테스트나 실전에서는 출력값을 드롭아웃 비율만큼 낮춰야 합니다.

텐서플로에서는 드롭아웃의 비율만큼 뉴런의 출력을 높입니다

앞에서 테스트와 실전의 출력값을 드롭아웃 비율만큼 낮춰야 한다고 설명했습니다. 그런데 텐서플로를 비롯하여 대부분의 딥러닝 프레임워크는 반대로 이 문제를 해결합니다. 즉, 훈련할 때 드롭아웃 비율만큼 뉴런의 출력을 높여 훈련시킵니다. 물론 원칙대로라면 테스트나 실전에서 출력을 낮춰야 하지만 이 방법을 이용해도 잘 작동합니다.

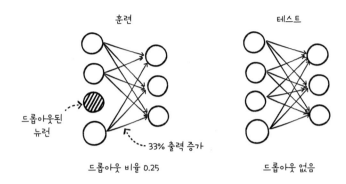

위 그림을 보면 훈련에서 드롭아웃의 비율이 $0.25(25\%)$이므로 출력을 33% 정도 증가시킵니다 ($\frac{1}{1-0.25}=1.333\cdots$). 테스트에서는 드롭아웃되는 뉴런이 없으므로 출력을 높이지 않습니다.

드롭아웃 적용해 합성곱 신경망을 구현합니다

텐서플로에서 드롭아웃을 적용하려면 간단히 Dropout 클래스를 추가하면 됩니다. Dropout 클래스의 매개변수에 드롭아웃될 비율을 실수로 지정합니다. 예를 들어 30%의 드롭아웃을 원하면 0.30을 전달하면 됩니다. 드롭아웃층에는 학습되는 가중치가 없습니다. 단순히 일부 뉴런의 출력을 무작위로 0으로 만들고 나머지 뉴런의 출력을 드롭되지 않은 비율로 나누어 증가시킵니다.

1. 케라스로 만든 합성곱 신경망에 드롭아웃 적용하기

앞에서 만든 모델에서 합성곱층과 완전 연결층 사이에 드롭아웃층을 추가하여 과대적합이 어떻게 바뀌는지 알아보겠습니다.

```
from tensorflow.keras.layers import Dropout

conv2 = tf.keras.Sequential( )
conv2.add(Conv2D(10, (3, 3), activation='relu', padding='same', input_shape=(28, 28, 1)))
conv2.add(MaxPooling2D((2, 2)))
```

```
conv2.add(Flatten( ))
conv2.add(Dropout(0.5))
conv2.add(Dense(100, activation='relu'))
conv2.add(Dense(10, activation='softmax'))
```

2. 드롭아웃층 확인하기

summary( ) 메서드를 사용하여 추가된 드롭아웃층을 확인해 보겠습니다. 드롭아웃층은 훈련되는 가중치가 없고 텐서의 차원을 바꾸지 않습니다.

```
conv2.summary( )
Model: "sequential_1"

_____
Layer (type)                 Output Shape              Param #
=================================================================
conv2d_1 (Conv2D)            (None, 28, 28, 10)        100

_____
max_pooling2d_1 (MaxPooling2 (None, 14, 14, 10)        0

_____
flatten_1 (Flatten)          (None, 1960)              0

_____
dropout (Dropout)            (None, 1960)              0

_____
dense_2 (Dense)              (None, 100)               196100

_____
dense_3 (Dense)              (None, 10)                1010
=================================================================
Total params: 197,210
Trainable params: 197,210
Non-trainable params: 0
```

3. 훈련하기

앞에서 만든 합성곱 신경망 모델과 같은 옵티마이저를 사용하고 20번의 에포크 동안 훈련합니다.

```
conv2.compile(optimizer='adam', loss='categorical_crossentropy',
...              metrics=['accuracy'])
history = conv2.fit(x_train, y_train_encoded, epochs=20,
...                  validation_data=(x_val, y_val_encoded))
Train on 48000 samples, validate on 12000 samples
```

```
Epoch 1/20
48000/48000 [==============================] - 4s 73us/sample - loss: 0.5190 - accuracy:
0.8131 - val_loss: 0.3473 - val_accuracy: 0.8777
Epoch 2/20
48000/48000 [==============================] - 3s 69us/sample - loss: 0.3755 - accuracy:
0.8644 - val_loss: 0.3079 - val_accuracy: 0.8904
...
Epoch 20/20
48000/48000 [==============================] - 3s 69us/sample - loss: 0.1772 - accuracy:
0.9334 - val_loss: 0.2267 - val_accuracy: 0.9212
```

4. 손실 그래프와 정확도 그래프 그리기

손실과 정확도 그래프를 그려 앞에서 만든 합성곱 신경망보다 더 나아졌는지 확인해 보겠습니다.

```python
plt.plot(history.history['loss'])
plt.plot(history.history['val_loss'])
plt.ylabel('loss')
plt.xlabel('epoch')
plt.legend(['train_loss', 'val_loss'])
plt.show( )

plt.plot(history.history['accuracy'])
plt.plot(history.history['val_accuracy'])
plt.ylabel('accuracy')
plt.xlabel('epoch')
plt.legend(['train_accuracy', 'val_accuracy'])
plt.show( )
```

그래프를 보면 검증 손실이 증가되는 에포크가 확실히 더 늦춰졌고 훈련 손실과의 차이도 좁혀졌습니다. 정확도는 미세하게 증가되었습니다. 04장에서 언급했듯이 분류 문제에서 정확도를 직접 최적화할 수 없습니다. 대신 크로스 엔트로피 손실 함수를 대신 최적화합니다. 손실 함수를 최소화하면 정확도가 높아질 것으로 기대할 수 있지만 반드시 그렇지는 않습니다. 이런 예제를 통해 손실 함수와 정확도 사이의 관계를 잘 이해했을 것입니다.

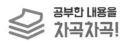

08장에서 꼭 기억해야 할 내용

이 장에서는 이미지 데이터를 다루는 작업에서 뛰어난 성능을 발휘하는 합성곱 신경망을 배웠습니다. 합성곱층의 가중치는 입력과 완전 연결되지 않기 때문에 메모리 효율적이고 이미지에 있는 여러 가지 특성을 추출할 수 있습니다. 텐서플로의 자동 미분 기능을 사용하여 합성곱을 수행하는 신경망을 구현하였고 이미지 분류를 위한 모델을 훈련하기 위해 케라스도 사용했습니다.

기억 카드 01 ⌐ 교 ⌐

이것은 두 함수를 이용해 새로운 함수를 만드는 수학 연산 중 하나입니다. 합성곱 연산과 비슷하지만 한 함수를 반전시키지 않는다는 점이 다릅니다. 합성곱 신경망은 가중치를 무작위로 초기화하기 때문에 합성곱을 수행하기 전에 가중치를 반전시키는 것이 효과가 없습니다. 이런 이유로 합성곱 신경망에서 합성곱 대신 이 연산을 사용합니다.

기억 카드 02 ⌐ 풀 ⌐

이것은 합성곱층에서 만든 특성 맵의 높이와 너비를 줄이는 데 사용하는 층입니다. 이 층에서는 특성 맵을 스캔하면서 최댓값이나 최솟값을 선택하는 방법으로 특성 맵의 크기를 절반으로 줄입니다. 이 연산은 각 채널에 독립적으로 적용되기 때문에 채널 차원은 변하지 않습니다. 또 이 층은 학습되는 가중치가 없습니다.

기억 카드 03 ⌐ 드 ⌐

이것은 인공신경망에 사용되는 대표적인 규제 방법 중 하나입니다. 훈련할 때 은닉층의 뉴런 중 일부(보통 50%) 뉴런을 무작위로 제외시켜 특정 뉴런에 크게 의지하지 않도록 만듭니다. 뿐만 아니라 모든 뉴런이 서로 의지하지 않으면서 훈련 세트에 있는 특징을 고르게 학습하도록 만듭니다. 테스트나 실전에서는 이것을 적용하지 않습니다.

09

텍스트를 분류합니다
― 순환 신경망

지금까지 딥러닝에서 사용되는 대표적 알고리즘인 완전 연결 신경망과 합성곱 신경망을 배웠습니다. 이 장에서는 딥러닝에서 빼놓을 수 없는 또 다른 종류의 신경망을 소개합니다. 순환 신경망(recurrent neural network)은 뉴런의 출력을 같은 뉴런에서 다시 사용합니다. 뉴런의 출력을 같은 뉴런에서 다시 사용하게 된 이유는 무엇일까요? 이렇게 하면 어떤 효과를 얻을 수 있을까요? 그 내용을 알아봅시다.

09-1 순차 데이터와 순환 신경망을 배웁니다

지금까지 인공신경망에 사용한 데이터는 각 샘플이 독립적이라고 가정했습니다. 이런 가정 때문에 에포크마다 전체 샘플을 섞은 후에 모델 훈련을 진행할 수 있었습니다.

순차 데이터를 소개합니다

하지만 우리가 다루는 데이터 중에는 독립적이지 않고 샘플이 서로 연관되어 있는 경우가 많습니다. 예를 들면 날씨 정보는 샘플이 서로 연관되어 있습니다. 오후 3시의 온도를 알고 있다면 1시간 후의 온도를 비슷하게 예상할 수 있습니다. 아마 조금 더 높아지거나 낮아질 것입니다. 즉, 온도를 매시간 측정하여 데이터 세트를 만들었다면 각 시간의 온도는 이전 시간의 온도와 깊은 연관이 있을 것입니다. 이렇게 일정 시간 간격으로 배치된 데이터를 시계열(time series) 데이터라고 부릅니다.

3시   4시   5시

··· 20℃   23℃   22℃ ···

시계열 데이터

시계열 데이터를 포함하여 샘플에 순서가 있는 데이터를 일반적으로 순차 데이터(sequential data)라고 부릅니다. 대표적인 순차 데이터의 예는 텍스트입니다. 글을 구성하는 글자와 단어들의 순서가 맞아야 의미가 제대로 전달되기 때문입니다. 이때 모델에서 순차 데이터를 처리하는 각 단계를 타입 스텝(time step)이라고 부릅니다. 다음은 3개의 단어로 이루어진 순차 데이터의 예입니다. 이 데이터의 처리 단위가 단어라면 총 타임 스텝은 3입니다. 만약 처리 단위가 글자라면 총 타임 스텝은 19가 될 것입니다.

Hello Deep Learning ⊲ 처리 단위가 단어이므로 총 타임 스텝은 3!

다음은 완전 연결 신경망에 위 순차 데이터가 주입되는 모습입니다. 하지만 완전 연결 신경망이나 합성곱 신경망은 이전의 샘플에 대한 정보를 유지하지 않습니다. 또 현재의 샘플을 처리할 때 이전에 어떤 샘플이 주입되었는지도 고려하지 않습니다.

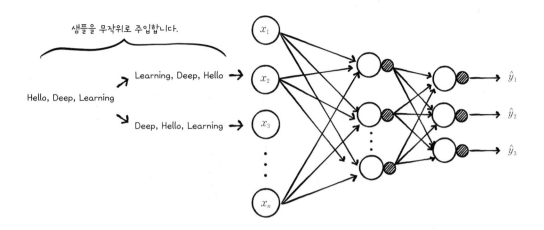

샘플을 무작위로 주입합니다.

Hello, Deep, Learning

Learning, Deep, Hello

Deep, Hello, Learning

순서가 있는 데이터를 처리하려면 신경망을 어떻게 바꿔야 할까요? 이 문제를 해결하기 위해 개발된 것이 순환 신경망입니다. 앞에서 합성곱 신경망을 배울 때 필터, 풀링 등 새로운 용어가 등장했습니다. 이 장에서도 순환 신경망을 위한 용어들이 등장합니다. 하지만 기본적인 개념은 동일하므로 너무 걱정하지 마세요. 새로운 용어들을 배우면서 순환 신경망의 구조에 대해 자세히 살펴보겠습니다.

순환 신경망을 소개합니다

순환 신경망은 말 그대로 뉴런의 출력이 순환되는 신경망을 말합니다. 다음은 순환 신경망의 구조입니다.

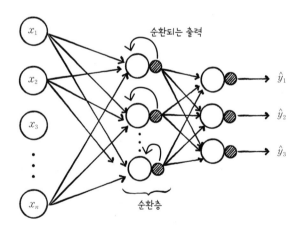

순환되는 출력

순환층

그림을 자세히 보면 지금까지 공부한 인공신경망과 다른 점을 하나 찾을 수 있습니다. 바로 은닉층의 출력이 다시 은닉층의 입력으로 사용된다는 점입니다. 이것을 순환 구조라고 부르며 순환 구조가 있는 층을 순환층이라고 부릅니다. 순환 구조가 순환 신경망에 미치는 영향은 무엇일까요? 은닉층에서 순환된 출력은 다음 입력을 처리할 때 현재 입력과 같이 사용됩니다. 즉, 이전 샘플의 정보를 현재 샘플을 처리할 때 참조할 수 있습니다. 이렇게 하면 앞의 샘플을 고려하여 현재 샘플을 처리할 수 있겠네요. 이제 순환 신경망을 위한 개념들을 하나씩 알아보겠습니다.

순환 신경망은 뉴런을 셀이라 부릅니다

순환 신경망에서는 층이나 뉴런을 셀(cell)이라 부릅니다. 또한 각 뉴런마다 순환 구조를 표현하기가 번거롭기 때문에 셀 하나에 순환 구조를 나타내는 경우가 많습니다. 하지만 실제로는 앞의 그림에서 볼 수 있듯이 여러 개의 뉴런을 사용하는 것이므로 오해하지 않아야 합니다. 순환 신경망에서는 셀의 출력을 은닉 상태(hidden state)라고 부릅니다. 다음은 입력을 x, 셀의 출력을 h 라고 표시하여 나타낸 전형적인 순환층의 그림입니다.

☺ 은닉 상태라는 이름에 심오한 뜻이 있는 것은 아닙니다. 이후에 다른 용어들을 더 만나게 되면 자연스럽게 이해할 수 있을 것입니다.

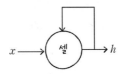

현재의 은닉 상태 h를 계산하기 위해 이전 타임 스텝의 은닉 상태를 사용합니다. 현재의 은닉 상태 h는 다음 입력을 처리할 때 다시 사용합니다. 이전 타임 스텝의 은닉 상태를 현재 은닉 상태 h와 구분하기 위해 h_p라고 표시하겠습니다.

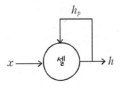

순환층의 셀에서 입력과 이전 타임 스텝의 은닉 상태를 통해 어떤 계산이 이루어질까요? 순환 층의 셀에서 수행되는 계산은 지금까지 공부한 정방향 계산과 매우 비슷하지만 이전 타임 스텝의 은닉 상태와 곱하는 가중치가 하나 더 있다는 점이 다릅니다. 다음은 순환층의 셀에서 수행되는 계산을 그림으로 나타낸 것입니다. 입력과 가중치, 은닉 상태는 행렬로 표기했습니다.

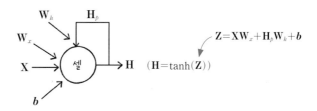

$$\mathbf{Z} = \mathbf{X}\mathbf{W}_x + \mathbf{H}_p\mathbf{W}_h + \boldsymbol{b}$$

$$(\mathbf{H} = \tanh(\mathbf{Z}))$$

입력 $\mathbf{X}$와 이전 타임 스텝의 은닉 상태 $\mathbf{H}_p$에 곱해지는 2개의 가중치 $\mathbf{W}_x$와 $\mathbf{W}_h$ 그리고 절편 $\boldsymbol{b}$를 함께 표시했습니다. 또 순환 신경망의 셀에서는 활성화 함수로 하이퍼볼릭 탄젠트(hyperbolic tangent) 함수를 많이 사용하므로 은닉 상태 $\mathbf{H}$를 계산하는 함수를 tanh로 표현했습니다. 순환층의 셀에서 수행되는 계산이 아주 복잡해 보이지는 않습니다. 그럼 순환층이 하나인 순환 신경망의 정방향 계산과 역방향 계산을 알아보겠습니다.

순환 신경망의 정방향 계산을 알아봅니다

순환 신경망의 정방향 계산을 정리하고 역방향 계산을 유도해 보겠습니다. 다음은 하나의 순환층과 입력층, 출력층을 가진 아주 단순한 순환 신경망을 그림으로 나타낸 것입니다.

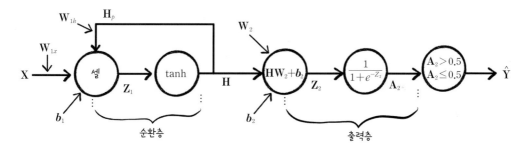

순환층의 셀에서 활성화 함수를 떼어 눈에 잘 보이도록 나타냈습니다. 순환층의 가중치에는 첫 번째 층이라는 의미로 아래 첨자 1을 붙여 $\mathbf{W}_{1x}$, $\mathbf{W}_{1h}$라고 표기했습니다. 위 신경망은 이진 분류 문제를 가정했으므로 출력층의 활성화 함수로 시그모이드 함수를 사용했습니다. 다음은 순환 신경망의 순환층과 출력층의 정방향 계산을 정리한 표입니다.

순환층의 정방향 계산	출력층의 정방향 계산
$\mathbf{Z}_1 = \mathbf{X}\mathbf{W}_{1x} + \mathbf{H}_p\mathbf{W}_{1h} + \boldsymbol{b}_1$ $\mathbf{H} = \tanh(\mathbf{Z}_1)$	$\mathbf{Z}_2 = \mathbf{H}\mathbf{W}_2 + \boldsymbol{b}_2$ $\mathbf{A}_2 = \text{sigmoid}(\mathbf{Z}_2)$

각 층의 정방향 계산식을 알았으니 이제 정방향 계산에 필요한 입력과 가중치의 구조를 알아보겠습니다. 입력 데이터 $\mathbf{X}$의 크기는 (m, n_f)입니다. m은 샘플 개수이고 n_f는 특성 개수입니

다. 지금은 타임 스텝 하나에 대한 입력 데이터의 구조만 알아보고 이후에 타임 스텝을 포함한 입력 데이터의 차원에 대해서도 자세히 알아보겠습니다.

$$\mathbf{X}=\left[\begin{array}{ccccc} \cdot & \cdot & \cdot & \cdot & \cdot \\ \cdot & \cdot & \cdot & \cdot & \cdot \\ \cdot & \cdot & \cdot & \cdot & \cdot \\ \cdot & \cdot & \cdot & \cdot & \cdot \end{array}\right]\Big\} m \ (\text{샘플 개수})$$
$$\underbrace{\hspace{2cm}}_{n_f}$$
$$(\text{특성 개수})$$

입력에 곱해지는 가중치 $\mathbf{W}_{1x}$의 크기는 (n_f, n_c)입니다. 여기에서 n_c는 순환층에 있는 셀의 개수입니다.

$$\mathbf{W}_{1x}=\left[\begin{array}{ccccc} \cdot & \cdot & \cdot & \cdot & \cdot \\ \cdot & \cdot & \cdot & \cdot & \cdot \\ \cdot & \cdot & \cdot & \cdot & \cdot \\ \cdot & \cdot & \cdot & \cdot & \cdot \end{array}\right]\Big\} n_f$$
$$\underbrace{\hspace{2cm}}_{n_c}$$
$$(\text{순환층의 뉴런 개수})$$

입력 데이터 $\mathbf{X}$와 가중치 $\mathbf{W}_{1x}$에 점 곱 연산을 적용한 결과의 크기는 (m, n_c)입니다.

$$\mathbf{X}\mathbf{W}_{1x}=(m,\ n_f)\cdot(n_f,\ n_c)=(m,\ n_c)$$

$\mathbf{X}\mathbf{W}_{1x}$의 크기가 (m, n_c)이므로 $\mathbf{Z}_1$과 $\mathbf{H}$ 그리고 이전 은닉 상태인 $\mathbf{H}_p$ 크기도 (m, n_c)가 될 것입니다. 두 행렬을 곱한 $\mathbf{H}_p\mathbf{W}_{1h}$의 크기는 (m, n_c)가 됩니다. 이를 통해 $\mathbf{H}_p$와 곱해지는 가중치 $\mathbf{W}_{1h}$의 크기가 (n_c, n_c)가 되어야 한다는 것을 알 수 있습니다.

$$\mathbf{H}_p\mathbf{W}_{1h}=(m,\ n_c)\cdot(n_c,\ n_c)=(m,\ n_c)$$

출력층의 계산은 쉽습니다. 출력층으로 전달되는 $\mathbf{H}$의 크기가 (m, n_c)이므로 이와 곱해지는 가중치 $\mathbf{W}_2$의 크기는 $(n_c,$ n_classes$)$입니다. 따라서 $\mathbf{Z}_2$와 $\mathbf{A}_2$의 크기는 $(m,$ n_classes$)$입니다. 이 장에서는 이진 분류를 다루므로 n_classes의 크기는 1이겠네요.

$$\mathbf{H}\mathbf{W}_2=(m,\ n_c)\cdot(n_c,\ 1)=(m,\ 1)$$

순환층과 출력층의 절편 크기는 쉽게 추측할 수 있습니다. 각 층의 뉴런마다 절편이 하나씩 필요하므로 $\boldsymbol{b}_1$의 크기는 $(n_c,)$이고 $\boldsymbol{b}_2$의 크기는 (n_classes,)입니다. 정방향 계산을 따라가며 각 층의 출력 크기를 확인해 보았습니다. 이는 다음 절에서 역방향 계산을 이해하는 데 도움이 될 것입니다. 앞에서 그린 순환 신경망의 전체 구조를 보면서 계산 과정 전체를 따라가 보세요.

순환 신경망의 역방향 계산을 알아봅니다

이제 순환 신경망의 역방향 계산을 알아보겠습니다. 여기서도 미분의 연쇄 법칙을 적용합니다. 이 과정을 통해 이전 타임 스텝의 은닉 상태가 현재 타임 스텝의 은닉 상태에 어떻게 영향을 미치는지 더 잘 이해할 수 있을 것입니다.

가중치 W_2에 대한 손실 함수의 도함수를 구합니다

먼저 가중치 W_2에 대한 손실 함수의 도함수를 알아봅시다. 다음은 가중치 W_2에 대한 손실 함수의 도함수 계산 과정을 그림으로 나타낸 것입니다.

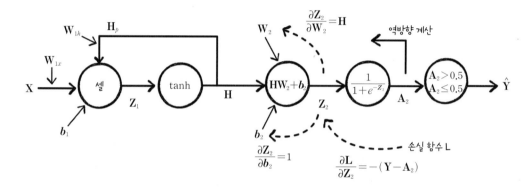

출력층의 가중치 W_2에 대해 손실 함수 L을 미분하기 위해 연쇄 법칙을 적용하여 다음과 같은 도함수를 얻을 수 있다는 것을 알 수 있습니다.

$$\frac{\partial L}{\partial W_2} = \frac{\partial L}{\partial Z_2}\frac{\partial Z_2}{\partial W_2} = H^T(-(Y-A_2))$$

$$\frac{\partial L}{\partial b_2} = \frac{\partial L}{\partial Z_2}\frac{\partial Z_2}{\partial b_2} = 1^T(-(Y-A_2))$$

완전 연결 신경망에 있는 은닉층의 출력 A_1을 셀의 출력 H로 바꾼 것 외에는 동일합니다. 이어서 H에 대한 Z_2의 도함수를 알아봅시다.

H에 대한 Z_2의 도함수를 구합니다

H에 대한 Z_2의 도함수는 어떻게 구할까요? 06장에서 은닉층으로 미분의 연쇄 법칙을 적용했던 것과 마찬가지로 H에 대한 Z_2의 도함수는 출력층의 가중치 W_2가 됩니다.

$$\frac{\partial Z_2}{\partial H} = \frac{\partial}{\partial H}(HW_2+b_2) = W_2$$

$\mathbf{Z}_1$에 대한 $\mathbf{H}$의 도함수를 구합니다

이어서 $\mathbf{Z}_1$에 대한 $\mathbf{H}$의 도함수도 알아봅시다. 여기서는 tanh 함수의 도함수를 유도해야 합니다. tanh 함수는 다음과 같이 정의되므로 07장에서 분수의 도함수를 구했던 방법으로 구합니다.

$$\tanh(x) = \frac{e^x - e^{-x}}{e^x + e^{-x}}$$

분모는 제곱하고 분자는 분모와 분자를 교대로 미분하여 곱한 후 뺍니다. 도함수 유도 과정은 다음과 같습니다.

$$\frac{d\tanh(x)}{dx} = \frac{(e^x + e^{-x})\frac{d}{dx}(e^x - e^{-x}) - (e^x - e^{-x})\frac{d}{dx}(e^x + e^{-x})}{(e^x + e^{-x})^2}$$

$$= \frac{(e^x + e^{-x})^2 - (e^x - e^{-x})^2}{(e^x + e^{-x})^2} = 1 - \left(\frac{e^x - e^{-x}}{e^x + e^{-x}}\right)^2$$

$$= 1 - \tanh^2(x)$$

$\tanh(x)$의 도함수는 $1 - \tanh^2(x)$이군요. 따라서 $\mathbf{Z}_1$에 대한 $\mathbf{H}$의 도함수는 다음과 같습니다.

$$\frac{\partial \mathbf{H}}{\partial \mathbf{Z}_1} = \frac{\partial}{\partial \mathbf{Z}_1}\tanh(\mathbf{Z}_1) = 1 - \tanh^2(\mathbf{Z}_1) = 1 - \mathbf{H}^2$$

지금까지의 도함수를 순환 신경망에 표시하면 다음과 같습니다.

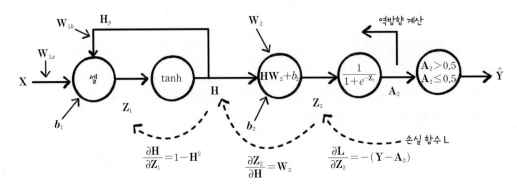

지금까지의 내용을 바탕으로 $\mathbf{Z}_1$에 대한 손실 함수 $\mathbf{L}$의 도함수는 연쇄 법칙을 적용하여 다음과 같이 쓸 수 있습니다.

$$\frac{\partial \mathbf{L}}{\partial \mathbf{Z}_1} = \frac{\partial \mathbf{L}}{\partial \mathbf{Z}_2}\frac{\partial \mathbf{Z}_2}{\partial \mathbf{H}}\frac{\partial \mathbf{H}}{\partial \mathbf{Z}_1} = -(\mathbf{Y} - \mathbf{A}_2)\mathbf{W}_2^{\mathsf{T}}\odot(1 - \mathbf{H}^2)$$

가중치 $\mathbf{W}_{1h}$에 대한 $\mathbf{Z}_1$의 도함수를 구합니다

여기까지는 아주 어렵지 않네요. 이제 가중치 $\mathbf{W}_{1h}$의 업데이트에 사용할 $\mathbf{W}_{1h}$에 대한 $\mathbf{Z}_1$의 도함수(그레이디언트)를 구할 차례입니다. $\mathbf{W}_{1h}$에 대한 $\mathbf{Z}_1$의 도함수는 다음과 같이 계산하면 될 것 같지만 여기에는 함정이 있습니다. 이전 타임 스텝의 은닉 상태 $\mathbf{H}_p$도 $\mathbf{W}_{1h}$를 사용하기 때문에 상수로 취급할 수 없습니다.

$$\frac{\partial \mathbf{Z}_1}{\partial \mathbf{W}_{1h}} = \frac{\partial}{\partial \mathbf{W}_{1h}}(\mathbf{X}\mathbf{W}_{1x} + \mathbf{H}_p\mathbf{W}_{1h} + \boldsymbol{b}_1) = \mathbf{H}_p$$

다음은 현재 타임 스텝의 은닉 상태와 이전 타임 스텝의 은닉 상태를 포함한 순환 신경망의 계산 과정을 동시에 나타낸 것입니다.

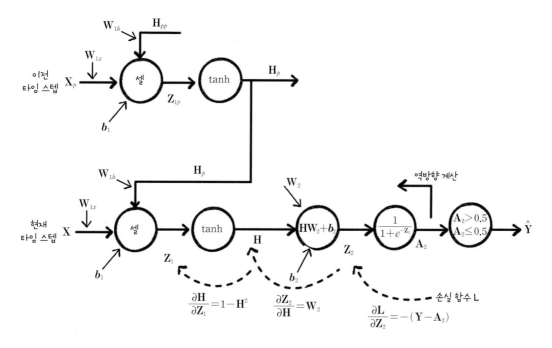

종종 이런 그림을 보고 신경망을 타임 스텝으로 펼쳤다고 말합니다. 그렇다고 정말 무언가를 펼치거나 한 것은 아닙니다. 그림을 보면 이전 타임 스텝의 은닉 상태 $\mathbf{H}_p$도 $\mathbf{W}_{1h}$에 의해 영향을 받고 있다는 것을 쉽게 알 수 있습니다. $\mathbf{H}_p$는 다음과 같은 식으로 계산됩니다.

$$\mathbf{Z}_{1p} = \mathbf{X}_p\mathbf{W}_{1x} + \mathbf{H}_{pp}\mathbf{W}_{1h} + \boldsymbol{b}_1$$
$$\mathbf{H}_p = \tanh(\mathbf{Z}_{1p})$$

이전 타임 스텝의 값을 나타내기 위해 아래 첨자에 p를 추가했습니다. 정리하면 $\mathbf{H}_p$는 이전 타임 스텝의 입력 $\mathbf{X}_p$와 두 타임 스텝 이전의 은닉 상태 $\mathbf{H}_{pp}$를 사용해 계산합니다. 여기서 중요한 점은 타임 스텝마다 같은 가중치를 사용한다는 점입니다. 즉, 각 타임 스텝의 은닉 상태를 계산하기 위해 사용하는 $\mathbf{W}_{1x}$, $\mathbf{W}_{1h}$, $\boldsymbol{b}_1$은 동일합니다. 가중치는 훈련 데이터에 있는 시퀀스를 차례대로 모두 진행한 후 마지막에 업데이트됩니다. $\mathbf{H}_p$가 $\mathbf{W}_{1h}$의 함수이므로 상수처럼 취급하면 안 되겠네요. 미분의 곱셈 법칙을 사용하여 도함수를 다시 계산해 보겠습니다.

$$\frac{\partial \mathbf{Z}_1}{\partial \mathbf{W}_{1h}} = \frac{\partial}{\partial \mathbf{W}_{1h}}(\mathbf{X}\mathbf{W}_{1x} + \mathbf{H}_p\mathbf{W}_{1h} + \boldsymbol{b}_1) = \frac{\partial}{\partial \mathbf{W}_{1h}}(\mathbf{H}_p\mathbf{W}_{1h}) = \mathbf{H}_p\frac{\partial \mathbf{W}_{1h}}{\partial \mathbf{W}_{1h}} + \mathbf{W}_{1h}\frac{\partial \mathbf{H}_p}{\partial \mathbf{W}_{1h}}$$

$$= \mathbf{H}_p + \mathbf{W}_{1h}\frac{\partial \mathbf{H}_p}{\partial \mathbf{W}_{1h}}$$

첫 번째 항은 $\mathbf{H}_p$를 상수처럼 취급하고 두 번째 항은 $\mathbf{W}_{1h}$를 상수처럼 취급합니다. 이제 $\frac{\partial \mathbf{H}_p}{\partial \mathbf{W}_{1h}}$에 연쇄 법칙을 적용하여 더 자세히 나타내 보겠습니다.

$$\frac{\partial \mathbf{Z}_1}{\partial \mathbf{W}_{1h}} = \mathbf{H}_p + \mathbf{W}_{1h}\frac{\partial \mathbf{H}_p}{\partial \mathbf{Z}_{1p}}\frac{\partial \mathbf{Z}_{1p}}{\partial \mathbf{W}_{1h}}$$

활성화 함수 tanh의 미분을 앞에서 유도해 보았기 때문에 $\frac{\partial \mathbf{H}_p}{\partial \mathbf{Z}_{1p}}$를 다음과 같이 나타낼 수 있습니다.

$$\frac{\partial \mathbf{Z}_1}{\partial \mathbf{W}_{1h}} = \mathbf{H}_p + \frac{\partial \mathbf{Z}_{1p}}{\partial \mathbf{W}_{1h}}\mathbf{W}_{1h}\odot(1 - \mathbf{H}_p^2)$$

앞에서 보았듯이 $\mathbf{Z}_{1p}$는 $\mathbf{W}_{1h}$의 함수입니다. 따라서 앞에서 했던 방식을 그대로 이전 타임 스텝에 대해 반복하면 다음과 같은 식을 얻을 수 있습니다.

$$\frac{\partial \mathbf{Z}_1}{\partial \mathbf{W}_{1h}} = \mathbf{H}_p + (\mathbf{H}_{pp} + \frac{\partial \mathbf{Z}_{1pp}}{\partial \mathbf{W}_{1h}}\mathbf{W}_{1h}\odot(1 - \mathbf{H}_{pp}^2))\mathbf{W}_{1h}\odot(1 - \mathbf{H}_p^2)$$

결과를 보니 또 $\frac{\partial \mathbf{Z}_{1pp}}{\partial \mathbf{W}_{1h}}$가 있군요. 두 타임 스텝 이전의 셀 출력도 역시 가중치 $\mathbf{W}_{1h}$에 대해 미분해야 합니다. 그러면 또다시 $\mathbf{W}_{1h}$에 대한 $\mathbf{Z}_1$의 미분이 반복됩니다. 이런 식으로 순환 신경망에 주입한 모든 타임 스텝을 거슬러 올라갈 때까지 계속됩니다. 이를 시간을 거슬러 역전파(Backpropagation Through Time; BPTT)된다고 말합니다. 순환 구조 때문에 셀의 가중치에 대한 손실 함수를 구하려면 어쩔 수 없이 타임 스텝을 거슬러 역전파할 수밖에 없습니다. 여기에서 한 가지 주목해야 할 점이 있습니다. 이전 신경망을 구현할 때와 달리 순환 신경망의 역전파를 구현하려면 각 타임 스텝마다 셀의 출력을 모두 기록해서 가지고 있어야 합니다. $\mathbf{H}_p$, $\mathbf{H}_{pp}$, $\mathbf{H}_{ppp}$, $\cdots$ 등과 같이 말이죠. 앞 식이 복잡하지만 두 번째 항의 괄호를 풀면 다음과 같이 일정한 패턴이 나타나는 걸 볼 수 있습니다.

$$\frac{\partial \mathbf{Z}_1}{\partial \mathbf{W}_{1h}} = \mathbf{H}_p + \mathbf{H}_{pp}\mathbf{W}_{1h} \odot (1 - \mathbf{H}_p^2) + \mathbf{H}_{ppp}\mathbf{W}_{1h} \odot (1 - \mathbf{H}_p^2)\mathbf{W}_{1h} \odot (1 - \mathbf{H}_{pp}^2) + \cdots$$

차원을 맞추기 위해 점 곱과 원소별 곱셈을 적절히 사용했습니다. 정리된 식을 보면 가중치 $\mathbf{W}_{1h}$와 tanh 함수의 도함수인 $1 - \mathbf{H}^2$이 계속 곱해지면서 더해지는 것을 볼 수 있습니다.

가중치 $\mathbf{W}_{1x}$에 대한 $\mathbf{Z}_1$의 도함수를 구합니다

다음은 가중치 $\mathbf{W}_{1x}$에 그레이디언트를 업데이트하기 위해 $\mathbf{W}_{1x}$에 대한 $\mathbf{Z}_1$의 도함수를 구할 차례입니다.

$$\frac{\partial \mathbf{Z}_1}{\partial \mathbf{W}_{1x}} = \frac{\partial}{\partial \mathbf{W}_{1x}}(\mathbf{X}\mathbf{W}_{1x} + \mathbf{H}_p\mathbf{W}_{1h} + \boldsymbol{b}_1)$$

첫 번째 항의 도함수는 $\mathbf{X}$이고 $\boldsymbol{b}_1$은 $\mathbf{W}_{1x}$의 함수가 아니므로 지워집니다. 문제는 두 번째 항이네요. $\mathbf{H}_p$가 $\mathbf{W}_{1x}$의 함수이기 때문입니다. $\mathbf{W}_{1h}$에 대한 $\mathbf{Z}_1$의 도함수를 구했을 때처럼 전개해 보겠습니다.

$$\frac{\partial \mathbf{Z}_1}{\partial \mathbf{W}_{1x}} = \mathbf{X} + \mathbf{W}_{1h}\frac{\partial \mathbf{H}_p}{\partial \mathbf{W}_{1x}} = \mathbf{X} + \mathbf{W}_{1h}\frac{\partial \mathbf{H}_p}{\partial \mathbf{Z}_{1p}}\frac{\partial \mathbf{Z}_{1p}}{\partial \mathbf{W}_{1x}} = \mathbf{X} + \frac{\partial \mathbf{Z}_{1p}}{\partial \mathbf{W}_{1x}}\mathbf{W}_{1h} \odot (1 - \mathbf{H}_p^2)$$

역시 $\dfrac{\partial \mathbf{Z}_{1p}}{\partial \mathbf{W}_{1x}}$가 반복되겠군요. 손실 함수를 포함하여 한 타임 스텝을 더 전개해 보겠습니다.

$$\frac{\partial \mathbf{L}}{\partial \mathbf{Z}_1}\frac{\partial \mathbf{Z}_1}{\partial \mathbf{W}_{1x}} = \frac{\partial \mathbf{L}}{\partial \mathbf{Z}_1}\left(\mathbf{X} + (\mathbf{X}_p + \frac{\partial \mathbf{Z}_{1pp}}{\partial \mathbf{W}_{1x}}\mathbf{W}_{1h} \odot (1 - \mathbf{H}_{pp}^2))\mathbf{W}_{1h} \odot (1 - \mathbf{H}_p^2)\right)$$

여기에서도 두 번째 항의 괄호를 풀어 정리해 보겠습니다. 앞의 $\dfrac{\partial \mathbf{Z}_1}{\partial \mathbf{W}_{1h}}$에서 보았던 패턴을 볼 수 있습니다.

$$\frac{\partial L}{\partial Z_1}\frac{\partial Z_1}{\partial W_{1x}} = \frac{\partial L}{\partial Z_1}(X + X_p W_{1h} \odot (1 - H_p^2) + X_{pp} W_{1h} \odot (1 - H_p^2)W_{1h} \odot (1 - H_{pp}^2 + \cdots)$$

절편 b_1에 대한 $\mathbf{Z}_1$의 도함수를 구합니다

마지막으로 절편 b_1에 대한 $\mathbf{Z}_1$의 도함수를 구하겠습니다. 여기서도 마찬가지로 $\mathbf{H}_p$가 b_1의 함수이기 때문에 비슷한 전개 과정을 거칩니다.

$$\frac{\partial \mathbf{Z}_1}{\partial b_1} = \frac{\partial}{\partial b_1}(\mathbf{X}\mathbf{W}_{1x} + \mathbf{H}_p\mathbf{W}_{1h} + b_1) = \mathbf{W}_{1h}\frac{\partial \mathbf{H}_p}{\partial b_1} + \frac{\partial b_1}{\partial b_1} = 1 + \mathbf{W}_{1h}\frac{\partial \mathbf{H}_p}{\partial \mathbf{Z}_{1p}}\frac{\partial \mathbf{Z}_{1p}}{\partial b_1}$$

$$= 1 + \frac{\partial \mathbf{Z}_{1p}}{\partial b_1}\mathbf{W}_{1h}\odot(1-\mathbf{H}_p^2)$$

앞에서와 같이 손실 함수를 포함하여 한 타임 스텝을 더 전개해 보겠습니다.

$$\frac{\partial \mathbf{L}}{\partial \mathbf{Z}_1}\frac{\partial \mathbf{Z}_1}{\partial b_1} = \frac{\partial \mathbf{L}}{\partial \mathbf{Z}_1}\left(1 + \left(1 + \frac{\partial \mathbf{Z}_{1pp}}{\partial b_1}\mathbf{W}_{1h}\odot(1-\mathbf{H}_{pp}^2)\mathbf{W}_{1h}\odot(1-\mathbf{H}_p^2)\right)\right)$$

$$= \frac{\partial \mathbf{L}}{\partial \mathbf{Z}_1}\left(1 + \mathbf{W}_{1h}\odot(1-\mathbf{H}_p^2) + \mathbf{W}_{1h}\odot(1-\mathbf{H}_p^2)\mathbf{W}_{1h}\odot(1-\mathbf{H}_{pp}^2) + \cdots\right)$$

지금까지 순환 신경망에서 역전파를 구현하기 위한 공식을 유도해 보았습니다. 그리고 출력층의 가중치에 대한 도함수를 구하고 그 다음 순환 셀 직전까지 역전파된 그레이디언트 $\frac{\partial \mathbf{L}}{\partial \mathbf{Z}_1}$를 구했습니다. 마지막에 순환 셀의 가중치에 대한 $\mathbf{Z}_1$의 도함수 $\frac{\partial \mathbf{Z}_1}{\partial \mathbf{W}_{1h}}$, $\frac{\partial \mathbf{Z}_1}{\partial \mathbf{W}_{1x}}$, $\frac{\partial \mathbf{Z}_1}{\partial b_1}$를 구했습니다. 09-2절에서는 순환 신경망을 구현할 때 그레이디언트 $\frac{\partial \mathbf{L}}{\partial \mathbf{Z}_1}$를 err_to_cell이라고 표현합니다. 가중치 $\mathbf{W}_{1x}$, $\mathbf{W}_{1h}$, b_1에 업데이트할 최종 그레이디언트는 err_to_cell과 $\frac{\partial \mathbf{Z}_1}{\partial \mathbf{W}_{1h}}$, $\frac{\partial \mathbf{Z}_1}{\partial \mathbf{W}_{1x}}$, $\frac{\partial \mathbf{Z}_1}{\partial b_1}$를 곱해서 구합니다. 이제 순환 신경망을 구현하기 위한 모든 준비를 마쳤습니다. 다음 절에서는 순환 신경망을 위해 사용할 데이터에 대해 먼저 살펴보고 이 공식을 코드에 적용해 보겠습니다.

09-2 순환 신경망을 만들고 텍스트를 분류합니다

이제 순환 신경망을 구현할 준비가 되었습니다. 여기서 다루게 될 데이터는 텍스트 데이터입니다. 텍스트 데이터를 순환 신경망에 사용하기 위해서는 적절한 방법으로 변환해야 합니다. 먼저 텍스트 데이터를 변환하는 방법을 알아보고 그런 다음 앞에서 유도한 경사 하강법 공식으로 순환 신경망 클래스를 구현해 보겠습니다.

훈련 세트와 검증 세트를 준비합니다

IMDB 데이터 세트는 인터넷 영화 데이터베이스(Internet Movie Database)에서 수집한 영화 리뷰 데이터입니다. 순환 신경망으로 이 리뷰들이 긍정적인지 부정적인지를 판별하겠습니다. 즉, 이진 분류 문제를 해결해 보겠습니다. IMDB 데이터 세트는 훈련 세트 25,000개, 테스트 세트 25,000개로 구성되어 있으며 훈련 세트에서 5,000개의 세트를 분리하여 검증 세트로 사용합니다.

1. 텐서플로에서 IMDB 데이터 세트 불러오기

IMDB 데이터 세트는 텐서플로에서 바로 불러올 수 있습니다. 다음 코드를 실행하면 IMDB 데이터 세트를 인터넷에서 내려받을 수 있습니다. IMDB 데이터 세트는 리뷰에 포함된 80,000개 이상의 단어를 고유한 정수로 미리 바꾸어 놓았습니다.

```
import numpy as np
from tensorflow.keras.datasets import imdb

(x_train_all, y_train_all), (x_test, y_test) = imdb.load_data(skip_top=20, num_words=100)
```

load_data( ) 함수의 매개변수를 간단히 설명하겠습니다. skip_top 매개변수에는 가장 많이 등장한 단어들 중 건너뛸 단어의 개수를 지정할 수 있습니다. 예를 들어 a, the, is 등과 같은 단어들은 영화 리뷰에 많이 등장하지만 분석에 유용하지 않으므로 건너뜁니다. num_words 매개변수는 훈련에 사용할 단어의 개수를 지정합니다. 이 실습에서는 메모리를 절약하기 위해 num_words에 100을 지정했습니다.

2. 데이터 세트를 불러왔으므로 훈련 세트의 크기도 확인해 보겠습니다.

```
print(x_train_all.shape, y_train_all.shape)

(25000,) (25000,)
```

3. 훈련 세트의 샘플 확인하기

훈련 세트의 샘플을 확인해 보면 영단어가 아니라 정수가 나타납니다. 이 정수들은 영단어를 고유한 정수에 일대일 대응한 것으로, BoW(Bag of Word) 혹은 어휘 사전이라고 부릅니다. 훈련 세트에서 눈에 띄는 숫자인 2는 어휘 사전에 없는 단어를 의미합니다. 가장 많이 등장하는 영단어 20개를 건너뛰고 100개의 단어만 선택했기 때문에 사전에 없는 영단어가 많습니다.

```
print(x_train_all[0])

[2, 2, 22, 2, 43, 2, 2, 2, 2, 65, 2, 2, 66, 2, 2, 2, 36, 2, 2, 25, 2, 43, 2, 2, 50, 2, 2,
2, 35, 2, 2, 2, 2, 2, 2, 2, 2, 2, 2, 2, 39, 2, 2, 2, 2, 2, 2, 38, 2, 2, 2, 2, 50, 2, 2,
2, 2, 2, 2, 22, 2, 2, 2, 2, 2, 22, 71, 87, 2, 2, 43, 2, 38, 76, 2, 2, 2, 2, 22, 2, 2, 2,
2, 2, 2, 2, 2, 2, 62, 2, 2, 2, 2, 2, 2, 2, 2, 2, 2, 2, 66, 2, 33, 2, 2, 2, 38, 2,
2, 25, 2, 51, 36, 2, 48, 25, 2, 33, 2, 22, 2, 2, 28, 77, 52, 2, 2, 2, 2, 82, 2, 2, 2, 2,
2, 2, 2, 2, 2, 2, 2, 2, 2, 2, 36, 71, 43, 2, 2, 26, 2, 2, 46, 2, 2, 2, 2, 2, 88, 2, 2,
2, 2, 98, 32, 2, 56, 26, 2, 2, 2, 2, 2, 2, 2, 22, 21, 2, 2, 26, 2, 2, 2, 30, 2, 2, 51, 36,
28, 2, 92, 25, 2, 2, 2, 65, 2, 38, 2, 88, 2, 2, 2, 2, 2, 2, 2, 2, 32, 2, 2, 2, 2, 2, 32]
```

4. 훈련 세트에서 2 제외하기

숫자 2는 어휘 사전에 없는 단어입니다. 추가로 0과 1은 각각 패딩과 글의 시작을 나타내는 데 사용합니다. 이 숫자들을 제외하고 훈련 세트를 만듭니다.

```
for i in range(len(x_train_all)):
    x_train_all[i] = [w for w in x_train_all[i] if w > 2]

print(x_train_all[0])

[22, 43, 65, 66, 36, 25, 43, 50, 35, 39, 38, 50, 22, 22, 71, 87, 43, 38, 76, 22, 62, 66,
33, 38, 25, 51, 36, 48, 25, 33, 22, 28, 77, 52, 82, 36, 71, 43, 26, 46, 88, 98, 32, 56,
26, 22, 21, 26, 30, 51, 36, 28, 92, 25, 65, 38, 88, 32, 32]
```

5. 어휘 사전 내려받기

훈련 세트를 쉽게 이해할 수 있도록 영단어로 바꿔보겠습니다. 정수를 영단어로 바꾸려면 어휘 사전이 필요합니다. 어휘 사전은 get_word_index( ) 함수로 내려받을 수 있습니다. 이 함수는 영단어와 정수로 구성된 딕셔너리를 반환합니다. 다음은 어휘 사전을 내려받은 다음 딕셔너리의 키 값을 movie로 지정하여 값을 출력한 것입니다. movie라는 영단어는 17이라는 정수에 대응되어 있음을 알 수 있습니다.

```
word_to_index = imdb.get_word_index( )
word_to_index['movie']
```

```
17
```

6. 훈련 세트의 정수를 영단어로 변환하기

훈련 세트에 있는 정수는 3 이상부터 영단어를 의미하므로 3을 뺀 값을 어휘 사전의 인덱스로 사용해야 합니다. 훈련 세트를 영단어로 변환하여 출력해 보겠습니다.

```
index_to_word = {word_to_index[k]: k for k in word_to_index}

for w in x_train_all[0]:
    print(index_to_word[w - 3], end=' ')
```

```
film just story really they you just there an from so there film film were great just so
much film would really at so you what they if you at film have been good also they were
just are out because them all up are film but are be what they have don't you story so
because all all
```

7. 훈련 샘플의 길이 확인하기

훈련 세트의 입력 데이터는 넘파이 배열이 아니라 파이썬 리스트입니다. 각 리뷰들의 길이가 달라 샘플의 길이가 다르기 때문입니다. 두 샘플의 길이를 직접 확인해 보겠습니다.

```
print(len(x_train_all[0]), len(x_train_all[1]))
```

```
59 32
```

첫 번째 샘플과 두 번째 샘플의 길이는 각각 59과 32입니다. 길이에 큰 차이가 있네요. 샘플의 길이가 다르면 모델을 제대로 훈련시킬 수 없습니다. 잠시 후에 이런 문제를 어떻게 해결하는지 알아보겠습니다.

8. 훈련 세트의 타깃 데이터 확인하기

타깃 데이터도 확인해 보겠습니다. 이진 분류 문제이므로 타깃 데이터는 1과 0으로 영화 리뷰가 긍정(1)인지 부정(0)인지를 나타냅니다.

```
print(y_train_all[:10])

[1 0 0 1 0 0 1 0 1 0]
```

9. 검증 세트를 준비합니다

25,000개의 훈련 세트 중 5,000개만 분리하여 검증 세트로 사용하겠습니다. 넘파이 permutation( ) 함수를 사용하여 25,000개의 인덱스를 섞은 후 앞의 20,000개는 훈련 세트로, 나머지는 검증 세트로 분리합니다.

```
np.random.seed(42)
random_index = np.random.permutation(25000)

x_train = x_train_all[random_index[:20000]]
y_train = y_train_all[random_index[:20000]]
x_val = x_train_all[random_index[20000:]]
y_val = y_train_all[random_index[20000:]]
```

샘플의 길이 맞추기

앞에서 샘플의 길이를 맞출 방법이 필요하다고 이야기했습니다. 여기서는 일정 길이가 넘으면 샘플을 잘라버리고 길이가 모자라면 0으로 채웁니다. 다음은 샘플의 길이를 7로 동일하게 만들기 위해 두 문장을 0으로 채우거나 자른 예입니다.

앞 그림에서 주목해야 할 점은 길이가 7 이하인 샘플의 왼쪽에 0을 추가했다는 것입니다. 만약 오른쪽에 0을 추가하면 이후 샘플이 순환 신경망에 주입될 때 0이 마지막에 주입되므로 모델의 성능이 좋지 않을 것입니다.

1. 텐서플로로 샘플의 길이 맞추기

텐서플로에는 샘플의 길이를 맞추는 작업을 하기 위한 도구가 이미 준비되어 있습니다. 최대 길이를 100으로 설정하여 길이가 동일한 2개의 넘파이 배열 x_train_seq, x_val_seq를 만듭니다.

```
from tensorflow.keras.preprocessing import sequence

maxlen=100
x_train_seq = sequence.pad_sequences(x_train, maxlen=maxlen)
x_val_seq = sequence.pad_sequences(x_val, maxlen=maxlen)
```

2. 길이를 조정한 훈련 세트의 크기와 샘플 확인하기

훈련 세트의 크기를 확인하면 과정 **1**에서 지정한 값으로 샘플의 길이가 변경되었습니다.

```
print(x_train_seq.shape, x_val_seq.shape)

(20000, 100) (5000, 100)
```

샘플의 길이를 변경한 훈련 세트의 첫 번째 샘플을 확인하면 왼쪽에 0이 채워져 있습니다.

```
print(x_train_seq[0])

[ 0  0  0  0  0  0  0  0  0  0  0  0  0  0  0  0  0  0  0  0  0  0  0  0  0
  0  0  0  0  0  0  0  0  0  0  0  0  0  0  0  0  0  0  0  0  0  0  0  0  0
  0  0  0  0  0  0  0  0  0  0  0  0 35 40 27 28 40 22 83 31 85 45
 24 23 31 70 31 76 30 98 32 22 28 51 75 56 30 33 97 53 38 46 53 74 31 35
 23 34 22 58]
```

샘플을 원-핫 인코딩하기

훈련 데이터를 준비하기 위한 마지막 작업은 정수 데이터를 원-핫 인코딩하는 것입니다.

1. 텐서플로로 원-핫 인코딩하기

텐서플로의 to_categorical( ) 함수를 사용하면 원-핫 인코딩을 손쉽게 처리할 수 있습니다.

```
from tensorflow.keras.utils import to_categorical

x_train_onehot = to_categorical(x_train_seq)
x_val_onehot = to_categorical(x_val_seq)
```

2. 원-핫 인코딩으로 변환된 변수 x_train_onehot의 크기를 확인해 보겠습니다. 20,000개의 샘플이 100 차원으로 원-핫 인코딩되었습니다.

```
print(x_train_onehot.shape)

(20000, 100, 100)
```

3. 샘플을 100개의 단어로 제한했지만 x_train_onehot의 크기를 확인해 보면 760MB에 다다릅니다. 훈련에 사용할 단어의 개수가 늘어나면 컴퓨터의 메모리가 더 필요합니다.

```
print(x_train_onehot.nbytes)

800000000
```

이제 훈련을 위한 데이터가 준비되었으므로 순환 신경망 클래스를 구현해 보겠습니다.

순환 신경망 클래스 구현하기

이제 06장에서 구현했던 MiniBatchNetwork 클래스를 기반으로 순환 신경망을 파이썬으로 직접 구현해 보겠습니다. 여기서는 중요한 수정 부분만 설명하겠습니다. 나머지 부분은 실습 마지막에 있는 전체 코드를 참고하세요.

1. __init__( ) 메서드 수정하기

__init__( ) 메서드는 은닉층의 개수 대신 셀 개수를 입력 받습니다. 그리고 셀에 필요한 가중치 w1h, w1x를 선언합니다. 또 타임 스텝을 거슬러 그레이디언트를 전파하려면 순환층의 활성화 출력을 모두 가지고 있어야 하므로 변수 h를 선언합니다.

```
def __init__(self, n_cells=10, batch_size=32, learning_rate=0.1):
    self.n_cells = n_cells          # 셀 개수
    self.batch_size = batch_size    # 배치 크기
    self.w1h = None                 # 은닉 상태에 대한 가중치
    self.w1x = None                 # 입력에 대한 가중치
    self.b1 = None                  # 순환층의 절편
    self.w2 = None                  # 출력층의 가중치
    self.b2 = None                  # 출력층의 절편
    self.h = None                   # 순환층의 활성화 출력
    self.losses = []                # 훈련 손실
    self.val_losses = []            # 검증 손실
    self.lr = learning_rate         # 학습률
```

2. 직교 행렬 방식으로 가중치 초기화하기

08장에서 글로럿 초기화 방식으로 가중치를 초기화하며 가중치 초기화의 중요성을 설명했습니다. 순환 신경망에서는 직교 행렬 초기화(orthogonal initialization)를 사용합니다. 직교 행렬 초기화는 순환 셀에서 은닉 상태를 위한 가중치가 반복해서 곱해질 때 너무 커지거나 작아지지 않도록 만들어줍니다. 텐서플로가 제공하는 가중치 초기화 클래스는 tensorflow.initializer 모듈에 들어 있으며 직교 행렬 초기화는 Orthogonal 클래스로 제공합니다. Orthogonal 클래스의 객체를 만든 다음 생성하려는 가중치 행렬의 크기를 입력하면 가중치의 값이 초기화된 텐서가 반환됩니다. numpy( ) 메서드를 사용해 텐서를 넘파이 배열로 변환하여 가중치 변수에 저장합니다.

```
def init_weights(self, n_features, n_classes):
    orth_init = tf.initializers.Orthogonal( )
    glorot_init = tf.initializers.GlorotUniform( )

    self.w1h = orth_init((self.n_cells, self.n_cells)).numpy( )      # (셀 개수, 셀 개수)
    self.w1x = glorot_init((n_features, self.n_cells)).numpy( )      # (특성 개수, 셀 개수)
    self.b1 = np.zeros(self.n_cells)                                 # 은닉층의 크기
    self.w2 = glorot_init((self.n_cells, n_classes)).numpy( )        # (셀 개수, 클래스 개수)
    self.b2 = np.zeros(n_classes)
```

3. 정방향 계산 구현하기

정방향 계산을 forpass( ) 메서드에 구현하겠습니다. 순환 신경망의 정방향 계산을 구현한 코드는 짧지만 분리해서 설명하겠습니다.

```
def forpass(self, x):
    self.h = [np.zeros((x.shape[0], self.n_cells))]    # 은닉 상태를 초기화합니다.
    ...
```

각 타임 스텝의 은닉 상태를 저장하기 위한 변수 h를 초기화합니다. 이때 은닉 상태의 크기는 (샘플 개수, 셀 개수)입니다. 역전파 과정을 진행할 때 이전 타임 스텝의 은닉 상태를 사용합니다. 첫 번째 타임 스텝의 이전 은닉 상태는 없으므로 변수 h의 첫 번째 요소에 0으로 채워진 배열을 추가합니다.

4. 그런 다음 넘파이의 swapaxes( ) 함수를 사용하여 입력 x의 첫 번째 배치 차원과 두 번째 타임 스텝 차원을 바꿉니다. 잠시 배치 차원과 타임 스텝 차원을 바꾸는 이유에 대해 설명하겠습니다.

```
...
# 배치 차원과 타임 스텝 차원을 바꿉니다.
seq = np.swapaxes(x, 0, 1)
...
```

입력 x는 여러 개의 샘플이 담긴 미니 배치입니다. 정방향 계산을 할 때는 한 샘플의 모든 타임 스텝을 처리하고 그 다음에 샘플을 처리하는 방식이 아닙니다. 미니 배치 안에 있는 모든 샘플의 첫 번째 타임 스텝을 한 번에 처리하고 두 번째 타임 스텝을 한 번에 처리해야 합니다. 이를 손쉽게 구현하기 위해 배치 차원과 타임 스텝 차원을 바꾼 것입니다.

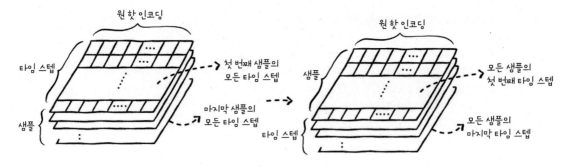

5. 마지막으로 각 샘플의 모든 타임 스텝에 대한 정방향 계산을 수행합니다. 셀에서 계산된 은닉 상태는 변수 h에 순서대로 추가됩니다.

```
...
# 순환층의 선형식을 계산합니다.
for x in seq:
    z1 = np.dot(x, self.w1x) + np.dot(self.h[-1], self.w1h) + self.b1
    h = np.tanh(z1)                       # 활성화 함수를 적용합니다.
    self.h.append(h)                      # 역전파를 위해 은닉 상태를 저장합니다.
    z2 = np.dot(h, self.w2) + self.b2     # 출력층의 선형식을 계산합니다.
return z2
```

6. 역방향 계산 구현하기

이제 역방향 계산을 위한 backprop( ) 메서드를 구현하겠습니다. 여기서도 모든 샘플의 타임 스텝을 한 번에 처리하기 위해 배치 차원과 타임 스텝 차원을 바꾸었습니다. err_to_cell 변수에 저장되는 값은 Z_1에 대하여 손실 함수를 미분한 도함수의 결괏값입니다.

```
def backprop(self, x, err):
    m = len(x)          # 샘플 개수

    # 출력층의 가중치와 절편에 대한 그레이디언트를 계산합니다.
    w2_grad = np.dot(self.h[-1].T, err) / m
    b2_grad = np.sum(err, axis=0) / m
    # 배치 차원과 타임 스텝 차원을 바꿉니다.
    seq = np.swapaxes(x, 0, 1)

    w1h_grad = w1x_grad = b1_grad = 0
    # 셀 직전까지 그레이디언트를 계산합니다.
    err_to_cell = np.dot(err, self.w2.T) * (1 - self.h[-1] ** 2)
    # 모든 타임 스텝을 거슬러 가면서 그레이디언트를 전파합니다.
    for x, h in zip(seq[::-1][:10], self.h[:-1][::-1][:10]):
        w1h_grad += np.dot(h.T, err_to_cell)
        w1x_grad += np.dot(x.T, err_to_cell)
        b1_grad += np.sum(err_to_cell, axis=0)
        # 이전 타임 스텝의 셀 직전까지 그레이디언트를 계산합니다.
        err_to_cell = np.dot(err_to_cell, self.w1h) * (1 - h ** 2)

    w1h_grad /= m
    w1x_grad /= m
    b1_grad /= m

    return w1h_grad, w1x_grad, b1_grad, w2_grad, b2_grad
```

for문에는 슬라이싱 연산이 사용되었습니다. 그레이디언트는 마지막 타임 스텝부터 거꾸로 적용해야 하므로 seq[::-1]을 사용했습니다. 은닉 상태를 저장한 h 변수의 마지막 항목은 for 문 이전에 err_to_cell 변수를 계산하기 위해 사용했기 때문에 이를 제외하고 self.h[:-1][::-1]와 같이 거꾸로 뒤집었습니다. seq 넘파이 배열과 self.h 리스트를 거꾸로 뒤집은 다음 모든 타임 스텝을 거슬러 올라가지 않습니다. 딱 10개의 타임 스텝만 거슬러 진행합니다. 왜 이렇게 만들었을까요? 순환 신경망은 타임 스텝을 거슬러 올라가며 그레이디언트를 전파할 때 동일한 가중치를 반복적으로 곱합니다. 이로 인해 그레이디언트가 너무 커지거나 작아지는 문제가 발생하기 쉽습니다. 이를 방지하기 위해 그레이디언트를 전파하는 타임 스텝의 수를 제한해야 하는데, 이를 TBPTT(Truncated Backpropagation Through Time)라고 부릅니다. 그 다음 for문에서는 $\mathbf{W}_{1h}$의 그레이디언트(w1h_grad)를 구하기 위해 $\mathbf{Z}_1$에 대한 손실 함수의 미분값(err_to_cell)에 다음 식을 곱합니다.

$$\frac{\partial \mathbf{Z}_1}{\partial \mathbf{W}_{1h}} = \mathbf{H}_p + \mathbf{H}_{pp}\mathbf{W}_{1h}\odot(1-\mathbf{H}_p^2) + \mathbf{H}_{ppp}\mathbf{W}_{1h}\odot(1-\mathbf{H}_p^2)\odot\mathbf{W}_{1h}\odot(1-\mathbf{H}_{pp}^2) + \cdots$$

타임 스텝이 거슬러 가며 진행될 때마다 err_to_cell에 $\mathbf{W}_{1h}\odot(1-\mathbf{H}_p^2)$ 형태를 반복해서 곱함으로써 w1h_grad를 구하는 식을 $\mathbf{H}$와 err_to_cell 만의 곱으로 단순화시켰습니다. 마찬가지로 $\mathbf{W}_{1x}$의 그레이디언트(w1x_grad)와 $\boldsymbol{b}_1$의 그레이디언트(b1_grad)도 누적된 err_to_cell 변수를 사용하여 손쉽게 계산할 수 있습니다.

7. 나머지 메서드 수정하기

나머지 다른 메서드들은 06~07장에서 구현한 것과 거의 차이가 없습니다. RecurrentNetwork 클래스의 전체 코드는 다음과 같습니다.

```python
class RecurrentNetwork:

    def __init__(self, n_cells=10, batch_size=32, learning_rate=0.1):
        self.n_cells = n_cells        # 셀 개수
        self.batch_size = batch_size   # 배치 크기
        self.w1h = None               # 은닉 상태에 대한 가중치
        self.w1x = None               # 입력에 대한 가중치
        self.b1 = None                # 순환층의 절편
        self.w2 = None                # 출력층의 가중치
        self.b2 = None                # 출력층의 절편
        self.h = None                 # 순환층의 활성화 출력
        self.losses = []              # 훈련 손실
        self.val_losses = []          # 검증 손실
        self.lr = learning_rate       # 학습률
```

```python
    def forpass(self, x):
        self.h = [np.zeros((x.shape[0], self.n_cells))]    # 은닉 상태를 초기화합니다.
        # 배치 차원과 타임 스텝 차원을 바꿉니다.
        seq = np.swapaxes(x, 0, 1)
        # 순환층의 선형식을 계산합니다.
        for x in seq:
            z1 = np.dot(x, self.w1x) + np.dot(self.h[-1], self.w1h) + self.b1
            h = np.tanh(z1)                        # 활성화 함수를 적용합니다.
            self.h.append(h)                       # 역전파를 위해 은닉 상태를 저장합니다.
            z2 = np.dot(h, self.w2) + self.b2  # 출력층의 선형식을 계산합니다.
        return z2

    def backprop(self, x, err):
        m = len(x)        # 샘플 개수

        # 출력층의 가중치와 절편에 대한 그레이디언트를 계산합니다.
        w2_grad = np.dot(self.h[-1].T, err) / m
        b2_grad = np.sum(err, axis=0) / m
        # 배치 차원과 타임 스텝 차원을 바꿉니다.
        seq = np.swapaxes(x, 0, 1)

        w1h_grad = w1x_grad = b1_grad = 0
        # 셀 직전까지 그레이디언트를 계산합니다.
        err_to_cell = np.dot(err, self.w2.T) * (1 - self.h[-1] ** 2)
        # 모든 타임 스텝을 거슬러 가면서 그레이디언트를 전파합니다.
        for x, h in zip(seq[::-1][:10], self.h[:-1][::-1][:10]):
            w1h_grad += np.dot(h.T, err_to_cell)
            w1x_grad += np.dot(x.T, err_to_cell)
            b1_grad += np.sum(err_to_cell, axis=0)
            # 이전 타임 스텝의 셀 직전까지 그레이디언트를 계산합니다.
            err_to_cell = np.dot(err_to_cell, self.w1h) * (1 - h ** 2)

        w1h_grad /= m
        w1x_grad /= m
        b1_grad /= m

        return w1h_grad, w1x_grad, b1_grad, w2_grad, b2_grad

    def sigmoid(self, z):
        z = np.clip(z, -100, None)            # 안전한 np.exp( ) 계산을 위해
        a = 1 / (1 + np.exp(-z))              # 시그모이드 계산.
        return a

    def init_weights(self, n_features, n_classes):
        orth_init = tf.initializers.Orthogonal( )
```

```python
        glorot_init = tf.initializers.GlorotUniform( )

        self.w1h = orth_init((self.n_cells, self.n_cells)).numpy( )  # (셀 개수, 셀 개수)
        self.w1x = glorot_init((n_features, self.n_cells)).numpy( )  # (특성 개수, 셀 개수)
        self.b1 = np.zeros(self.n_cells)                              # 은닉층의 크기
        self.w2 = glorot_init((self.n_cells, n_classes)).numpy( )    # (셀 개수, 클래스 개수)
        self.b2 = np.zeros(n_classes)

    def fit(self, x, y, epochs=100, x_val=None, y_val=None):
        y = y.reshape(-1, 1)
        y_val = y_val.reshape(-1, 1)
        np.random.seed(42)
        self.init_weights(x.shape[2], y.shape[1])      # 은닉층과 출력층의 가중치를 초기화합니다.
        # epochs만큼 반복합니다.
        for i in range(epochs):
            print('에포크', i, end=' ')
            # 제너레이터 함수에서 반환한 미니 배치를 순환합니다.
            batch_losses = []
            for x_batch, y_batch in self.gen_batch(x, y):
                print('.', end='')
                a = self.training(x_batch, y_batch)    ## 07장 training 메서드에서 x_val, y_val
                                                       을 지웁니다.

                # 안전한 로그 계산을 위해 클리핑합니다.
                a = np.clip(a, 1e-10, 1-1e-10)
                # 로그 손실과 규제 손실을 더하여 리스트에 추가합니다.
                loss = np.mean(-(y_batch*np.log(a) + (1-y_batch)*np.log(1-a)))
                batch_losses.append(loss)
            print( )
            self.losses.append(np.mean(batch_losses))
            # 검증 세트에 대한 손실을 계산합니다.
            self.update_val_loss(x_val, y_val)

    # 미니 배치 제너레이터 함수
    def gen_batch(self, x, y):
        length = len(x)
        bins = length // self.batch_size  # 미니 배치 횟수
        if length % self.batch_size:
            bins += 1                                 # 나누어 떨어지지 않을 때
        indexes = np.random.permutation(np.arange(len(x)))  # 인덱스를 섞습니다.
        x = x[indexes]
        y = y[indexes]
        for i in range(bins):
            start = self.batch_size * i
            end = self.batch_size * (i + 1)
```

```
            yield x[start:end], y[start:end]    # batch_size만큼 슬라이싱하여 반환합니다.

    def training(self, x, y):          ## 07장 training 메서드에서 x_val, y_val을 지웁니다.
        m = len(x)                     # 샘플 개수를 저장합니다.
        z = self.forpass(x)            # 정방향 계산을 수행합니다.
        a = self.sigmoid(z)            # 활성화 함수를 적용합니다.
        err = -(y - a)                 # 오차를 계산합니다.
        # 오차를 역전파하여 그레이디언트를 계산합니다.
        w1h_grad, w1x_grad, b1_grad, w2_grad, b2_grad = self.backprop(x, err)
        # 셀의 가중치와 절편을 업데이트합니다.
        self.w1h -= self.lr * w1h_grad
        self.w1x -= self.lr * w1x_grad
        self.b1 -= self.lr * b1_grad
        # 출력층의 가중치와 절편을 업데이트합니다.
        self.w2 -= self.lr * w2_grad
        self.b2 -= self.lr * b2_grad
        return a

    def predict(self, x):
        z = self.forpass(x)            # 정방향 계산을 수행합니다.
        return z > 0                   # 스텝 함수를 적용합니다.

    def score(self, x, y):
        # 예측과 타깃 열 벡터를 비교하여 True의 비율을 반환합니다.
        return np.mean(self.predict(x) == y.reshape(-1, 1))

    def update_val_loss(self, x_val, y_val):
        z = self.forpass(x_val)        # 정방향 계산을 수행합니다.
        a = self.sigmoid(z)            # 활성화 함수를 적용합니다.
        a = np.clip(a, 1e-10, 1-1e-10) # 출력값을 클리핑합니다.
        val_loss = np.mean(-(y_val*np.log(a) + (1-y_val)*np.log(1-a)))
        self.val_losses.append(val_loss)
```

순환 신경망 모델 훈련시키기

준비한 IMDB 데이터 세트에 RecurrentNetwork 클래스를 적용해 보겠습니다.

1. 순환 신경망 모델 훈련시키기

셀 개수는 32개, 배치 크기는 32개, 학습률은 0.01, 에포크 횟수는 20을 사용합니다. 이런 값을 포함해 TBPTT를 위한 타임 스텝 횟수는 모두 하이퍼파라미터입니다. 데이터 세트에 따라 반복적인 실험을 통해 적절한 값을 찾아야 합니다.

```
rn = RecurrentNetwork(n_cells=32, batch_size=32, learning_rate=0.01)

rn.fit(x_train_onehot, y_train, epochs=20, x_val=x_val_onehot, y_val=y_val)

에포크 0 ...........................................................
에포크 1 ...........................................................
에포크 2 ...........................................................
...
에포크 18 ...........................................................
에포크 19 ...........................................................
```

2. 훈련, 검증 세트에 대한 손실 그래프 그리기

훈련, 검증 세트에 대한 손실을 그래프로 그려 확인해 보겠습니다. 그래프가 조금 들쭉날쭉하지만 비교적 손실이 잘 감소되고 있습니다.

```
import matplotlib.pyplot as plt

plt.plot(rn.losses)
plt.plot(rn.val_losses)
plt.show( )
```

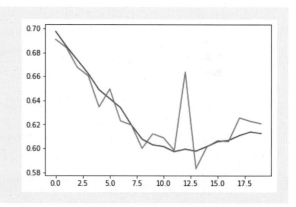

3. 검증 세트 정확도 평가하기

이 모델로 검증 세트에 대한 정확도를 평가해 볼까요?

```
rn.score(x_val_onehot, y_val)

0.6572
```

축하합니다! 성공적으로 순환 신경망 훈련을 마쳤습니다. 영화 리뷰가 긍정인지 부정인지를 무작위로 예측하는 확률(50%)보다는 좋은 성능이 나왔습니다. 하지만 실전에 투입하기에는 조금 아쉬운 성능입니다. 다음 절에서 텐서플로를 사용해 여러 가지 고급 기술을 사용한 순환 신경망을 만들어보겠습니다.

09-3 텐서플로로 순환 신경망을 만듭니다

이번에는 텐서플로에서 제공하는 여러 가지 고급 기술을 활용하여 순환 신경망을 만들고 모델을 훈련시켜보겠습니다.

SimpleRNN 클래스로 순환 신경망 만들기

텐서플로에서 가장 기본적인 순환층은 SimpleRNN 클래스입니다. 이 절에서는 파이썬 클래스로 만들었던 것과 동일한 신경망을 SimpleRNN 클래스를 사용해 만들어보겠습니다.

1. 순환 신경망에 필요한 클래스 임포트하기

Sequential, SimpleRNN 클래스와 마지막 출력층을 위한 Dense 클래스를 임포트합니다.

```
from tensorflow.keras.models import Sequential
from tensorflow.keras.layers import Dense, SimpleRNN
```

2. 모델 만들기

SimpleRNN 클래스를 사용하는 방법은 Dense 클래스와 다르지 않습니다. 사용할 셀의 개수를 지정하고 Sequential 모델의 첫 번째 층이므로 입력 차원을 지정합니다. 타임 스텝의 길이가 100이고 원-핫 인코딩 크기가 100이므로 입력 크기는 (100, 100)입니다. 이진 분류이므로 1개의 유닛을 가진 Dense층을 마지막에 추가합니다. 모델을 완성하고 전체 구조를 출력합니다.

```
model = Sequential( )

model.add(SimpleRNN(32, input_shape=(100, 100)))
model.add(Dense(1, activation='sigmoid'))

model.summary( )

Model: "sequential"

_____
Layer (type)                 Output Shape              Param #
```

```
=====================================================================
simple_rnn (SimpleRNN)          (None, 32)              4256
---------------------------------------------------------------------
dense (Dense)                   (None, 1)               33
=====================================================================
Total params: 4,289
Trainable params: 4,289
Non-trainable params: 0
```

`model.summary( )` 메서드를 통해 출력된 결과에서 셀(SimpleRNN)의 파라미터 개수를 확인해 보겠습니다. 입력은 원-핫 인코딩된 100차원 벡터이고 셀 개수가 32개이므로 $\mathbf{W}_{1x}$ 행렬 요소의 개수는 100×32가 될 것입니다. 또한 $\mathbf{W}_{1h}$ 행렬의 요소 개수도 32×32가 될 것입니다. 마지막으로 셀마다 하나씩 총 32개의 절편이 있습니다. 따라서 순환층에 필요한 전체 파라미터 개수는 4,256개 입니다.

3. 모델 컴파일하고 훈련시키기

이제 모델을 컴파일하고 IMDB 데이터 세트에 훈련시켜보겠습니다. 가장 기본인 확률적 경사 하강법 알고리즘인 'sgd'를 지정하고, 이진 분류이므로 손실 함수는 'binary_crossentropy'로 지정했습니다.

```
model.compile(optimizer='sgd', loss='binary_crossentropy', metrics=['accuracy'])

history = model.fit(x_train_onehot, y_train, epochs=20, batch_size=32,
                    validation_data=(x_val_onehot, y_val))


Train on 20000 samples, validate on 5000 samples
Epoch 1/20
20000/20000 [==============================] - 22s 1ms/sample - loss: 0.6982 - accu-
racy: 0.5171 - val_loss: 0.6939 - val_accuracy: 0.5298
Epoch 2/20
20000/20000 [==============================] - 21s 1ms/sample - loss: 0.6825 - accu-
racy: 0.5641 - val_loss: 0.6675 - val_accuracy: 0.6004
Epoch 3/20
20000/20000 [==============================] - 21s 1ms/sample - loss: 0.6643 - accu-
racy: 0.6008 - val_loss: 0.6523 - val_accuracy: 0.6222
...
Epoch 19/20
20000/20000 [==============================] - 21s 1ms/sample - loss: 0.5647 - accu
```

```
racy: 0.7089 - val_loss: 0.5956 - val_accuracy: 0.6860
Epoch 20/20
20000/20000 [==============================] - 21s 1ms/sample - loss: 0.5668 - accu-
racy: 0.7115 - val_loss: 0.5696 - val_accuracy: 0.6998
```

4. 훈련, 검증 세트에 대한 손실 그래프와 정확도 그래프 그리기

훈련, 검증 세트에 대한 손실과 정확도를 그래프로 그려서 비교해 보겠습니다. 20번의 에포크
동안 손실과 정확도를 기록한 이 그래프에서 조금씩 과대 적합되는 현상이 보입니다.

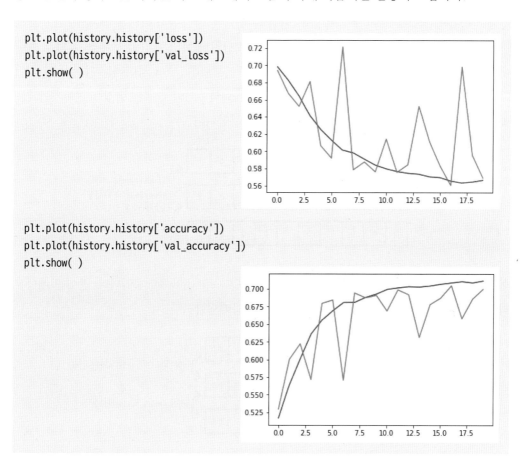

```
plt.plot(history.history['loss'])
plt.plot(history.history['val_loss'])
plt.show( )
```

```
plt.plot(history.history['accuracy'])
plt.plot(history.history['val_accuracy'])
plt.show( )
```

5. 검증 세트 정확도 평가하기

마지막으로 검증 세트에 대한 정확도를 평가하면 약 70%의 정확도를 보여줍니다.

```
loss, accuracy = model.evaluate(x_val_onehot, y_val, verbose=0)
```

```
print(accuracy)
0.6998
```

09-2절에서 순환 신경망을 직접 구현하여 모델을 훈련시켜 얻은 정확도(65%)에 비해 성능이 많이 좋아지지는 않았네요. 여기서 조금 더 향상된 성능을 위한 고급 기술을 알아보겠습니다.

임베딩층으로 순환 신경망 모델 성능 높이기

앞에서 만들었던 순환 신경망의 가장 큰 단점 중 하나는 텍스트 데이터를 원-핫 인코딩으로 전처리한다는 것입니다. 원-핫 인코딩을 사용하면 입력 데이터 크기와 사용할 수 있는 영단어의 수가 제한된다는 문제가 있습니다. 또 원-핫 인코딩은 '단어 사이에는 관련이 전혀 없다'는 가정이 전제되어야 합니다. 예를 들어 단어 boy와 girl의 관계는 밀접한 편이지만 원-핫 인코딩은 이런 단어 사이의 관계를 잘 표현하지 못합니다.

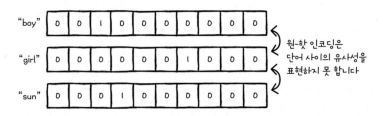

이런 문제를 해결하기 위해 고안된 것이 단어 임베딩(word embedding)입니다. 단어 임베딩은 다음 그림처럼 단어를 고정된 길이의 실수 벡터로 임베딩합니다.

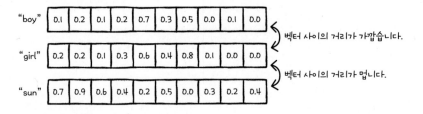

그림을 보면 boy와 girl을 구성하는 숫자들의 차이는 크지 않습니다. 반면 sun은 두 단어와 비교했을 때 숫자들의 차이가 큽니다. 이것을 보고 'sun과 boy(또는 girl) 사이의 거리가 멀다'라고 합니다. 단어 임베딩은 모델을 훈련하면서 같이 훈련되므로 훈련이 진행될수록 단어의 연관 관계를 더 정확하게 찾을 수 있습니다.

1. Embedding 클래스 임포트하기

텐서플로는 Embedding 클래스로 단어 임베딩을 제공합니다.

```
from tensorflow.keras.layers import Embedding
```

2. 훈련 데이터 준비하기

앞에서 IMDB 데이터 세트를 전처리했던 과정을 다시 되풀이합니다. 다만 여기에서는 1,000 개의 단어를 사용합니다. 단어 임베딩은 단어를 표현하는 벡터의 크기를 임의로 지정할 수 있으므로 사용하는 단어의 개수에 영향을 받지 않습니다.

```
(x_train_all, y_train_all), (x_test, y_test) = imdb.load_data(skip_top=20, num_words=1000)

for i in range(len(x_train_all)):
    x_train_all[i] = [w for w in x_train_all[i] if w > 2]

x_train = x_train_all[random_index[:20000]]
y_train = y_train_all[random_index[:20000]]
x_val = x_train_all[random_index[20000:]]
y_val = y_train_all[random_index[20000:]]
```

3. 샘플 길이 맞추기

타임 스텝의 크기가 100인 시퀀스 데이터를 만듭니다.

```
maxlen=100
x_train_seq = sequence.pad_sequences(x_train, maxlen=maxlen)
x_val_seq = sequence.pad_sequences(x_val, maxlen=maxlen)
```

4. 모델 만들기

원-핫 인코딩된 입력 벡터의 길이는 100이었지만 단어 임베딩에서는 길이를 32로 줄이겠습니다. Embedding 클래스에 입력한 매개변수는 단어 개수와 출력 길이입니다. 또한 SimpleRNN 의 셀 개수를 8개로 크게 줄이겠습니다. 임베딩층의 성능이 뛰어나기 때문에 셀 개수가 적어도 만족할 만한 성능을 얻을 수 있을 것입니다.

```
model_ebd = Sequential( )

model_ebd.add(Embedding(1000, 32))
```

```
model_ebd.add(SimpleRNN(8))
model_ebd.add(Dense(1, activation='sigmoid'))

model_ebd.summary( )

Model: "sequential_1"

_____
Layer (type)                 Output Shape              Param #
=================================================================
embedding    (Embedding)     (None, None, 32)          32000
_____
simple_rnn_1 (SimpleRNN)     (None, 8)                 328
_____
dense_1 (Dense)              (None, 1)                 9
=================================================================
Total params: 32,337
Trainable params: 32,337
Non-trainable params: 0
```

5. 모델 컴파일하고 훈련시키기

훈련 과정은 이전과 동일합니다. 여기에서는 08장에서 사용했던 **Adam** 최적화 알고리즘을 사용하고 10번의 에포크만 훈련합니다. val_accuracy의 값을 보니 이전보다 성능이 크게 향상된 것 같습니다.

```
model_ebd.compile(optimizer='adam', loss='binary_crossentropy', metrics=['accuracy'])

history = model_ebd.fit(x_train_seq, y_train, epochs=10, batch_size=32,
                        validation_data=(x_val_seq, y_val))

Train on 20000 samples, validate on 5000 samples
Epoch 1/10
20000/20000 [==============================] - 61s 3ms/sample - loss: 0.5619 - accuracy:
0.7131 - val_loss: 0.4802 - val_accuracy: 0.7838
Epoch 2/10
20000/20000 [==============================] - 61s 3ms/sample - loss: 0.4204 - accuracy:
0.8189 - val_loss: 0.4394 - val_accuracy: 0.8046
Epoch 3/10
20000/20000 [==============================] - 61s 3ms/sample - loss: 0.3755 - accuracy:
0.8413 - val_loss: 0.4264 - val_accuracy: 0.8110
...
```

```
Epoch 9/10
20000/20000 [==============================] - 61s 3ms/sample - loss: 0.2484 - accuracy:
0.9050 - val_loss: 0.4586 - val_accuracy: 0.8046
Epoch 10/10
20000/20000 [==============================] - 61s 3ms/sample - loss: 0.2316 - accuracy:
0.9133 - val_loss: 0.5112 - val_accuracy: 0.8096
```

6. 손실 그래프와 정확도 그래프 그리기

손실과 정확도를 그래프로 그려보겠습니다. 훈련 초기에 이미 성능이 크게 향상되어 에포크
가 진행됨에 따라 다소 과대적합되는 모습을 보입니다.

```
plt.plot(history.history['loss'])
plt.plot(history.history['val_loss'])
plt.show( )
```

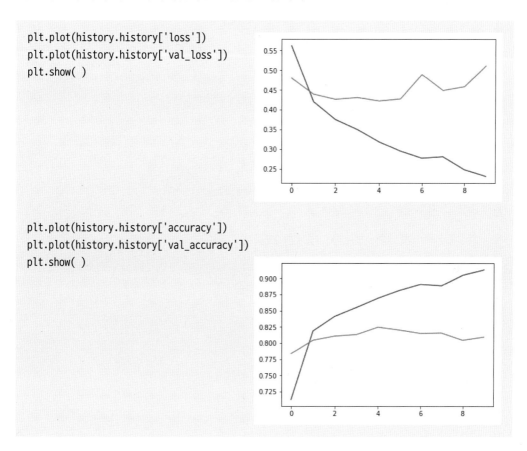

```
plt.plot(history.history['accuracy'])
plt.plot(history.history['val_accuracy'])
plt.show( )
```

7. 검증 세트 정확도 평가하기

이 모델의 검증 세트에 대한 정확도를 출력해 보죠. 원-핫 인코딩을 사용하지 않아 메모리 사
용량이 절감되었습니다. 또한 적은 셀 개수에서도 더 높은 성능을 내었습니다. 이렇게 단어
임베딩은 효율적이고 성능이 뛰어나기 때문에 순환 신경망에서 텍스트 처리를 할 때 임베딩

층이 기본으로 사용됩니다.

```
loss, accuracy = model_ebd.evaluate(x_val_seq, y_val, verbose=0)
print(accuracy)
0.8096
```

지금까지 텐서플로를 이용하여 순환 신경망을 구현하고 모델을 훈련시켜보았습니다. SimpleRNN 클래스와 임베딩층을 사용하니 텍스트 데이터를 조금 더 효율적으로 처리할 수 있게 되었습니다. 조금만 더 성능을 향상시킬 수는 없을까요? 마지막으로 LSTM 순환 신경망을 통해 텍스트를 더 잘 분류하는 모델을 만들어보겠습니다.

09-4 LSTM 순환 신경망을 만들고 텍스트를 분류합니다

09-1절에서 그레이디언트가 타임 스텝을 거슬러 가며 전파될 때 가중치가 반복하여 곱해지므로 그레이디언트가 크게 증가하거나 감소하는 현상을 만든다고 했습니다. 이를 해결하기 위해 가장 단순한 방법인 TBPTT를 구현했습니다. 하지만 이 방법은 그레이디언트가 타임 스텝 끝까지 전파되지 않으므로 타임 스텝이 멀리 떨어진 영단어 사이의 관계를 파악하기 어렵습니다. 이런 경우에는 좀 더 긴 타임 스텝의 데이터를 처리하는 LSTM(Long Short-Term Memory) 순환 신경망을 사용합니다. LSTM 순환 신경망은 1997년 호크라이터(Hochreiter)와 슈미트후버(Schmidhuber)가 고안한 것으로, 그레이디언트 소실(vanishing gradient) 문제를 극복하여 긴 시퀀스를 성공적으로 모델링할 수 있습니다. LSTM 순환 신경망에서 사용하는 LSTM 셀의 구조를 먼저 알아보고 텐서플로로 LSTM 순환 신경망을 구현해 보겠습니다.

LSTM 셀의 구조를 알아봅니다

기본 순환 신경망과 달리 LSTM 셀은 2개의 출력이 순환됩니다. 그중 하나만 다음 층으로 전달됩니다. 셀로 순환만 되는 출력을 셀 상태(C)라고 부릅니다.

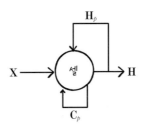

LSTM 셀에서는 이전 타임 스텝의 은닉 상태 $\mathbf{H}_p$와 셀 상태 $\mathbf{C}_p$를 사용해 어떤 계산을 수행하는지 셀을 크게 확대하여 그려보겠습니다.

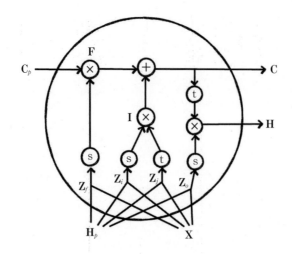

와! 꽤 복잡하네요. 당황하지 말고 셀을 구성하는 요소를 하나씩 차근차근 살펴보겠습니다. ⓢ는 시그모이드 활성화 함수를 의미하고 ⓣ는 tanh 활성화 함수를 의미합니다. ⊗와 ⊕는 각각 원소별 곱셈과 덧셈을 나타냅니다. 맨 아래쪽을 보면 이전 타임 스텝의 은닉 상태 $\mathbf{H}_p$와 입력 $\mathbf{X}$가 가중치와 곱해져서 $\mathbf{Z}_f$, $\mathbf{Z}_i$, $\mathbf{Z}_j$, $\mathbf{Z}_o$를 만듭니다. 이 계산은 순환 신경망의 기본 셀에서 수행했던 것과 동일합니다. 예를 들어 $\mathbf{Z}_f$는 다음과 같이 계산합니다.

$$\mathbf{Z}_f = \mathbf{X}\mathbf{W}_{xf} + \mathbf{H}_p\mathbf{W}_{hf} + \boldsymbol{b}_f$$

$\mathbf{Z}_i$, $\mathbf{Z}_j$, $\mathbf{Z}_o$도 동일한 방식으로 계산하지만 모두 다른 가중치를 사용합니다. 즉, $\mathbf{W}_{xi}$, $\mathbf{W}_{hi}$, $\boldsymbol{b}_i$, $\mathbf{W}_{xj}$, $\mathbf{W}_{hj}$, $\boldsymbol{b}_j$, $\mathbf{W}_{xo}$, $\mathbf{W}_{ho}$, $\boldsymbol{b}_o$를 사용하여 계산합니다. 계산된 $\mathbf{Z}$는 이후 어떻게 처리될까요? 먼저 $\mathbf{Z}_f$에 시그모이드 함수를 적용한 다음 이전 타임 스텝의 셀 상태 $\mathbf{C}_p$와 요소별 곱셈하여 $\mathbf{F}$를 만듭니다. $\mathbf{Z}_i$와 $\mathbf{Z}_j$에 시그모이드 활성화 함수와 tanh 함수를 각각 적용한 다음 요소별 곱셈하여 $\mathbf{I}$를 계산합니다. 이렇게 구한 $\mathbf{F}$와 $\mathbf{I}$를 더하여 새로운 셀 상태 $\mathbf{C}$를 만듭니다. 마지막으로 새로운 은닉 상태 $\mathbf{H}$는 새로운 셀 상태 $\mathbf{C}$에 tanh 함수를 적용하고 $\mathbf{Z}_o$에 시그모이드 함수를 적용한 다음 요소별 곱셈하여 만듭니다. 이 과정을 나타내는 전체 공식은 다음과 같습니다.

$$\mathbf{F} = \mathbf{C}_p \times \text{sigmoid}(\mathbf{Z}_f)$$
$$\mathbf{I} = \text{sigmoid}(\mathbf{Z}_i) \times \tanh(\mathbf{Z}_j)$$
$$\mathbf{C} = \mathbf{F} + \mathbf{I}$$
$$\mathbf{H} = \tanh(\mathbf{C}) \times \text{sigmoid}(\mathbf{Z}_o)$$

$\mathbf{F}$ 계산식이 이전 셀 상태의 내용을 삭제하는 역할을 한다고 하여 삭제 게이트(forget gate)라고 부릅니다. $\mathbf{I}$ 계산식은 새로운 정보를 추가하는 역할이라는 뜻에서 입력 게이트(input gate)

라고 부릅니다. 마지막 **H**를 계산하는 식을 출력 게이트(output gate)라고 부릅니다. 하지만 게이트의 역할은 데이터 세트나 상황에 따라 달라질 수 있습니다. 이처럼 LSTM 셀은 꽤 복잡한 구조로 되어 있지만 텐서플로를 사용하면 아주 간단하게 구현할 수 있습니다.

텐서플로로 LSTM 순환 신경망 만들기

09-3절에서는 텐서플로로 순환 신경망을 만들 때 SimpleRNN 클래스를 사용했습니다. 이 클래스를 LSTM 클래스로 바꾸기만 하면 LSTM 순환 신경망을 만들 수 있습니다.

1. LSTM 순환 신경망 만들기

LSTM 클래스를 임포트하고 임베딩층을 포함하여 LSTM 순환 신경망을 만듭니다.

```
from tensorflow.keras.layers import LSTM

model_lstm = Sequential( )

model_lstm.add(Embedding(1000, 32))
model_lstm.add(LSTM(8))
model_lstm.add(Dense(1, activation='sigmoid'))

model_lstm.summary( )

Model: "sequential_2"
_____
Layer (type)                 Output Shape              Param #
=================================================================
embedding_2 (Embedding)      (None, None, 32)          32000

lstm (LSTM)                  (None, 8)                 1312

dense_2 (Dense)              (None, 1)                 9
=================================================================
Total params: 33,321
Trainable params: 33,321
Non-trainable params: 0
```

2. 모델 훈련하기

여기에서도 10번의 에포크 동안 Adam 최적화 알고리즘을 사용하여 모델을 훈련하겠습니다.

```
model_lstm.compile(optimizer='adam', loss='binary_crossentropy', metrics=['accuracy'])

history = model_lstm.fit(x_train_seq, y_train, epochs=10, batch_size=32,
                         validation_data=(x_val_seq, y_val))


Train on 20000 samples, validate on 5000 samples
Epoch 1/10
20000/20000 [==============================] - 3s 162us/sample - loss: 0.6315 - accu-
racy: 0.6907 - val_loss: 0.5494 - val_accuracy: 0.7886
Epoch 2/10
20000/20000 [==============================] - 3s 137us/sample - loss: 0.4917 - accu-
racy: 0.8173 - val_loss: 0.4798 - val_accuracy: 0.8044
Epoch 3/10
20000/20000 [==============================] - 3s 136us/sample - loss: 0.4312 - accu-
racy: 0.8332 - val_loss: 0.4470 - val_accuracy: 0.8146
...
Epoch 9/10
20000/20000 [==============================] - 3s 136us/sample - loss: 0.3291 - accu-
racy: 0.8749 - val_loss: 0.4113 - val_accuracy: 0.8258
Epoch 10/10
20000/20000 [==============================] - 3s 136us/sample - loss: 0.3231 - accu-
racy: 0.8778 - val_loss: 0.4085 - val_accuracy: 0.8274
```

3. 손실 그래프와 정확도 그래프 그리기

손실과 정확도에 대한 그래프를 그려서 훈련 결과를 확인해 보겠습니다.

```
plt.plot(history.history['loss'])
plt.plot(history.history['val_loss'])
plt.show( )
```

```
plt.plot(history.history['accuracy'])
plt.plot(history.history['val_accuracy'])
plt.show( )
```

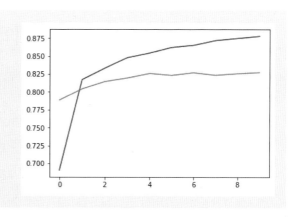

4. 검증 세트 정확도 평가하기

마지막으로 모델의 정확도 점수를 출력합니다. 결과를 보니 성능이 더 향상되었습니다!

```
loss, accuracy = model_lstm.evaluate(x_val_seq, y_val, verbose=0)
print(accuracy)
0.8274
```

지금까지 순환 신경망의 구조와 역전파 방법을 공부하고 파이썬과 텐서플로를 사용하여 순환 신경망을 구축하고 훈련시켜 보았습니다.

이 장에서는 순차 데이터와 순환 신경망의 개념을 익히고 직접 구현해 보았습니다. 순환 신경망에서 역전파 공식을 유도해 보면서 그레이디언트가 이전 타임 스텝으로 거슬러 전파되는 것을 알았습니다. 그리고 순환 신경망을 사용하여 영화 리뷰 텍스트를 긍정과 부정으로 분류하는 모델을 훈련했습니다. 또한 텐서플로에서 제공하는 기본 신경망과 LSTM 신경망을 사용하여 모델을 훈련해 보았습니다.

기억 카드 01 | B

이것은 순환 신경망의 역전파 방식을 일컫는 영어의 약자입니다. 이전 타임 스텝에 곱해지는 가중치에 대한 그레이디언트를 계산하기 위해 오차 그레이디언트를 이전 타임 스텝으로 거슬러 가면서 전파해야 하기 때문에 한글로 뜻을 풀이하면 '시간을 거슬러 역전파'한다고 말합니다. 기본 순환 신경망에서 타임 스텝을 거슬러 역전파할수록 그레이디언트가 급격히 커지거나 작아질 수 있기 때문에 제한된 타임 스텝까지만 역전파합니다.

기억 카드 02 | 임

이것은 텍스트 데이터를 인공신경망에 사용할 때 적용하는 첫 번째 층입니다. 이것은 단어를 고정된 길이의 실수 벡터로 바꾸어 단어 사이의 거리를 계산할 수 있습니다. 텍스트 데이터가 충분하다면 훈련 과정에서 이 층을 함께 학습할 수 있습니다. 또한 텍스트 데이터를 다루는 모델의 성능을 높여주기 때문에 꼭 필요합니다.

기억 카드 03 | L

이것은 기본 순환 신경망이 긴 타임 스텝을 거쳐 오차를 역전파하기 어려운 문제를 해결합니다. 1997년 호크라이터와 슈미트후버가 고안한 이 층은 은닉 상태 외에 셀 상태를 가집니다. 이 층은 여러 개의 선형 방정식과 활성화 함수를 사용하여 삭제 게이트, 입력 게이트, 출력 게이트를 구성합니다.

이 책을 모두 읽으셨군요.
고생하셨습니다. 그리고 축하합니다.

이 책이 딥러닝과 인공신경망의 작동 원리를 이해하는데 도움이 되었기를 바랍니다. 뉴런, 활성화 함수, 합성곱, 필터, 순환 신경망, LSTM, 은닉 상태, 셀 상태 등 이 분야에서 등장하는 용어에 익숙해졌을 것입니다. 컴퓨터 분야에서 새로운 기술을 배울 때 기본 개념과 용어를 이해하는 것은 아주 중요합니다. 개념과 용어에 익숙해지면 파생되는 기술들도 쉽게 받아들일 수 있습니다. 이 책이 이런 역할을 했다면 성공입니다. 제가 이 책을 쓴 의도도 여기에 있습니다.

딥러닝은 빠르게 발전하고 있습니다. 이 속도가 놀랍기는 하지만 우리가 꿈꿔왔던 인공지능에 도달하려면 아직 멀었습니다. 이 책에 담긴 내용은 정말 빙산의 일각일 뿐입니다. 더 깊고 폭 넓은 주제를 담고 있는 책이나 논문들을 읽어 보세요. 인공지능 커뮤니티에서 어떤 말들이 오고 가는지 귀를 기울이고 새로운 소식을 받아 보세요. 그 중에 여러분의 흥미를 자극하는 이야기가 있다면 조금 더 집중해서 탐구해 보세요. 제가 추천하는 인공지능 커뮤니티는 다음과 같습니다.

인공지능 커뮤니티

- 텐서플로 코리아: https://www.facebook.com/groups/TensorFlowKR/
- 케라스 코리아: https://www.facebook.com/groups/KerasKorea/
- 사이킷런 코리아: https://www.facebook.com/groups/ScikitLearnKR/

어떤 목적으로 이 책을 읽으셨나요? 학생이라면 학교 수업이나 취업을 위해 읽었거나 직장인이라면 현재 업무에 접목하거나 이직을 위해 읽었을 수도 있겠군요. 창업을 위해 읽은 사람도 있을 것입니다. 딥러닝을 공부하는 사람들의 동기는 저마다 조금씩 다릅니다. 하지만 기술을 수단으로만 활용하면 마음이 급해지고 숲을 조망하지 못하는 실수를 저지르기 쉽습니다. 조금 더 여유를 가지고 여러분의 실력이 충분히 무르익을 때까지 기다려 보세요.

바야흐로 인공지능 시대의 서막이 열리고 있습니다. 만약 기술을 모른다면 이 멋진 광경을 감상할 수가 없겠죠? 이것 만으로도 이 책을 보아야 할 이유는 충분합니다. 여러분은 이제 감상할 능력을 갖추었습니다. 부디 경치 좋은 곳을 찾아 멋진 여행하시길 바랍니다. 혹 여행 중에 만나게 되면 반갑게 인사해 주세요!

찾아보기

기초 단계

박응용 | 360쪽

김성엽 | 576쪽

김동형 | 856쪽

시바타 보요 저, 강민 역 | 408쪽

시바타 보요 저, 강민 역 | 452쪽

시바타 보요 저, 강민 역 | 424쪽

응용 단계

김창현 | 296쪽

강성윤 | 720쪽

김종관 | 564쪽

나는 어떤 코스가 적합할까?

A 파이썬 개발자가 되고 싶은 사람

- Do it! 파이썬 생활 프로그래밍
- Do it! 점프 투 장고
- Do it! 점프 투 플라스크
- Do it! 장고+부트스트랩 파이썬 웹 개발의 정석

B 자바·코틀린 개발자가 되고 싶은 사람

- Do it! 자바 완전 정복
- Do it! 자바 프로그래밍 입문
- Do it! 코틀린 프로그래밍
- Do it! 안드로이드 앱 프로그래밍 — 개정 8판
- Do it! 깡샘의 안드로이드 앱 프로그래밍 with 코틀린 — 개정 2판

인공
지능

박해선 | 328쪽

이론을
더 깊게~

윤성진 | 432쪽

딥러닝
실전!

이기창 | 256쪽

데이터
분석

김영우 | 376쪽

김영우 | 344쪽

김영우 | 472쪽

김철민 | 248쪽

나는 어떤
코스가
적합할까?

A 인공지능 개발자가 되고 싶은 사람

- Do it! 점프 투 파이썬
- Do it! 정직하게 코딩하며 배우는
  딥러닝 입문
- Do it! 딥러닝 교과서
- Do it! BERT와 GPT로 배우는
  자연어 처리

B 데이터 분석가가 되고 싶은 사람

- Do it! 쉽게 배우는 파이썬 데이터 분석
- Do it! 쉽게 배우는 R 데이터 분석
- Do it! 쉽게 배우는 R 텍스트 마이닝
- Do it! 데이터 분석을 위한 판다스 입문
- Do it! R 데이터 분석 with 샤이니
- Do it! 첫 통계 with 베이즈

웹 프로그래밍 코스

웹 기술의 기본은 HTML, CSS, 자바스크립트!
기초 단계를 독파한 후 응용 단계로 넘어가세요!

기초
단계

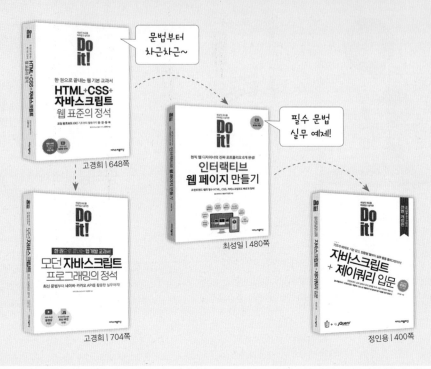

문법부터
차근차근~

필수 문법
실무 예제!

고경희 | 648쪽

최성일 | 480쪽

고경희 | 704쪽

정인용 | 400쪽

응용
단계

김운아 | 344쪽

니꼴라스, 강윤호 | 296쪽

니꼴라스, 김형태 | 248쪽

니꼴라스, 김준혁 | 256쪽

나는 어떤
코스가
적합할까?

A 웹 퍼블리셔가 되고 싶은 사람

- Do it! HTML+CSS+자바스크립트
  웹 표준의 정석
- Do it! 인터랙티브 웹 만들기
- Do it! 자바스크립트+제이쿼리 입문
- Do it! 반응형 웹 페이지 만들기
- Do it! 웹 사이트 기획 입문

B 웹 개발자가 되고 싶은 사람

- Do it! HTML+CSS+자바스크립트
  웹 표준의 정석
- Do it! 모던 자바스크립트 프로그래밍의 정석
- Do it! 클론 코딩 줌
- Do it! 클론 코딩 영화 평점 웹서비스 만들기
- Do it! 클론 코딩 트위터
- Do it! 리액트 프로그래밍 정석

앱 프로그래밍 코스

자바, 코틀린, 스위프트로 시작하는 앱 프로그래밍!
나만의 앱을 만들어 보세요!

기초 단계

김동형 | 856쪽

황영덕 | 680쪽

송호정, 이범근 | 704쪽

정재곤 | 800쪽

강성윤 | 720쪽

응용 단계

조준수 | 500쪽

전예홍 | 856쪽

김응석 | 576쪽

나는 어떤
코스가
적합할까?

A 빠르게 앱을 만들고 싶은 사람

- Do it! 안드로이드 앱 프로그래밍
  — 개정 8판
- Do it! 깡샘의 안드로이드 앱
  프로그래밍 with 코틀린 — 개정 2판
- Do it! 스위프트로 아이폰 앱 만들기
  입문 — 개정 6판
- Do it! 플러터 앱 프로그래밍 — 개정판

B 앱 개발 실력을 더 키우고 싶은 사람

- Do it! 자바 완전 정복
- Do it! 코틀린 프로그래밍
- Do it! 리액트 네이티브 앱 프로그래밍
- Do it! 프로그레시브 웹앱 만들기